高等职业教育经济与管理类专业系列教材

市场调查与预测

（第二版）

主　编　谢平芳　黄远辉　赵红梅
副主编　左　芊　罗　茜　董　倩　邢建平

扫码申请更多资源

 南京大学出版社

图书在版编目(CIP)数据

市场调查与预测 / 谢平芳,黄远辉,赵红梅主编.
— 2版. — 南京:南京大学出版社,2020.7(2023.1重印)
ISBN 978-7-305-23368-5

Ⅰ.①市… Ⅱ.①谢… ②黄… ③赵… Ⅲ.①市场调查-高等职业教育-教材②市场预测-高等职业教育-教材 Ⅳ.①F713.5

中国版本图书馆CIP数据核字(2020)第119884号

出版发行	南京大学出版社
社　　址	南京市汉口路22号　　邮　编　210093
出 版 人	金鑫荣

书　　名　市场调查与预测
主　　编　谢平芳　黄远辉　赵红梅
责任编辑　武　坦　　　　　　　编辑热线 025 - 83592315
助理编辑　张亚男
照　　排　南京开卷文化传媒有限公司
印　　刷　丹阳兴华印务有限公司
开　　本　787×1092　1/16　印张 16　字数 420千
版　　次　2020年7月第2版　2023年1月第3次印刷
ISBN 978-7-305-23368-5
定　　价　39.80元

网　　址:http://www.njupco.com
官方微博:http://weibo.com/njupco
微信服务号:njuyuexue
销售咨询热线:(025)83594756

* 版权所有,侵权必究
* 凡购买南大版图书,如有印装质量问题,请与所购
  图书销售部门联系调换

前 言
Foreword

  本教材主要特点是：面向市场调查工作的实际情况，以项目教学理念为核心，采取项目单元模式编写，由情境导入开始，将行业实务、工作过程导向学习结合起来，并且用信息化资源展示了大量的优秀学生作品，具有较强的实践性、职业性、开放性。本教材是一本适合高职高专应用型本科的市场营销专业的教学用书或实训教学指导书，也可供中高职其他专业的拓展课程或选修课程教学使用。

  按照市场调查知识体系和企业项目实务流程来组织和安排教学内容，共分为四个模块10个项目：认知市场调查、市场调查的准备、实施和总结。在认知市场调查部分做了市场调查概述、介绍了市场调查行业的发展。在市场调查的准备部分设置了三个项目——市场调查方案的设计、市场调查问卷的设计和市场调查人员的准备。在市场调查的实施模块，主要讲解了调查样本的选取与控制、调查方法的选择与操作。最后市场调查的总结环节，介绍了市场调查资料的整理与分析、市场预测的基本知识、市场调查报告的撰写等三个项目。

  在每个模块中以"情境导入—工作任务—工作成果—学习目标—项目知识—项目总结—模块知识框架图—综合实训任务"的逻辑顺序，有效地将企业调查工作岗位的任职要求和专业理论知识结合在起来，提供了市场调查方案、调查提纲、调查方法表格、调查报告的格式标准及示例，供学生阅读和模仿写作，贯彻了"以学生为中心、学习成果为导向、促进自主学习"思路。相较于第一版教材，此版还新增了"活页式实训任务"，增补了部分信息化教学资源，强化了实操性、立体化、学习型资料的特点，帮助学生深化相关的知识和技能，实现从学懂到会做的跨越。

  本教材由广西机电职业技术学院、湖南外国语职业学院、湖南广播电视大学（湖南网络工程职业学院）、郑州信息科技职业学院等具有丰富实践与教学经验的教师共同编写完成。谢平芳、黄远辉、赵红梅担任主编，左芹、罗茜、董倩、邢建平担任副主编，全书由谢平芳教授负责总纂、修改、定稿。教材中全部的情境项目、80%的导入案例，以及项目总结均来自课程教学过程中形成的教师教案、学生笔记、学生作业和练习，充分展现了教书育人、课程思政、模块化教学、任务驱动教学法的实践成果。

  本教材是2012年新世纪广西高等教育教学改革工程项目《高职市场营销专业项目教学的研究与实践》(项目编号:2012JGB335)和2015年广西机电职业技术学院院级教研教改课题《市场营销专业核心课程项目教学信息化的改革与实践》(项目编号:2015JGLX022)的研究成果。在编撰过程中,广西壮族自治区统计局社情民意调查中心得到了南宁TCL电器销售有限公司、南宁嘉泰商业运营管理有限公司等企业的支持,还借鉴了国内其他同行的教材及课程研究成果,参考了大量的网站资料,除了在本书相应处和参考文献处所列明之外,还有许多未能一一详列,在此谨向所有原著(编)作者表示感谢。由于编者水平有限,时间仓促、书中不足之处在所难免,敬请同行和读者不吝赐教,使本书更加完善。

谢平芳

2020年6月

目 录
Contents

1 认知市场调查 ··· 1
　　情境导入 ··· 1
　　工作任务 ··· 1
　　工作成果 ··· 1
　　学习目标 ··· 2
　　项目1　市场调查概述 ··· 3
　　　任务1-1　理解市场调查的含义和作用 ······················· 3
　　　任务1-2　明确市场调查的内容和类型 ······················· 6
　　　任务1-3　熟悉市场调查的原则 ··································· 11
　　　任务1-4　熟悉市场调查的程序 ··································· 12
　　　项目总结 ··· 14
　　项目2　市场调查行业的发展 ······································· 17
　　　任务2-1　市场调查行业的发展 ··································· 17
　　　任务2-2　市场调查的机构和岗位 ······························· 23
　　　项目总结 ··· 30
　　　知识框架图 ··· 32
　　　综合实训任务 ··· 32

2 市场调查的准备 ··· 33
　　情境导入 ··· 33
　　工作任务 ··· 33
　　工作成果 ··· 33
　　学习目标 ··· 34
　　项目3　市场调查方案的设计 ······································· 35
　　　任务3-1　界定市场调查的课题 ··································· 35
　　　任务3-2　市场调查方案的整体设计 ······················· 41
　　　任务3-3　市场调查方案的评估 ··································· 53
　　　项目总结 ··· 55
　　项目4　市场调查问卷的设计 ······································· 59

· 1 ·

任务4-1　市场调查问卷的整体设计 …………………………………………… 61
　　任务4-2　问题及答案的设计技巧 …………………………………………… 66
　　项目总结 …………………………………………………………………………… 73
项目5　市场调查人员的准备 …………………………………………………………… 76
　　任务5-1　调查人员的招聘与培训 …………………………………………… 77
　　任务5-2　调查人员的管理与控制 …………………………………………… 79
　　项目总结 …………………………………………………………………………… 82
　　知识框架图 ………………………………………………………………………… 83
　　综合实训任务 ……………………………………………………………………… 84

3　市场调查的实施 …………………………………………………………………… 85
　　情境导入 …………………………………………………………………………… 85
　　工作任务 …………………………………………………………………………… 85
　　工作成果 …………………………………………………………………………… 85
　　学习目标 …………………………………………………………………………… 86
项目6　调查样本的选取与控制 ………………………………………………………… 87
　　任务6-1　认知抽样调查 ……………………………………………………… 88
　　任务6-2　抽样设计的流程 …………………………………………………… 89
　　任务6-3　抽样的方式及控制 ………………………………………………… 92
　　项目总结 …………………………………………………………………………… 102
项目7　调查方法的选择与操作 ………………………………………………………… 104
　　任务7-1　调查方法的分类 …………………………………………………… 105
　　任务7-2　一手资料调查法 …………………………………………………… 118
　　任务7-3　二手资料调查法 …………………………………………………… 132
　　项目总结 …………………………………………………………………………… 135
　　知识框架图 ………………………………………………………………………… 137
　　综合实训任务 ……………………………………………………………………… 138

4　市场调查的总结 …………………………………………………………………… 139
　　情境导入 …………………………………………………………………………… 139
　　工作任务 …………………………………………………………………………… 139
　　工作成果 …………………………………………………………………………… 139
　　学习目标 …………………………………………………………………………… 140
项目8　市场调查资料的整理与分析 …………………………………………………… 141
　　任务8-1　调查资料的接收与审核 …………………………………………… 142
　　任务8-2　调查资料的编辑与分组 …………………………………………… 146
　　任务8-3　市场调查资料的分析 ……………………………………………… 154
　　项目总结 …………………………………………………………………………… 158
项目9　认知市场预测 …………………………………………………………………… 161

任务9-1　市场预测概述 ··· 162
　　任务9-2　市场预测的方法 ······································· 168
　　项目总结 ··· 182
项目10　市场调查报告的撰写 ·· 186
　　任务10-1　市场调查报告概述 ···································· 186
　　任务10-2　市场调查报告的写作 ·································· 189
　　任务10-3　市场调查报告材料的整理 ······························ 197
　　项目总结 ··· 201
　　知识框架图 ··· 208
　　综合实训任务 ··· 208

附　录 ·· 210

参考文献 ·· 216

行业实务手册 ·· 217

任务活页 ·· 237

1 认知市场调查

情境导入

小覃,高职院校市场营销专业学生,正在参加市场调查课程实训,跟随老师前往南宁市飞扬羽毛球馆开展调查任务。南宁市飞扬羽毛球馆,位于广西南宁市高新大道路旁,是一个面积超过500平方米、设施设备齐全的新建球馆,主要是为羽毛球运动俱乐部成员、周边企事业单位员工和社区居民提供运动消费服务。但是,在经营半年后,球馆的经营者发现,前来运动消费的固定客源较少,部分场地利用率很低,某些时段出现球馆空场,开展了促销活动、公益赛事后这种情况也没有很大程度的改善。经营者在反思,是球馆的选址有问题,还是经营时间和方式有问题呢?经营者决定找一个调查团队来帮自己调查信息,判断到底是什么因素影响了自己的经营业绩,并尽量找到提高球馆场地利用率的有效策略。

工作任务

对于企业而言,市场调查活动有什么作用?假如你是小覃同学的调查团队中的一员,面对球馆经营者的困惑,能否为他设计一个市场调查活动方案?如果球馆经营者确定委托你们团队负责这次市场调查,你们打算如何开展?

工作成果

学生作品成果展示(查看完整内容请微信扫描右侧二维码)。

飞扬羽毛球馆的市场调查总体方案

一、前言
二、调查目的
三、调查内容
四、调查对象及范围
五、调查方法及具体实施
六、工作进度表
七、人员安排
八、调查费用预算(见下表)
九、结果形式
十、附件(市场调查问卷)

飞扬羽毛球馆的市场调查报告

一、南宁市羽毛球运动市场分析

二、飞扬经营概况

三、飞扬及其竞争对手的基本情况

四、对消费者的调查分析

五、飞扬羽毛球馆的SWOT分析

六、结论和建议

七、营销推广策划建议

八、附录

学习目标

- **知识目标**

理解市场调查的含义、特征和原则,掌握市场调查的原则和意义,熟悉市场调查的内容和程序。

- **技能目标**

能够遵循市场调查的原则,依照市场调查的科学程序,恰当选择市场调查的类型开展市场调查的研究工作。

- **实训目标**

在真实市场环境中体验调查活动的规律和程序,培养市场营销专业能力与职业核心能力。

项目1 市场调查概述

导入案例

美国柯达公司曾经以其先进的技术、产品及经营管理有方而著称于世。21世纪初期,柯达公司之所以取得如此巨大的成功,一个关键的原因是不断地进行市场调查,柯达公司碟式照相机的推出是一个典型的范例。为推出这种"连白痴也会用"的照相机,柯达公司前后进行了四次市场调查。第一次调查是由公司的市场开拓部进行的,他们根据照相机市场的变化,发现随着生活节奏加快,多数顾客希望以一种简单的方法照出好相片,而认为相机技术领先与否并不很重要。于是,他们又组织力量调查照相机的式样、体积、重量和使用胶卷的情况,根据调查结果设计出理想的机型,交生产部门生产出样机。样机生产出来后再进行第二次市场调查,了解样机与消费者要求间的差距,根据消费者意见加以改进。将改进后的样机再交给消费者试用,进行第三次市场调查。交给消费者试用的产品不说明是柯达的产品,让消费者自己去鉴别,在得到大多数消费者欢迎后,才着手试产。试制产品出来后,还要先交市场开拓部做第四次市场调查,了解该产品有何优缺点,其适用性如何?市场销售潜力有多大?其价格为多少才使多数家庭愿意购买?弄清了这些情况后,才正式投产,推向市场,参与竞争。

随着社会科学技术的发展,虽然胶卷时代早已被数码时代取代,但不可否认,企业对市场调查的重视是保证企业能够生产、研发、供应符合市场需求的产品的前提。

(案例来源:雷鹏,杨顺勇.市场营销案例与实务(第二版).复旦大学出版社)

思考:
1. 柯达公司关于碟式照相机四次市场调查的内容分别是什么?
2. 开展市场调查活动究竟对企业有何作用?
3. 结合中国企业市场调查中的现状,讨论中国企业应如何学习柯达成功的市场调查经验。

任务1-1 理解市场调查的含义和作用

◆ 任务目标描述

理解市场调查的一般含义,通过阅读案例和专家访问来感受市场调查活动在现代经济活动中的作用和价值。

◆ 任务知识介绍

一、市场调查的含义

美国市场营销协会(AMA)1961年对市场调查的定义是:"市场调查是指系统地收集、记录和分析与产品和服务的市场营销问题有关的资料。"这个定义简洁明了，易于操作，长期以来普遍为各国营销界和市场调查界所接受。

20世纪80年代后，市场调查的定义进一步扩大。它不仅以市场为对象，而且以市场营销的每一个阶段，包括市场营销决策、市场营销管理等作为研究的对象。因此，在定义中引入了"营销管理""营销决策"等新的概念，以便更好地反映市场调查发展到新阶段的特点和要求。为此，1988年，美国市场营销协会对市场调查的定义做了新的陈述："市场调查，是指用信息将市场与营销管理者连接起来的职能活动。市场调查的目的，是向营销管理者提供信息，以便营销管理者发现确定营销机会，拟定和评估营销方案、监控营销方案的实施和增强对整个营销过程的理解。市场调查的职能，是确定营销管理需要的信息并计划、组织和实施信息的收集、分析和提供。"

新的定义强调市场调查是一种有目的的活动，是一个系统的过程，是对信息的判断、收集、整理和分析的工作。如果将新旧两个定义综合一下，我们认为可以将市场调查表述为：**市场调查是指为了形成特定的市场营销决策，采用科学的方法和客观的态度，对市场营销有关问题所需的信息，进行系统的收集、记录、整理和分析解释和沟通的管理活动。**

根据此含义，市场调查本质上是一种营销管理活动，它具有以下特征：

(1) 市场调查的对象是市场信息，表现为各种数据或现象、结果。广义的市场信息，是关于市场活动及相关因素的各种消息、情报、数据、资料的统称。狭义的市场信息是指对企业生产经营产生影响的各种环境因素，通常分为宏观环境和微观环境两大类。市场调查以获取企业相关的市场环境因素作为活动对象。换句话说，市场信息即是市场调查的内容。

(2) 市场调查具有明确的目的性。市场调查的重要职责就是提供能够帮助发现问题与机会的市场信息，并且在必要的时候充分了解情况，帮助制定企业的营销决策。

(3) 市场调查是一个程序性很强的经济管理活动。针对企业所面临的营销环境和问题而进行相应的资料收集与分析，这个过程必须从有效的计划开始，按照科学的步骤和方法来实施，并尽量地节约成本，以最少的投入获得最佳的结果。

(4) 市场调查具有科学性。市场调查活动是在一定时间范围内进行的，它所反映的只是特定时间内的信息和情况，在一定时期内调查结果是有效的，随着新情况和新问题的出现，以前的调查结果就会滞后于形势的发展，变为无效的。此时企业若沿用过去的结论，只会使企业贻误时机，甚至陷入困境。

(5) 市场调查具有系统性。市场调查是对市场状况、企业营销活动进行信息收集和分析研究的全过程性活动，它包括调查立题、调查设计、资料搜集、分析和调查报告等阶段。这一过程的每一个环节密切联系，并形成一个有机系统。在各个阶段如果不按照这一系统的要求周密计划、精心组织和科学实施，就难以得出正确的调查结果。因此，在进行重要决策时，一定要系统地进行市场调查，若根据片面信息进行决策将导致难以挽回的损失。

小思考：为什么说市场调查活动具有目的性、系统性、科学性？也有人说市场调查结果是不确定的，你如何理解？

二、市场调查的作用

市场调查工作对于企业而言，具有重要意义。企业的营销活动是从了解市场、分析和预测市场开始的。通常认为,只有通过市场调查,企业才能建立真正的以消费者需求为导向的营销决策系统;通过市场调查,可以帮助企业识别目标市场与制定营销组合;通过市场调查,企业能更好地适应外部环境;市场调查能满足企业对质量和顾客满意的不懈追求;市场调查可以帮助企业提高竞争力,在激烈的市场竞争中取得生存和发展的机会。

小案例 1-1

海尔集团进军欧美市场时,美国家用电器也早已是处于成熟期的产品,家电市场名牌荟萃,竞争激烈,几乎是所有世界名牌的竞技场。海尔在美国市场开展了相关市场调查发现:在美国,200 L 以上的大型冰箱被 GE、惠尔浦等企业所垄断;160 L 以下的冰箱销量较少,美国厂商认为这是一个需求量不大的产品,没有投入多少精力去开发市场。然而海尔发现美国的家庭人口正在变少,小型冰箱将会越来越受欢迎,其中 60 L 到 160 L 的冰箱的需求潜力很大,独身者和留学生就很喜欢小型冰箱。

根据调查分析,海尔决定在美国市场开发从 60 L 到 160 L 的各种类型的小型冰箱。美国零售巨人沃尔玛连锁店开始销售海尔的两种小型电冰箱和两种小型冷柜,受到了年轻消费者欢迎,这类产品的市场占有率是该型号冰箱的 25%,可望增至 40%。海尔在卧室冷柜方面也取得了成功,该产品在美国同类型号中的市场占有率为三分之一。短短几年时间里,海尔冰箱已成功在美国市场建立了自己的品牌。

问题:根据以上案例思考市场调查对于企业而言有什么作用。

分析提示:海尔公司通过市场调查发现了新的市场机会,确定了美国市场上的消费者需求特征和产品定位,做出了正确的营销决策。

在激烈竞争的市场经济中,企业要想成功地开展营销活动,需要大量市场信息来参考、决策。信息收集复杂化的原因是市场调查活动已发生了巨大变化:市场调查已从本地发展到全国乃至国际;从满足购买者的需要发展到满足购买者的欲望。为了及时、有效地寻求和发现市场机会,为了在日趋激烈的市场竞争中获胜,企业需要建立一个有效的市场调查信息系统,如图 1-1 所示。

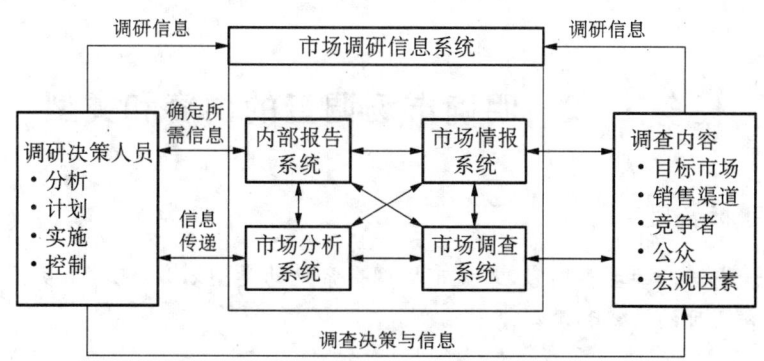

图 1-1 市场调查信息系统

市场调查信息系统(Marketing Information System,MIS),是指一个由人员、机器和程序所构成的、彼此关联的结构。它准确及时地搜集、分类和评价有关市场信息,为营销决策提供依据,使营销计划、执行和控制具有科学性和准确性。它是企业管理信息系统的一个重要组成部分。市场调查信息系统包括内部报告系统、市场情报系统、市场调查系统和市场分析系统。尽管开展了一些调查,企业得到的却是很多无效的、过时的、不可信的、零乱无序的信息。越来越多的企业意识到了这方面的问题,并开始采取实际措施建立、改进、加强它们的营销信息系统,建立起营销数据库,进一步提升为营销决策支持系统。

 小知识

何时无须进行市场调查

无论我们多么信任市场调查,也有合理的原因不使用市场调查。下面列出了一些原因:

(1) 决策已经做出。如果出于政治原因或对市场调查不信任,已经做出了决定,那么就没有必要为无法改变的决策花费更多的钱进行调查了。

(2) 从其他渠道可以获得信息。如果已经有了以前的调查结果,那么没有必要再进行一项类似的产品或营销计划的调查。

(3) 可利用的资源不够充分。你也许有足够的资金调查一项新方案,但没有资源实施调查建议。如果你的预算很小,无法获得可诉讼的和值得信赖的信息,那么最好还是不要进行调查。

(4) 调查成本超过预期利润。如果对可能实施的调查缺乏信心,或者进入新市场的成本很低,那么就没有必要通过调查来进行决策了。

(5) 如果你还不太了解需要哪方面的信息或调查什么样的问题,那么在明确目标之前,不要进行任何调查。

(6) 能否有效地使用调查?如果不能利用调查结果帮助销售产品或提高服务质量,那么调查没有任何意义。

 课堂训练

随着手机在大学校园的普及,越来越多的手机厂商把目光投向了大学学生群体。如果要了解大学生对手机产品的需求和消费情况,我们需要对校园里大学生的手机消费市场做一次调查。以小组为单位讨论如何开展这个调查活动。

任务1-2 明确市场调查的内容和类型

◆ 任务目标描述

明确市场调查活动的主要内容,掌握市场调查常见的类型划分,能够准确判断并恰当地选择特定市场调查项目的内容和类型。

◆ 任务知识介绍

一、市场调查的主要内容

市场调查的内容很多,有市场环境调查,包括政策环境、经济环境、社会文化环境的调查;

有市场基本状况的调查,包括市场规范、总体需求量、市场的动向、同行业的市场分布占有率等;有销售可能性调查,包括现有和潜在用户的人数及需求量、市场需求变化趋势、本企业竞争对手的产品在市场上的占有率、扩大销售的可能性和具体途径等;还可对消费者及消费需求、企业产品、产品价格、影响销售的社会和自然因素、销售渠道等开展调查。

市场环境调查是指对影响企业生产经营活动的外部因素所进行的调查,一般来说市场调查的主要内容包括五个方面:宏观环境的调查、消费者调查、市场需求调查、市场竞争调查和营销组合策略调查。

(一)宏观环境的调查

宏观环境的调查是指从宏观上调查和把握企业运营的外部影响因素及产品的销售条件等。对企业而言,市场环境调查的内容基本上属于不可控制的因素,包括政治、经济、社会文化、技术、法律和竞争等,它们对所有企业的生产和经营都产生巨大的影响。对市场环境的调查,是企业开展经营活动的前提。因此,每一个企业都必须对主要的环境因素及其发展趋势进行深入细致的调查研究。

1. 政治法律环境

政治环境是指企业面临的外部政治形势、状况和制度,分为国内政治环境和国际政治环境。对国内政治环境的调查,主要是分析党和政府的路线、方针、政策的制定与调整及其对市场、企业产生的影响。

企业在市场经营活动中必须遵守各项法律、法令、法规、条例等。法律环境的调查,是分析研究国家和地区的各项法律、法规,尤其是其中的经济法规。

2. 经济技术环境

企业经济环境,是指企业面临的社会经济条件及其运行状况、发展趋势、产业结构、交通运输、资源等情况。经济环境是制约企业生存和发展的重要因素。经济环境调查具体包括社会购买力水平、消费者收支状况、居民储蓄和信贷等情况变化的调查。

科学技术的发展,使商品的市场生命周期迅速缩短,生产的增长也越来越多地依赖科技的进步。以电子技术、信息技术、新材料技术、生物技术为主要特征的新技术革命,不断改造着传统产业,使产品的数量、质量、品种和规格有了新的飞跃,同时也使一批新兴产业建立和发展了起来。新兴科技的发展,新兴产业的出现,可能给某些企业带来新的市场机会,也可能给某些企业带来环境威胁。

3. 社会文化环境

文化是一个复杂的整体概念,通常包括价值观念、信仰、兴趣、行为方式、社会群体及相互关系、生活习惯、文化传统和社会风俗等。在不同国家、民族和地区之间,文化之间的区别要比其他生理特征更为深刻,它决定着人们独特的生活方式和行为规范。文化环境不仅建立了人们日常行为的准则,也形成了不同国家和地区市场消费者态度和购买动机的取向模式。所以,市场社会文化环境调查对企业经营也至关重要。

4. 自然地理环境

一个国家和地区的自然地理条件也是影响市场的重要环境因素,与企业经营活动密切相关。自然环境主要包括气候、季节、自然资源、地理位置等,这些都从多方面对企业的市场营销活动产生着影响。一个国家和地区的海拔高度、温度、湿度等气候特征,影响着产品的功能与效果。人们的服装、食品也受气候的明显影响。地理因素也影响着人们的消费模式,还会对经济、社会发展、民族性格产生复杂的影响。企业市场营销人员必须熟悉不同市场自然地理环境的差异,才能做好市场营销。

(二) 消费者调查

消费者调查是市场调查的重要内容,消费者又叫调查受众,一般消费者调查都从以下几个方面着手:

(1) 消费者的构成:性别、年龄、职业、收入、文化、区域等。

(2) 消费者购买动机调查:购买或不购买的原因;生理动机、心理动机、社会动机。

(3) 消费者购买行为特征:消费者的购买决定是哪个家庭成员做出的?什么时候购买?在什么样的商店购买?购买的频率是多少?花费的资金数量是多少,什么样的包装要求?……

(4) 消费者获得产品信息的途径调查:是通过亲朋好友还是报纸媒体、广告等?

(5) 消费者使用产品的行为特征:谁在使用?现在使用还是过去曾经使用而现在不使用?使用产品的种类、品牌、样式、型号、口味、包装是什么样的?一般在何时间或场合使用?单次的使用量是多少?家庭成员谁的使用量最多或最少?

(6) 消费者使用产品后的评价调查:对产品的性能、功效、包装、服务的满意度是多少?使用后生理、心理上有哪些感受?对企业、产品、品牌有好感吗,好感到什么程度?

 小案例1-2

日本卡西欧公司,自公司成立起便一直以产品的新、优取胜而闻名世界,其新、优主要得力于市场调查。卡西欧公司的市场调查主要是销售调查卡,其卡只有明信片一般大小,但考虑周密,设计细致,调查栏目中各类内容应有尽有。第一栏是对购买者的调查。其中包括性别、年龄、职业等,分类十分细致。第二栏是对使用者的调查。使用者可以是购买者本人、家庭成员,或其他人。每一类人员中,又分年龄、性别。第三栏是对购买方法的调查。是个人购买、团体购买,还是赠送?第四栏是调查消费者知道该产品的途径。是看见商店橱窗布置、报纸杂志广告、电视台广告,还是朋友告知、看见他人使用等?第五栏是调查消费者选中该产品的原因。所拟答案有操作方便、音色优美、功能齐全、价格便宜、商店的介绍、朋友推荐、孩子的要求等。第六栏是调查使用后的感受。是非常满意、一般满意、普通,还是不满意?另外几栏分别对机器性能、购买者所拥有的乐器、学习乐器的方法和时间、所喜爱的音乐、希望有哪些功能等方面做了详尽的设计。该调查卡为企业提高产品质量、改进经营策略、开拓新的市场提供了可靠依据。

问题:卡西欧公司的市场调查涉及哪些调查内容?

分析提示:卡西欧公司此次调查的内容是消费者调查各项目。

(三) 市场需求调查

市场需求是指一定的顾客在一定的地区、一定的时间、一定的市场营销环境和一定的市场营销方案下对某种商品或服务愿意而且能够购买的数量。

(1) 市场需求总量,是指在一定的地理区域和一定的时间期限内,在一定的营销环境和一定的营销努力下,一定消费者群体所会购买特定产品的总量。

(2) 市场需求结构。

(3) 市场需求的影响因素,如产品的功能、产品价格、分销方式、促销力度的影响力的强弱与方向;企业的策略等。

(4) 市场未满足需求调查,把未满足的需求转化为企业的营销机会,开发未满足的机会。

(四) 市场竞争调查

(1) 企业竞争者调查。例如,竞争者有哪些,分布在哪里,主要或直接竞争者是谁,企业实力情况如何等。

(2) 竞争者的市场地位调查。例如,企业的直接竞争者的市场占有率有多少,在消费者心目中的心理占有率、情感占有率和知名度、美誉度有多高等。

(3) 竞争者的营销目标。例如,竞争者的企业目标、营销战略目标、营销活动目标等。

(4) 竞争者的营销策略。例如,竞争者的目标市场策略、产品策略、价格策略、分销策略、促销与服务策略等,同时还有这些策略的组合方式。

(5) 竞争者的竞争反应模式。

(五) 营销组合策略调查

营销组合策略是营销企业营销的因素。分析这些营销组合策略是为了提高企业的营销控制力。当然,营销组合策略具有客观性,营销组合策略也存在个性特点。营销组合策略调查主要有以下四点:

(1) 产品策略调查。

产品策略包括产品发展、产品计划、产品设计、交货期等决策的内容。其影响因素包括产品的特性、质量、外观、附件、品牌、商标、包装、担保、服务等。

(2) 价格策略调查。

价格策略包括确定定价目标、制定产品价格原则与技巧等内容。其影响因素包括付款方式、信用条件、基本价格、折扣、批发价、零售价等。

(3) 促销策略调查。

促销策略是指主要研究如何促进顾客购买商品以实现扩大销售的策略。其影响因素包括广告、人员推销、宣传、营业推广、公共关系等。

(4) 分销策略调查。

分销策略主要研究使商品顺利到达消费者手中的途径和方式等方面的策略。其影响因素包括分销渠道、区域分布、中间商类型、运输方式、存储条件等。

二、市场调查的主要类型

(一) 按市场调查的组织方式不同来分类

(1) 全面调查。

全面调查又称普查,即对市场调查对象总体的每一个个体进行逐一的、全面的调查。这种调查方式主要适用的情形是:市场调查对象的个体差异很大,调查机构需要全面、准确了解并掌握调查对象的市场信息,调查的市场信息至关重要。全面调查虽然调查结果比较准确、全面,但由于调查面广、时间长,需要的人力、物力、财力较多,因此应用受限。

(2) 抽样调查。

抽样调查简称抽查,即以一定的抽样方式从调查对象总体中选取部分个体单位作为调查样本所进行的调查。它是根据概率原理,从调查对象的总体中选取适当数量的个体为样本进行调查,以样本的调查结果推断总体的情况。这种调查方式可以使调查面有控制地减缩,从而减少调查时间,节省调查的人力、物力、财力的支出。因此,在市场调查中抽样调查成为一种应用较广、较常用的调查方式。

(二) 按照调查的目的和研究方法的不同来分类

(1) 探测性市场调查。

它是为了使企业经营中存在的问题能够明确而进行的市场调查。它是在企业对存在的问题不明确、不清楚的情况下开展的调查,其目的是通过收集一些有关的市场资料,以确定企业经营中存在问题的症结。例如,某公司近一段时期销售额持续下降,公司不明白产生这一问题的症结,是市场已经饱和、广告宣传不力、销售价格偏高,还是消费者偏好改变了?要找到销售额下降的问题症结,就可采用探测性市场调查。探测性市场调查属于初步的市场调查。通过探测性调查可以查明问题的症结,为进一步探讨解决问题的办法打下基础。探测性调查方法较为简单,一般未必制定严密的调查方案,灵活性大。

(2) 描述性市场调查。

它是指企业对有关市场现象、市场因素做准确、如实反映的调查。例如,某企业欲调查购买本企业产品的顾客是一些什么人(包括他们的性别、年龄、职业、收入、文化程度),他们对产品有何看法,这样的市场调查就属于描述性市场调查。描述性市场调查要求对所研究的市场现象、市场因素做客观的、全面的反映,所以称为描述性的调查。

在市场调查实践中,大量的市场调查都属于描述性市场调查,如对产品调查、销售渠道调查、竞争对手调查等均属于描述性市场调查。描述性市场调查作为正式市场调查的一种,所获得的资料必须要真实、详尽、系统,在调查中必须按市场调查的步骤进行,要有完整的市场调查方案和精密的搜集资料的工具。

(3) 因果性市场调查。

它是为了研究两个市场变量之间是否存在因果关系的调查。如果一种市场现象的变化会引起另外一种市场现象的变化,则前者称为原因,后者称为结果。这两种市场现象之间就存在着因果关系,如消费者的收入和消费者的购买力的提高。如果说,描述性市场调查侧重回答"是什么",那么,因果性市场调查侧重回答"为什么"。因果性调查旨在发现现象之间的因果关系,如要调查"消费者为什么喜欢购买海尔牌电冰箱"。海尔电冰箱畅销国内外,这是结果,必然有它的背后原因(如产品质量好)这类课题的调查就是因果性的市场调查。

(4) 预测性调查。

预测性调查是在描述性调查和因果性调查的基础上,对市场未来可能出现的变化趋势进行的估算、预测和推断,其实质是市场调查结果在市场预测中的运用。

(三) 按调查项目的时间要求不同来分类

(1) 定期市场调查。它是指企业针对市场情况和经营决策的目标,按时间要求定期所做的市场调查,它的形式有月末、季末、年终调查等。通过定期调查,分析研究一定时间内企业经营活动的内部和外部信息,以便科学地认识市场环境,定期按计划指导业务经营活动。

(2) 经常性市场调查,也叫不定期的市场调查。它是根据企业经营活动的实际需要,组织进行不定时的连续调查。例如,企业对产品质量的调查,消费者对商场服务质量的调查都属于经常性的市场调查。在经常性调查中,每次调查时间、内容都是不固定的。

(3) 一次性市场调查,也叫临时性市场调查。它是为解决企业某一经营问题的特殊需要而组织进行一次的调查。问题解决了,市场调查也就结束了。例如,某企业要开发新产品,对新产品开发的可行性进行一次专门的市场调查。

课堂训练

如果让同学们在全校范围内开展一次关于在校大学生月消费情况的调查,该调查项目属于哪种类型?请从不同的分类标准来分析。

任务1-3 熟悉市场调查的原则

◆ 任务目标描述

熟悉市场调查活动的原则,能够在开展市场调查活动时遵守相应的原则和要求,保证市场调查活动的科学有效。

◆ 任务知识介绍

一般认为,市场调查是一种复杂的认识市场现象及其变化规律的活动,必须坚持以下原则。

一、客观性原则

这是市场调查最重要的原则。客观性原则要求市场调查收集到的市场信息和有关资料必须真实准确地反映市场现象和市场经济活动,不能带有虚假或错误的成分。坚持市场调查的客观性原则,首先在市场调查中必须对市场现象、市场经济活动做如实的描述,不能带有个人的主观倾向和偏见,保证市场调查资料客观地反映市场的真实情况。其次,坚持客观性原则,在市场调查中力求市场调查资料的准确度,尽量减少错误。

二、针对性原则

市场调查的针对性原则是指市场调查要围绕企业经营活动中存在的问题,即调查的目的来进行。任何市场调查都要耗费许多人力、物力、财力,因此市场调查不能盲目进行,企业必须根据要解决的问题来开展市场调查。市场调查针对性,还包括要针对竞争对手进行调查。因为对付竞争已经成为企业经营战略的重要组成部分,要想在竞争中取胜,就必须了解竞争者的实力和优势,从而确定企业的营销策略。

三、科学性原则

市场调查的科学性是指市场调查的整个过程要科学安排,要以科学的知识理论为基础,应用科学的方法。市场调查是企业为达到营销目的而进行的活动。为减少调查的盲目性和人、财、物的浪费,对所需要收集的资料和信息及调查步骤要科学规划。例如,采用何种调查方式,问卷如何拟定、调查对象该有哪些等。在调查内容的确定上要科学设计,使调查内容能以最简洁、明了而又易答的方式呈现给调查对象。市场调查中无论是收集信息资料过程,还是整理分析信息资料过程,都要采用科学的方法。

四、全面性原则

市场调查的全面性原则是指要全面系统地收集企业生产营销活动有关的市场现象的信息资料。市场现象不是孤立、静止存在的,它与政治、经济、文化、风俗、法律等社会现象之间有着千丝万缕的联系;市场现象随着时间、地点、条件的变化而不断发生着变化。在进行市场调查时,必须对相互联系的市场现象的各种影响因素做全面性的调查,绝不能片面地观察市场;必须对市场现象的发展变化全过程进行系统性的调查。

五、经济性原则

市场调查的经济性原则是指市场调查工作必须要考虑到经济效果,要以尽可能少的费用取得相对满意的市场信息资料。在市场调查中,必须根据明确的调查目的,确定市场调查的内容项目,选择适合的调查方式方法。在满足市场调查目的的前提下,尽可能简化调查的内容与项目,不要加大调查的范围和规模,造成人力、物力、财力和时间的不必要的浪费。市场调查工作和各项工作一样,都要提高经济效益,做到少花钱多办事。

扫码查看更多内容

小案例 1-3

有些市场调查人员发现,当他们向被调查者询问洗发水的有关问题时,得到的回答总是"洗发水最重要的是能够把头发洗干净并具有护理头发的功能",但当市场调查人员把货样拿给人们看时,却有很多人总是先闻一闻有没有香味。还有,在美国,长期以来肥皂制造商搞不清楚粉红色香皂是否受欢迎,因为每当把不同颜色的香皂摆在人们面前时,他们总是指着粉红色的那块,但是在商场里粉红色的香皂却很少成为热销款。

问题:市场调查人员应该怎样做才能更好地把握消费者的心理?

分析提示:在日用消费品的调查中,消费者的心理状态会随着环境变化、个人消费习惯差异和商品本身多样性的影响而变化,使得调查结果具有不确定性。这时调查人员应遵循市场调查的客观性原则、科学性原则、全面性原则,不仅要听取消费者的意见和态度,还要观察消费者的行为,用多种调查手段来收集市场信息,确保调查结果相对的真实和准确。

课堂训练

在校园中开展一次关于在校大学生月消费情况的调查,请同学们结合市场调查活动的原则,谈一谈如何保证该调查项目是一次有效的市场调查活动。

任务 1-4 熟悉市场调查的程序

◆ **任务目标描述**

熟悉并掌握市场调查活动的一般程序和主要步骤,能够独立完成特定的市场调查项目。

◆ 任务知识介绍

市场调查是一项涉及面广、复杂的认识活动。要顺利进行市场调查,确保调查质量达到预期目的,必须科学安排市场调查过程中的各项工作。市场调查一般程序如下:

(1) 计划阶段,又称准备阶段。这一阶段的主要任务就是界定研究的问题和研究的目标,确定调查的方式及需要获得的信息的范围、来源和种类,调查的经费预算和时间安排等,并在此基础上形成详细的调查总体方案。

(2) 实施阶段,即资料采集阶段。这一阶段的主要任务是根据调查方案,组织调查人员收集二手资料并深入市场搜集一手资料。

(3) 总结阶段,即分析报告阶段。这一阶段的任务是:资料的整理和分析、编写调查报告和报告跟踪。市场调查的一般步骤,如图1-2所示。

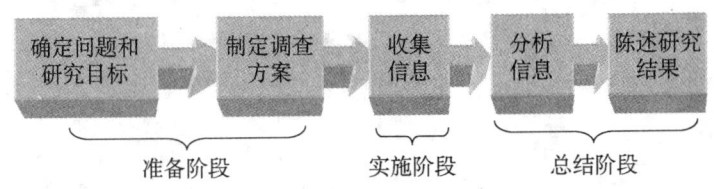

图1-2 市场调查的一般步骤

一、明确市场调查的任务

明确市场调查的任务是整个市场调查工作的起点,包括提出企业经营中要解决的问题,并由此明确调查研究目标。明确调查目标,主要明确为什么要进行此项调查;通过调查要获取哪些市场信息、资料,调查结果有何用途。

二、制定市场调查的方案

市场调查的任务明确后,接下去是围绕市场调查的任务制定市场调查的具体方案。它是市场调查过程中最复杂的工作。市场调查的方案制定是对调查工作各个方面和全部过程的通盘考虑,包括了整个调查工作过程的全部内容。

市场调查方案是整个市场调查工作的行动纲领,起到保证市场调查工作顺利完成的重要作用。市场调查的主持者应花大力气精心制定好市场调查方案。若市场调查方案中规定要有调查提纲和调查表格,应安排有关人员去设计调查提纲和调查表格。

三、具体实施调查方案,进行实地调查

具体实施市场调查的方案,就是按照调查方案的要求去收集市场信息资料,也就是进入实地调查过程。在整个市场调查工作中,收集市场信息资料阶段是唯一的现场实施阶段,是取得市场第一手资料的关键阶段。在此阶段,市场调查的组织者必须集中精力做好外部协调工作和内部指导工作,力求以最少的人力、最短的时间、最好的质量完成收集市场信息资料的任务。

四、整理调查资料,撰写调查报告

整理资料,就是运用科学方法对调查资料进行审核分类和分析,使之系统化、条理化,并以简明的方式准确反映调查问题的真实情况。

市场调查报告是市场调查研究成果的集中体现。市场调查报告要根据调查任务、目的和所收集到的市场信息资料,经过分析研究,做出判断性结论,提出建设性的措施、意见,使调查报告在企业生产、营销工作中起到指导性的作用。

课堂训练

如果确定了《在校大学生月消费情况的问卷调查》这一调查项目,请同学们为这个项目设计出调查工作步骤。

项目总结

- **知识重点**

市场调查的概念　市场调查的内容　市场调查的分类　市场调查的原则

- **技能重点**

市场调查的步骤

- **思考与训练**

1. 选择题

(1) 市场调查首先要解决的问题是(　　)。

A. 明确调查的目的　　　　　　　　B. 制订详细的计划
C. 确定资料的来源　　　　　　　　D. 确定调查的方法和形式

(2) 市场调查的最后一个步骤是(　　)。

A. 制订实施计划　　　　　　　　　B. 对调查结果进行统计分析
C. 调查跟踪　　　　　　　　　　　D. 整理资料并提出调查报告

(3) 竞争状况调查是(　　)的内容之一。

A. 市场营销环境调查　　　　　　　B. 市场需求调查
C. 消费者调查　　　　　　　　　　D. 营销组合调查

(4) 下列哪个属于营销组合中的促销状况调查?(　　)

A. 产品服务研究　　　　　　　　　B. 消费者满意度研究
C. 现有销售渠道研究　　　　　　　D. 广告效果研究

(5) 从程序上看,市场调查程序可以分为3个阶段,即(　　)。

A. 计划阶段　　　　　　　　　　　B. 问题或机会的识别阶段
C. 资料采集阶段　　　　　　　　　D. 分析报告阶段

2. 判断题

(1) 客观性原则是市场调查最重要的原则。　　　　　　　　　　　　(　　)

(2) 描述性市场调查是指企业对有关市场现象、市场因素做准确、如实反映的调查。
（   ）

(3) 市场调查活动是在一定时间范围内进行的,反映的只是特定时间内的信息和情况,这说明市场调查具有系统性。
（   ）

(4) 经常性市场调查,也叫不定期的市场调查,它是根据企业经营活动的实际需要,组织进行不定时的连续调查。
（   ）

(5) 对产品、价格、促销等营销策略的调查是市场调查的主要内容。
（   ）

3. 思考题

(1) 说明市场调查的定义和作用。

(2) 市场调查活动时要坚持哪些原则?

4. 案例分析题

美国航空公司对飞机上提供电话服务的调查

美国航空公司探索为航空旅行者提供他们需要的新服务。一位经理提出在高空为乘客提供电话通信的想法。其他的经理们认为这是激动人心的,并同意应对此做进一步的研究。于是,提出这一建议的营销经理自愿为此做初步调查。他同一个大电信公司接触,以研究波音747飞机从东海岸到西海岸的飞行途中,电话服务在技术上是否可行。据电信公司讲,这种系统每次航行成本大约是1 000美元。因此,如果每次电话收费25美元,则在每航次中至少有40人通话才能保本。

一、确定问题与调查目标

1. 乘客在航行期间通电话的主要原因是什么?
2. 哪些类型的乘客最喜欢在航行中打电话?
3. 有多少乘客可能会打电话? 各种层次的价格对他们有何影响?
4. 这一新服务会使美国航空公司增加多少乘客?
5. 这一服务对美国航空公司的形象将会产生多少有长期意义的影响?
6. 电话服务与其他因素(如航班计划、食物和行李处理等)相比,其重要性表现在哪些方面?

二、拟订调查计划

假定该公司预计不做任何市场调查而在飞机上提供电话服务,并获得长期利润5万美元,而营销经理认为调查会帮助公司改进促销计划而可获得长期利润9万美元。在这种情况下,在市场调查上所花的费用最高为4万美元。调查计划包括资料来源、调查方法、调查工具、抽样计划、接触方法。

三、收集信息

四、分析信息

五、提出结论

1. 使用飞机上电话服务的主要原因是:有紧急情况;紧迫的商业交易;飞行时间上的混乱;等等。用电话来消磨时间的现象是不大会发生的。绝大多数的电话是商人所打的,并且他们要报销单。

2. 每200人中,大约有20位乘客愿花费25美元打一次电话;而约40人期望每次通话费为15美元。因此,每次收15美元(40×15=600)比收25美元(20×25=500)有更多的收入。然而,这些收入都大大低于飞行通话的保本点成本1 000美元。

3. 推行飞行中的电话服务使美航每次航班能增加2个额外的乘客,从这2人身上能收到400美元的纯收入,然而,这也不足以帮助抵付保本成本点。

4. 提供飞行服务增强了美航作为创新和进步的航空公司的公众形象。

最后,美国航空公司放弃了为乘客提供电话通信的想法。

(资料来源:菲利普·科特勒.营销管理(新千年版).中国人民大学出版社,2001:129~142.)

讨论:(1) 市场调查活动一般要遵循什么程序?

(2) 美国航空是如何做出营销决策的?

项目 2　市场调查行业的发展

> **导入案例**

两个同龄的年轻人同时受雇于一家店铺,并且拿同样的薪水。可是叫阿诺德的小伙子青云直上,而那个叫布鲁诺的小伙子却仍在原地踏步。布鲁诺很不满意老板的不公正待遇。终于有一天,他到老板那儿发牢骚了。老板一边耐心地听着他的抱怨,一边在心里盘算着怎样向他解释清楚他和阿诺德之间的差别。

"布鲁诺先生,"老板开口说话了,"您今早到集市上去一下,看看今天早上有卖什么的。"布鲁诺从集市上回来向老板汇报说,今早集市上只有一个农民拉了一车土豆在卖。"有多少?"老板问。布鲁诺赶快戴上帽子又跑到集上,然后回来告诉老板一共40口袋土豆。"价格是多少?"布鲁诺又第三次跑到集上问来了价钱。"好吧,"老板对他说,"现在请您坐到这把椅子上一句话也不要说,看看别人怎么说。"

阿诺德很快就从集市上回来了,并汇报说到现在为止只有一个农民在卖土豆,一共40口袋,价格是7元一公斤;土豆质量很不错,他带回来一个让老板看看。这个农民一个钟头以后还会弄来几箱西红柿,据他看价格非常公道。昨天他们铺子的西红柿卖得很快,库存已经不多了。他想这么便宜的西红柿老板肯定会要进一些的,所以他不仅带回了一个西红柿做样品,而且把那个农民也带来了,他现在正在外面等回话呢。

此时老板转向了布鲁诺,说:"现在您肯定知道为什么阿诺德的薪水比您的高了吧?"

(案例来源:百度文库)

思考:市场调查行业中的从业人员应该具备哪些素质?

任务 2-1　市场调查行业的发展

◆ **任务目标描述**

了解市场调查行业发展与社会经济发展之间的关系,明确市场调查行业发展经历的阶段。

◆ **任务知识介绍**

一、市场调查的产生和发展

市场调查活动萌芽于20世纪前期,发展不过百余年历史。最早的有正式记载的为制定营销决策而开展的市场调查是1879年由美国广告代理商艾尔(N.W. Ayer)做的,它对州和地方官员进行调查以推测谷物产量的期望水平,从而为农业设备制造者设计广告实施计划方案。

19世纪末20世纪初,美国杜邦公司开展了一次系统的调查工作,它对推销人员提交的有关顾客特征的报告进行了系统整理。

市场调查行业在世界范围内的发展大致经历三个阶段。人类社会进入20世纪后,生产力的快速发展带来消费需求的激增,商品经济的活跃带动了市场营销的发展,市场调查作为一个行业开始在各个领域发展。从20世纪初到30年代期间,这是市场调查行业的建立和形成的阶段。第一家正式的调查机构是1911年由柯蒂斯出版公司建立,该机构的调查主要针对汽车业。几年后,测量消费者对广告反应的测度和营销量表出现。尼尔森(A.C. Nielsen)在1922年进入调查服务业,他提出了"市场份额"概念以及其他很多调查术语,从而为后来成为美国最大的市场调查机构之一奠定了基础。30年代问卷调查法得到了广泛使用,市场调查也作为正式课程在大学校园中得到普及。

从30年代到50年代中期,市场调查的方法和技术得到了发展创新,比如抽样技术、统计推断和回归分析。方式方法的创新使得市场调查活动开始向多个领域扩展,这一时期,市场调查行业得以巩固。50年代末,全球由卖方市场向买方市场的转变要求更全面的市场情报,市场需求差异化越来越明显,市场细分、动机分析和先进的调查技术(如随机模型、马尔科夫模型和线性学习模型)结合,更为重要的是60年代初计算机的快速发展,这一切推动了市场调查服务业的发展与成熟。

伴随着经济的快速发展,企业竞争的激化,消费导向的市场要求企业更加重视市场调查研究和情报信息的采集。此时,以美国为代表的西方国家市场调查行业已经形成了相当的规模,很多公司都设立了专门的市场调查和研究部门。在学术领域,市场调查从经济学、统计学、应用数学等学科中彻底独立出来,很多大学把市场调查作为重要的课程来讲授,相关的理论、方法、技术,比如态度测量表、动态分析、多元回归分析、数据提取、储存技术、计算机分析软件等等都得到了发展,并且越来越系统化、实用化。20世纪60年代以后,依托计算机和互联网普及、调查理论和技术创新,市场调查行业进入了快速发展的阶段。直至目前,市场调查服务业的发展趋势主要是网上市场调查,利用互联网这一平台开展高效的市场调查,其优点主要表现在提高调查效率、节约调查费用、调查数据处理比较方便、不受地理区域限制等方面,被许多调查咨询公司广泛应用。但是在线市场调查并不是轻易可以实现的,受到市场信息、企业决策目标和调查技术特殊性等各方面约束。

二、我国市场调查行业的发展

我国正处在经济转轨时期,工业化进入第二阶段,加上全球化、信息化扑面而来。从生产经营到资本经营,由产品经营到品牌经营;可使用的成长工具、扩张工具、竞争工具更多,组合工具更多,难度更大,专业要求更高。全球化、信息化更是加剧了这种趋势,如如何合理地利用信息化手段,如何有效利用国内外两种资源两个市场等。复杂的情况使越来越多的企业难以独立应对,这时要在竞争中获胜就客观地需要引入"外脑",利用外部先进的智力成果。我国咨询业和改革开放同时起步,通过学习与引进国外咨询研究的理论与方法,结合中国的国情及企业的实际情况,开展企业咨询研究,并逐步形成较强的竞争力。目前我国共有各类咨询公司3万余家,而真正从事咨询服务业务的仅1 500余家,在咨询业中做大品牌的只有几十家。以下为中国十大行业市场调查研究咨询机构公司发展情况[①]。

---

① http://roll.sohu.com/20160310/n439955959.shtml,2016年03月10日,搜狐资讯。

(一) 零点咨询

零点研究咨询(Horizon)是在我国经济市场化进程中产生并不断成长的著名专业研究咨询机构。1992年成立零点调查(市场研究),于2000年进行结构调整,投资成立了前进策略(策略咨询)和指标数据(共享信息),形成三位一体的格局,是目前国内最大的提供专业的策略性研究咨询服务的集团公司之一。零点是世界专业研究者协会(ESOMAR)中国代表机构,也是国际管理咨询机构协会(AMCF)原中国代表机构。零点依照国际惯例,透过持续的研发投入、与国际服务机构的合作和有力度的人力资源组合,成为兼容国际视野和本土经验的调查咨询知名服务品牌。

零点同时拥有一支学科配置整齐、专业人员年轻、国际与国内职员兼有、高度自觉的学习型研究队伍,现有研究人员来源于社会学、统计学、心理学、市场营销、经济学、工商管理与公共管理学、财务投资、计算机科学、法学等相关专业方向,95%以上的全职研究咨询人员具有硕士及硕士以上学历,50%以上的研究咨询人员拥有4年以上的专业市场研究经验,30%以上的研究咨询人员具有海外学习背景。

(二) 中为咨询

深圳中为智研咨询(ZWZYZX)有限公司是中国领先的产业与市场研究服务供应商。中为咨询围绕客户的需求持续努力,与客户真诚合作,在调查报告、研究报告、市场调查分析报告、商业计划书、可行性研究、IPO咨询等领域构筑了全面专业优势。中为智研致力于为企业、投资者和政府等提供有竞争力的调查研究解决方案和服务,持续提升客户体验,为客户创造最大价值。目前,中为咨询的研究成果和解决方案已经应用于3万多家企业,并向海外市场拓展。

目前中为咨询业务范围主要囊括了产业细分领域研究、行业市场研究、行业市场调查、IPO咨询、项目可行性分析、并购与重组、投资咨询等领域。中为咨询始终把引进优秀的研究投资人才作为公司的核心目标之一,中为咨询员工拥有多种专业学历背景:统计学、金融学、产业经济学、市场营销学、国际贸易学、经济学、社会学、数学等数十个专业。中为咨询网现有300多名员工中本科以上学历占90%,65%具有双学位、硕士及博士学位。企业大多数员工曾在国内多家知名产业研究所与证券研究机构有过丰富的从业经验。

(三) 新华信

新华信(SINOTRUST)国际信息咨询(北京)有限公司是中国领先的营销解决方案和信用解决方案提供商,1992年在北京成立。企业收集、分析和管理关于市场、消费者和商业机构的信息,通过信息、服务和技术的整合,提供市场研究、商业信息、咨询和数据库营销服务,协助客户做出更好的营销决策和信贷决策并发展盈利的客户关系。企业在北京、上海和广州拥有600名员工,为各行业的机构客户提供专业服务,包括汽车、金融、保险、零售、电信、IT、制造业、消费品和贸易。在华的《财富》世界500强企业中有80%以上使用企业的不同产品和服务。

新华信是中国领先的商业信息咨询服务提供商。企业提供企业信用报告、企业数据库产品、行业报告、信用管理咨询、信用风险管理软件,以及相关数据管理技术与营销活动管理服务,为顾客的信贷管理、营销拓展、行业分析以及竞争监测等提供充分的信息、决策和技术支持。

(四) 艾瑞咨询

艾瑞咨询(iResearch)成立于2002年,由杨伟庆发起创立,致力成为中国大数据时代下最佳互联网收视率及消费者洞察公司。艾瑞咨询以"生活梦想科技承载"为理念,为客户提供中国市场最专业的互联网相关领域的数据产品、研究咨询等专业服务,助力客户提高对互联网产业的认知水平、盈利能力和综合竞争力,让互联网的力量点燃中国各个行业。

艾瑞办公总部设在北京及上海,拥有一支稳定并具有深厚行业服务经验的管理团队,目前拥有员工超过400名,在广州、深圳、成都、杭州、硅谷、纽约、香港等地设有区域办事机构。艾瑞咨询具有广泛而深度的品牌影响力,艾瑞咨询发布的互联网产业及用户数据被各大媒体引用,在多个领域已经树立数据标准。艾瑞咨询拥有基于个人电脑、智能手机、平板电脑、智能电视等不同终端,百万级用户行为监测样本的互联网收视率数据,并在网络营销、电子商务、移动互联网、大数据和互联网金融领域具有领先的市场地位。艾瑞咨询累计服务超过1 000家客户,涵盖多个行业领域,包括互联网、移动互联网、广告及公关、零售及电商、通信、金融服务、投资研究、消费品、政府及公共事业等,客户几乎覆盖中国所有主要的互联网公司、90%的互联网广告代理公司、主要的电子商务企业、主流的投资银行及互联网对冲基金等。在多个互联网公司IPO上市报告中,艾瑞咨询是主要的第三方数据服务提供方。

(五) 益普索中国

益普索(Ipsos)是全球领先的市场研究集团,于1975年成立于法国巴黎,1999年在巴黎上市,是全球唯一由研究专业人士拥有并管理的市场研究集团。益普索是全球第三大研究集团,2014年集团全球营业额22.184亿美元,在全球87个国家设有办公室。益普索在六大研究领域为客户提供专业的洞察和服务:广告与品牌研究,客户满意度与忠诚度研究,营销研究,媒介研究,公共事务研究,以及调查管理服务。

益普索于2000年进入中国,已成为中国最大的市场研究公司,在上海、北京、广州、成都、武汉等5个城市设有办公室。企业拥有丰富的专业研究产品线和行业专长,研究领域覆盖广告和品牌研究、营销研究、媒介研究、公众事务与社会研究、满意度与忠诚度研究、数据采集与处理,汽车研究以及金融与服务研究。服务范围覆盖了快消、金融、汽车、IT/电信、医药保健等众多行业。企业将研究数据和大数据进行智慧的结合,企业预测市场、测试广告、研究数字时代的多媒体渠道,并探究全球范围内的公众舆论导向。

(六) 赛迪顾问

赛迪顾问(CCID)股份有限公司是中国首家在香港创业板上市,并在业内率先通过国际、国家质量管理与体系(ISO 9001)标准认证的现代咨询企业,直属于中华人民共和国工业和信息化部中国电子信息产业发展研究院。经过多年的发展,目前公司总部设在北京,旗下拥有赛迪经智、赛迪经略、赛迪方略、赛迪设计和赛迪监理五家控股子公司,并在上海、广州、深圳、西安、武汉、南京、成都、贵州等地设有分支机构,拥有300余名专业咨询人员,业务网络覆盖全国200多个大中型城市。

赛迪顾问凭借强大的国家部委资源支撑、丰富的行业资源和高端专业化人才等竞争优势,面向政府、园区和企业,提供发展战略与规划、政策研究、转型升级规划、招商引资策略研究、信息化咨询、智慧城市规划、市场投资机会与策略分析、投资可行性研究、运营模式研究、企业兼并重组、企业战略咨询、人力资源管理等现代咨询服务。研究领域涵盖电子信息、互联网、通信、基础电子、装备、消费品、汽车和原材料、战略性新兴产业等行业领域,致力成为中国本土的城市经济第一智库、企业管理第一顾问、信息工程设计第一品牌。

(七)易观国际

易观国际(Analysys International)成立于 2000 年,是中国互联网和互联网化市场卓越的信息产品、服务及解决方案提供商。每年为来自全球的互联网和信息技术厂商、电信运营商、行业用户、投资机构、政府部门的高级主管,提供包括订阅制的 EnfoDesk 资讯平台和 EnfoGrowth 专项咨询在内的信息产品、服务及解决方案,借助 EnfoShare 的展览展示和人脉平台,进一步加强创新者与行业用户、政府机构、投资机构间的深入沟通与合作机会获得。

易观国际吸引了 TMT 研究、咨询、分析领域的专业人才,在第一时间为客户提供商业决策优化服务。易观国际的专业队伍 80%以上来自于国内外知名学府的博士、硕士,他们不仅具备技术、行业和研究咨询专业背景,还具备丰富的商业经验。在为客户进行商业服务时,他们对整个产业与市场具有深刻的洞察,对企业竞争战略、管理运营具有深刻的理解和体会,得到了海外市场的高度认可。易观商业解决方案是易观国际集团下属的专业咨询公司。经过 10 年的发展,先后成功为电信、IT、金融等多个行业以及政府部门提供了 500 个以上的咨询解决方案,在战略咨询、产品规划、市场营销、企业运营等领域积累了丰富的经验。易观智库商业信息服务平台,是一款反映中国新媒体经济(互联网、移动互联网、广电网、物联网等)发展的信息产品。易观智库已成为国内外政府、企业、投资机构以及专业人士了解市场、提升创新力和决策力的首选信息工具。

(八)慧聪研究

慧聪研究(HCR)是一家根植于中国、放眼全球,提供大数据与小数据有效结合的洞察研究公司,通过对数据的深度挖掘,帮助您发现表象背后的真实世界。HCR 为企业提供大小数据结合的深度洞察服务。企业的数据既有来自于互联网和移动互联网中沉淀的网民浏览行为、消费行为、舆论文字等海量数据;也有来自于企业内部沉淀的大量用户的购买行为的数据。企业将大量异构数据进行清洗、整理、分析、挖掘,通过大数据研究与经典研究相结合的深度洞察服务,为企业提供决策依据,帮助企业了解他们面对的市场、客户群体、竞争情况等,伴随企业成长的每一步,助力企业成功决策。汽车、通信、家电、科技、金融、医药、媒体、零售、包装消费品、时尚/运动、奢侈品、工业品、公共事务、烟草等诸多行业,HCR 都设置了专属的服务团队。企业致力于通过制度创新培养并吸纳顶尖人才,不断突破自我,向用户提供更全面、深入的数据服务,包括传统市场研究、大数据分析等全维度的产品体系,提高数据的洞察和研究效果,使 HCR 成为从中国走出去的一家世界领先的数据研究公司。

HCR 前身为慧聪研究院,成立于 1993 年,是国内最早一批涉足于市场分析、数据研究的企业,除了在数据洞悉方面的深厚积累,依托于母公司慧聪网的技术优势,HCR 还在业内形成了通过 IT 技术驱动市场研究结果的鲜明特点。2003 年,慧聪研究院随慧聪网实现了在香港创业板的成功上市;2008 年与 170 年历史的美国邓白氏达成合作,与其研究团队合并,为公司研究实力引入国际化要素;2011 年,HCR 完成 MBO,为推动 HCR 成为行业领军企业奠定了有力基础。2012 年,公司引入多位业界重量级专家,并于同年 8 月与上海 DNA 合并;2013 年,HCR 宣布与国内顶级投资机构达晨创投达成融资协议,5 000 万的金额也成为市场研究行业迄今为止最大的一笔;2014 年 11 月,HCR 完成股份制改造。2015 年 8 月 12 日,HCR 成功挂牌新三板(股票代码:833309)成为国内新三板大数据商业应用第一股。HCR 拥有 24 个行业 1 159 种品类 20 余万广告主的媒体数据库,连续积累 22 年行业数据库,1 000 万中小企业数据库,70 万的 B2C 消费者样本库,100 万移动端用户行为追踪 panel。具有业界领先的搜索技术、数据挖掘与管理技术、报告电子化平台技术。公司总部位于北京,在上海、广州等地设有8个分公司,拥有市场研究与传播领域的专业技术和研究人员500多名,同时还与行业内的专家、厂商、渠道企业保持着密切的合作,除覆盖全国的市场信息直接调查网络外,还拥有5 000多名兼职信息采集人员,执行范围辐射全国1~6级城市和乡镇共2 388个。

(九) AC尼尔森中国

AC尼尔森(AC Nielsen)于1984年来到中国。至今AC尼尔森已经对中国——全球竞争最为激烈的市场之一——以及中国消费者积累了深刻的理解。不论是中国本地企业还是准备以及已经进入中国的外国公司,企业所拥有的丰富的市场资讯和深刻的市场洞察都能够帮助他们深入理解其竞争环境以及消费者的需求和期望,从而协助他们制定和执行成功的市场战略。

自1923年至今,AC尼尔森公司为市场研究建立了很高的行业标准,其涵盖的知识面,专业性以及全球性都是无与伦比的。AC尼尔森在100多个国家中提供全方位的市场研究服务,提供具有战略意义的市场剖析,让客户能够全面了解本企业产品和整个市场,提高销售,发掘并占领新市场,营造竞争优势,做出重要的决策。AC尼尔森的信息服务策略性地将从概念到最终消费的各个环节紧密联系起来,使客户更好地理解每个有利于业务成功的关键问题,包括"谁""什么""多少""何时""何地"等。先进的分析能力更能深入解答"为什么"的问题,并能预测商业决策的改变可能对市场产生的影响。AC尼尔森的专业人士经验丰富,具有广泛的市场研究、销售和零售业背景。他们是客户的商业伙伴,熟知每一个领域,从统计和信息处理、先进软件的开发到发展客户业务。AC尼尔森优质的服务水平是市场研究行业的标准。AC尼尔森的宗旨是提供市场洞识,帮助客户制定以事实为依据的市场策略。遍及全球的两万多名员工共同向着这一目标做出不懈的努力,建立了以保密和坦诚为基础的紧密可靠的客户关系。通过使用开放的系统,一致的研究方法和最高的质量标准,AC尼尔森为客户提供全球、跨国、区域性和各市场的市场信息,从战略和战术层面满足其业务需要。AC尼尔森于1984年开始在中国发展业务,同时提供零售、媒介和专项研究服务,目前在中国内地设有五个办公室,拥有六百多名全职员工。

(十) 明镜咨询

明镜咨询(CMMR)成立于1997年,旗下包括广州明镜、北京明镜、成都明镜、上海明镜、深圳明镜五家独立注册的公司。约100名优秀员工组成明镜的团队,平均行业经验超过8年;员工伴随公司的成长而成长,基于"心如明镜"的企业文化氛围,员工队伍保持了高度的稳定性,平均工作年限超过6年。明镜咨询集数据收集、市场研究、管理咨询于一体,一直致力于为企业提供科学理性的经营管理解决方案。迄今,明镜已经在移动通信、医药、交通、家电、日用品、食品、房地产、金融、汽车等行业为100多家企业提供过1 000多个研究咨询项目服务。明镜参照行业标准建立了标准化的服务流程,并根据客户需求和营销潮流对相关服务标准不断进行动态更新和完善。明镜不断推动研究咨询技术创新,在常用的数十项研究技术和模型中,有相当数量是自己首创的。每进入一个行业,明镜都发挥了行业专家的巨大影响力,伴随客户的成长而成长;基于"行业专家"的客户服务品质,客户群保持了高度的稳定性,明镜的核心客户数量不多,但是都和明镜保持了长期良好的合作关系。超过1 000个项目、10万个顾问工作日、100万次现场观察体验、300万个消费者访问,不断丰富了明镜的数据库;几乎每一年,明镜人都能用自己的智慧创造一个个成功的实战案例;明镜有大量项目成果获奖,受到企业和社会的好评,产生了广泛的影响。

小思考:试比较专业的市场调查公司的特点及优劣势。

任务2-2 市场调查的机构和岗位

◆ 任务目标描述

了解市场调查机构的分类和选择途径、步骤,明确市场调查机构设置的工作岗位,这些工作岗位对人才素质和能力的一般要求。

◆ 任务知识介绍

一、市场调查机构

(一)市场调查机构的分类

市场调查机构是受企业委托,专门从事市场调查的单位或组织,所以市场调查机构是一种服务性的组织机构。

按照市场调查服务的独立程度来分,市场调查机构可以分为独立性调查机构和非独立性调查机构。

按照市场调查机构提供的服务类型来分,又可以将市场调查机构分为完全服务公司和有限服务公司。完全服务公司又可以细分为五种,最常见的就是注册登记的市场调查公司、广告研究公司和咨询顾问公司;另外,还有两种,即辛迪加信息服务公司和定制服务公司(辛迪加信息服务公司搜集资料提供服务的对象是不特定的,任何人都可以购买他们的资料;定制服务公司则相反,根据不同客户的特殊要求开展专门项目的服务)。

其他从事市场调查服务的还有政府机构、新闻单位、大专院校、科研机构所属的具备调查分析能力的机构。

(二)选择市场调查专业机构的渠道和步骤

一般而言,当地市场调查公司具有能够与当地居民进行广泛接触,详细而又深入地了解有关产品在当地市场的销售状况和顾客购买动机等优势,原因在于当地市场调查公司具有有关当地贸易惯例、具体行业和产品结构以及历次调查经验等专门知识,具有语言方面的便利、花费的成本比自己调查要低以及客观性等。那么,如何选择市场调查代理公司呢?

(1)选择专业机构的渠道。
① 全国性的工商管理机构和工商业咨询协会以及他们的出版物、企业名录等。
② 各驻外使馆的商务处,这是寻找境外调查代理机构的常用渠道。
③ 诸如国际贸易促进会之类的国际性机构和组织。
④ 广告代理公司。
⑤ 市场所在地的进口商、批发商和经销商。

(2)选择市场调查专业机构的步骤。
① 初步选择。了解调查代理机构的相关信息,如声誉、业务能力和专业人员的水平、资

历、营业方式与财力、工作设施状况和与委托人调查项目的适应性等。

② 比较选择。初步会晤,要求各调查代理机构提出书面的调查建议书,比较分析这些调查建议书。

③ 签订代理合约。合约内容一般包括调查范围和调查方式、预算、付款条件、人员配备、期限和调查成果。

(3) 选择市场调查公司应考虑的因素。

① 调查公司的经费报价。公司报价及常用付款条件。

② 调查公司的信誉。忠实履行职责和用于创新的声誉、职业道德方面的一贯表现。

③ 市场调查公司的业务能力。公司负责人和主要职员的个人履历、文化程度和工作经验;来自其他委托人的推荐;是否曾经发生过诉讼案件(有案可查的案例);专业机构的评价;公司业务的发展情况。

④ 市场调查公司的经验。服务对象主要是哪些客户;承接待办调查项目的范围和特点;是否承接代办过的类似的调查项目,并积累了一定的工作经验;是否有应付竞争对手的工作经验;应付竞争对手有哪些具体行动措施等。

⑤ 市场调查公司的资源配置。公司职员人数及人员配备;公司及其职员是否享有当地同业公会的正式会员资格;能否派出富有经验的工作人员去完成接办的调查项目;调查技术是否有新的发展;办公室设备、外勤服务机构是否完备;资金是否充实。

此外还要了解有关运用统计技巧进行抽样、设计调查问卷、实地人员走访和制作图表等方面的服务设施。

二、市场调查岗位

一个完整的市场调查活动,大体可以分为三个阶段,即调查的设计、调查的实施和数据的处理。在调查的实施即数据采集阶段,需要有一些专门的人员承担这项工作。团队的组织及团队成员所负责的工作,实际上体现着管理体制。由于调查机构规模不同,调查内容不同,可以采用多种管理体制对调查的实施进行管理,一般情况下项目管理体制居多,如图2-1所示。

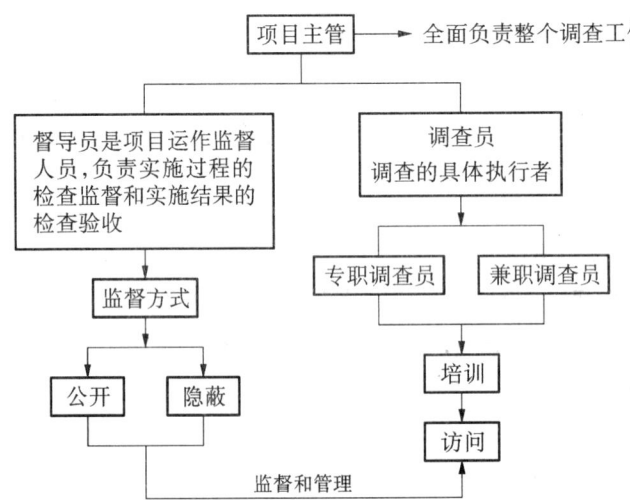

图2-1 项目管理体制下的岗位设置和工作流程

(一) 项目主管

项目主管是正式调查方案执行过程中的最高执行者,对调查实施效果影响最大。其职责范围涵盖整个调查实施过程,具体包括以下内容:

(1) 组建市场调查实施工作领导机构。

市场调查实施具体工作很多,如实施计划的编制、财务计划的制订、人员的配备、实施调查的督导、数据收集与整理、调查报告的撰写等,这些工作如何安排,细节如何布置,都需要成立一个高效而精干的执行机构,分工合作,提高效率和绩效。

(2) 组织制订市场调查实施计划。

只有制订一个科学、周密的计划才能保证市场调查实施中各项具体工作的开展,才能在遇到特殊情况时从容应对,才能保证调查工作顺利实施,从而提高工作的经济性和时效性。

(3) 全程监控市场调查实施工作。

在具体市场都还差实施工作时,会遇到各种情况,可能给实施工作与最终效果带来不同程度的影响,需要实施主管立刻组织人员进行分析,并迅速提出相应的解决方案,保证调查实施工作顺利开展。

(4) 进行调查人员的培训。

在市场调查中,调查人员的身体素质、责任心和能力等在很大程度上影响着市场调查结果的客观性和准确性。调查前,有针对性地对调查人员进行培训,也是实施主管的一项重要工作。

(二) 督导员

项目中的督导员对市场调查实施工作的经济性、针对性及时效性进行监督,工作范围涵盖整个市场调查的具体工作。具体包括以下几个方面:

(1) 协助实施主管完成市场调查实施工作中的各项计划、准备和协调工作;

(2) 根据工作要求,招募和培训访问员;

(3) 管理、指导和协调访问员,杜绝有意无意的虚假数据信息,努力使调查实施工作任务按质按量完成;

(4) 对项目预决算的合理控制,提高市场调查与预测工作的经济性和科学性,减少不必要的浪费。

(三) 调查员

调查员就是执行、开展信息资料采集工作的人员,在图 2-2 中可以看到调查员可以分为多种类型。按照是否为固定的工作岗位分为专职调查员和兼职调查员(见图 2-1)。从其他方面来看,按照开展市场调查方法的性质可以将调查员分为定量调查的调查员和定性调查的调查员。有时候企业考虑人力资源的成本和来源,会在招聘调查员时区分学生调查员和社会调查员两类。

① 市场调查方法 — 定量调查调查员 — 入户调查员 / 电话调查员 / 拦截调查员
          — 定性调查调查员 — 深度调查员 / 座谈会招募员
② 调查方式 — 面访调查员 / 电话调查员
③ 调查员的来源 — 学生调查员 / 社会职业调查员

图 2-2 市场调查员的分类

三、市场调查人员的素质要求

(一) 督导的基本素质

市场调查督导的能力关系到一个项目是否能顺利、高效地实施。一个好的督导除了具有较强的逻辑思维能力,以及口齿清楚、耐心细致、能克服困难、认真负责等基本素质外,还应具备以下几种能力。

1. 管理能力

在现场数据收集过程中,各种各样的干扰因素都会影响数据采集的进程和质量,为了获取满意的采集结果,科学、有效地管理控制这一过程就显得尤其重要。一个督导管理能力的强弱基本上决定了一个项目能否按时及成功完成,所以管理能力是督导首要的基本素质。在现场实施过程中,督导的管理能力主要表现在以下几个方面:

(1) 对访问员的管理。

在项目执行过程中,督导必须管理好所有参加项目的访问员的数据收集工作,保证数据采集的有效性和准确性。这一管理工作具体来讲,包含这样三个层面:

第一,保证访问员按时、按量完成有效的数据采集工作;

第二,保证访问员能够严格按照项目要求进行数据采集;

第三,保证访问员的工作质量,即访问员完成的问卷、访谈必须是无误的、完整的和便于下一道工序操作的。

(2) 对项目执行信息的管理。

这一能力是指能够把项目执行过程中产生的各种信息系统有序地收集、整理和归档,并且及时地向与项目有关的人员和客户递交。它具体表现为:

第一,首先能够全过程地、动态地记录下现场实施过程中产生的反映现场实际情况的所有信息;

第二,能够及时整合片段性的信息并予以分析,发现实施中存在的问题;

第三,能够把客户需要的现场信息全面、简洁和及时地按工作程序递交。

(3) 对意外事件的处理。

这一能力要求督导能够迅速、有力地排除和克服现场可能出现的意外情况。

2. 沟通能力

在现场实施过程中,督导会和各种与项目有关的人员产生工作上的联系。例如,和研究部、数据处理部的同事交换信息,向执行现场实施的访问员了解访问中的各种情况,会和委托项目的客户发生联系,还会与被访者进行交往。在这样多方向的联系和信息交换过程中,督导必须具备很强的人际交往和沟通能力。

具备这种能力能够提高督导的工作效率,是减少项目中可能出现的失误和人为扯皮的关键。例如,在项目执行过程中,与其他部门员工保持良好的沟通,能够使得项目执行更为高效,出现的问题及时地被解决;与访问员保持良好的沟通,能够缩短与访问员的距离,了解访问员在访问中出现的问题和困难;与客户保持良好的沟通,能够使其知晓项目难度、访问中可能会出现的意外问题、执行人员工作的努力程度和专业水准,使客户获得安全感;与被访者间的有效沟通,可以大大降低现场工作的难度,特别是在约请参加的被访者座谈会上,良好的沟通不仅可以找到合格的被访者,还可以增加被访者的到会率。

 小知识

一个督导沟通能力的强弱主要由两个因素决定的:

第一因素是沟通欲望。沟通欲望具体表现为强烈地想和他人交流信息。愿意倾听他人的意见和想法,喜欢表达自己的见解和观点,在交流信息时不固执己见,愿意采纳他人的建议,与他人沟通的模式是积极的互动模式。一般而言,沟通欲望的强弱决定了一个人的沟通能力高低。因此,作为一名督导首先要求自己时刻保持强烈的沟通欲望,这样才能够建立与人交往的桥梁。

第二因素是沟通技巧。沟通技巧主要是指在与人沟通时的倾听技术、表达意见和观点的方式、争论时的妥协技巧等。这是决定沟通能力高低的充分条件。

3. 培训能力

培训能力是督导的一项极为重要和基本的能力。访问员对市场研究行业的认识、对调查公司的认识、对公司文化的理解和认同、对现场实施工作的理解和实施技能的掌握、对具体项目要求的理解等,都是通过各类培训获得的。因此,良好的培训能力对于督导工作的有效开展是至关重要的。在现场实施中,培训主要包括基础培训、项目培训和访问员的再培训。这三种培训针对的对象和目的各不相同,因此各自的侧重点会有所差异,对督导培训能力的要求也会有所侧重。

(1) 基础培训是访问员的入门培训,它的目的是为了向新访问员传递公司理念、介绍市场调查的背景知识、传授现场实施的基本技能和知识,所以督导在培训时必须注意以下几点:

① 时刻保持专业感,使得新访问员快速建立对行业、公司的认同感;

② 能够制作和使用多种培训材料和丰富多样的方式,使长达半天或一天的培训精彩生动;

③ 用通俗易懂的方法帮助新访问员理解培训问题;

④ 加强互动,使得访问员对培训内容记忆更加深刻。

(2) 项目培训是针对项目执行的培训,它要求督导做到:

① 帮助访问员准确无误地理解项目要求;

② 帮助访问员快速掌握项目要求的执行规则和具体方法;

③ 规定项目进程和信息传递方式;

④ 帮助研究人员发现研究设计中遗漏的地方。

(3) 访问员的再培训是指定期或不定期地对访问员开展的技能提升培训,它要求督导做到:

① 了解访问员工作任务的完成情况和能力现状;

② 帮助访问员查找工作中存在的问题和原因;

③ 提出改进访问员工作能力、工作绩效的措施;

④ 制订访问员技能提升培训的实施方案。

4. 专业能力

专业能力是衡量一个督导是否合格的重要因素。作为一名督导,专业能力的高低可以决定其在工作上的成就。如果没有扎实的专业能力,督导无法对一个项目做出正确、有效的规

划、管理,对可能出现的问题做出超前判断及提出合理的解决方案。假使缺乏过硬的专业能力,根本无法有力地领导访问员,推动现场实施工作的进行。没有较好的专业能力,就不可能与各个与项目有关人员建立良好的沟通。

督导的专业能力主要包括以下几个方面:

(1) 良好的专业知识。

了解和掌握市场调查研究基本知识、现场实施的基本概念和要求、各类访问的类型特点和基本要点等。

(2) 过硬的访问能力。

熟悉各类访问工作,并且有相当丰富的实践经验,能够胜任任何一种类型的现场实施工作。

(3) 一定的外语能力和电脑操作技巧。

(4) 其他与现场实施有关的操作能力。

5. 良好的职业道德

良好的职业道德,是指督导在现场工作中必须遵守行业规范和公司的章程。一个不具备良好职业素养的督导是不可能胜任现场实施这一工作的。具体来讲,良好的职业道德表现为:

(1) 必须有职业感和工作使命感。

在操作项目时,能够全身心地投入,并且站在客户利益的角度来发现问题、解决问题。

(2) 必须具备基本的是非标准。

在具体实施中,必须遵循科学的原则来判断问题和解决问题,而不是以个人的喜好、外界的干扰来评判。

(3) 坚决替客户保守商业机密。

不向被访者、访问员、其他客户或他人(包括家人)泄露客户的商业机密。

(4) 对被访者的个人资料保密。

不利用任何被访者资料进行一切与项目无关的活动。

(5) 保守公司的机密。

在未经公司允许的情况下,不得向任何第三方提供公司的一切情况和资料。

6. 团队协作能力

一个项目的完成涉及各个部门的通力合作,因此,督导的团队合作能力也是影响其工作成效的一个极为重要的因素。督导的团队协作能力主要表现为:

第一,必须学会倾听他人的诉说,诸如研究部的项目说明、访问员对项目问题的陈述、各种相关人员的建议等;

第二,必须学会站在他人的角度来看待问题和思考问题,比如,在项目执行过程中,应该学会站在客户角度来看待项目的进程,这样就会理解执行时间紧迫的原因,从而积极推动项目进程;

第三,必须学会知道别人需要什么,包括知道研究人员需要什么、什么是数据处理人员需要的产品、什么是客户想知道的信息等。

(二) 市场调查员的基本素质

在市场调查中,调查人员本身的素质、条件、责任心等都在很大程度上制约着市场调查作业的质量,影响着市场调查结果的准确性和客观性,同时也是显示一个市场调查公司实力的重要方面。因此,加强市场调查人员的素质培训,是市场调查公司的重要工作。

通常,访问员必须具备的条件包括有高度的责任感、能吃苦耐劳、踏实、具有亲和力、空余时间较多、较强的理解问卷能力、较强的文字记录能力、较强的沟通能力、较强的抗挫折能力等。

1. 调查人员的业务素质

业务素质的高低是衡量能否成为市场调查员的首要条件。市场调查工作不仅需要一定的理论基础,还需要具备较强的实际经验。一是具备市场调查的基础知识:调查中访问员的作用和他们对整个市场调查工作质量的影响;访问员在访问中要保持中立的态度;了解调查计划的有关信息;访谈过程的技巧;询问问题的程序;记录答案的方法等等。二是具有较强的业务能力:理解问卷的意思,能够没有停顿地传达问卷中的提问项目和回答项目;能够将询问的问题表述清楚;具有敏锐的观察能力,能够判断受访者回答问题的真实性;能够准确、快速地将受访者回答的问题原原本本地记录下来;随机应变的能力,等等。

2. 调查员的语言交流能力

调查员的任务是与被调查者进行交流,因此调查员要吐字清楚,注意说话节奏,能细心聆听别人说话,正确领会和解释他人的回应。

3. 较好的心理素质

较好的心理素质是指调查人员有足够的心理承受力,不害怕拒绝;能够自我释放压力,并坦然面对各种挫折和困难,心态平和。

4. 调查人员的身体素质

身体素质包括两个方面:体力和性格。市场调查是一项非常艰苦的工作,特别是如何访谈和拦截调查,对调查员的体力要求较高;同时,市场调查人员的性格最好是外向型的性格,善于交际,善于提出、分析问题和解决问题。

具体来讲,市场调查人员承担的调查任务和职责不同,要求的素质和能力自然也有差异。例如,调查部经理需要有较强的组织协调能力和谈判能力,同时还应该是具备相关知识背景和行业背景的专家。调查员是调查机构中人数最多的一类,要求具备从事市场调查工作的基本知识,具备文字表达和沟通的能力,以及发掘各种资料信息的能力、团结合作的能力等。

市场调查是一个专业分工非常强的领域,任何一个项目都要由团队来完成,团队的合作及团队的智慧是调查机构取得成功的首要条件。因此,是否有完善的团队结构,即该团队中的成员在知识、技能、素质,甚至性格方面都能互补互利,是一个调查机构实力强弱的重要标志。

小知识

美国芝加哥市的营销调查协会(Marketing Research Association, Inc.)制定了一项伦理条例——《职业道德与惯例条例》,为制定营销中与伦理相关的决策提供了指导原则。下面是条例的内容:

(1) 在营销调查中,保持较高的资格审定标准和正直诚实标准。

(2) 保持高水平的行业行为和职业行为,遵循联邦政府、州政府和当地适用于我行业从业行为和我公司业务的法律、法规和法令。

(3) 在合理的范围内,尽可能小心谨慎,生成、收集、处理和报告营销调查信息时,尽可能遵守关于客观性和准确性的标准。

(4) 保护被调查者的匿名权,与被调查者个人有关的任何信息始终必须经过特许才可使用,以此保证这一信息只有在与该次特定调查有关的范围内使用。

(5) 对于所负责的所有个人的工作,要对这些人加以全面指导和监督,遵守调查的具体规定和通用的调查技术。

(6) 遵守所有来自和(或)为客户提供的资料的所有权,保证各种所有者认为是机密的调查技术、数据和其他信息的保密性。

(7) 在所报告的内容不违反被调查者或客户的保密性的前提下,允许客户了解其在合理的范围内、为解释数据而要求知悉的调查方法和技术方面的细节。

(8) 增进公众对营销调查活动的信任,避免任何可能导致对被调查者的活动、因合作而得到的报酬或数据使用情况等问题产生误解的调查行动。

(9) 本组织不因个人或组织是本组织的成员而证明其资格,因而不允许把这一成员身份作为具备资格的证据。

(10) 鼓励所有从事营销调查和其他调查的人士遵守本条例的原则。

小思考:营销调查的伦理道德规范所规范的对象应该包括哪些人?

课堂训练

从互联网上找一个你最喜欢的搜索引擎(百度、谷歌、好搜等),输入关键词"市场营销、调查"等一些关键词,从搜索结果中获得不少于10家国内外的市场营销调查公司的访问地址,进入各家调查公司的官网,了解其开展的市场调查服务的类型、内容、行业。将搜集的资料进行汇总归纳,制作一份关于市场调查机构的点评报告,以PPT形式进行课堂展示。

项目总结

- **知识重点**

市场调查的机构　市场调查的岗位　市场调查人员素质

- **技能重点**

市场调查人员的岗位

- **思考与训练**

1. 选择题

(1) 市场调查机构如果按照提供市场调查服务的类型来划分,可分为(　　)。

A. 独立性机构和非独立性机构　　　B. 完全服务公司和有限服务公司

C. 辛迪加信息服务公司和定制服务公司　D. 广告研究公司和咨询顾问公司

(2) 选择市场调查公司时考虑的首要因素是(　　)。

A. 服务报价　　　　　　　　　　　B. 公司信誉

C. 业务能力　　　　　　　　　　　D. 服务经验

(3) 在项目管理体制下,市场调查公司中负责全程监控调查实施工作的岗位是(　　)。

A. 项目主管　　　　　　　　　　　B. 督导

C. 专职调查员　　　　　　　　　　D. 兼职调查员

(4) 入户调查员如果从市场调查方法的角度描述属于哪一类调查员？（　　）
A. 面访调查员　　　　　　　　　　B. 专职调查员
C. 定量调查员　　　　　　　　　　D. 定性调查员
(5) 督导的管理能力是督导这一岗位的基本素质，主要表现不包括下列哪一点？（　　）
A. 对访问员的管理　　　　　　　　B. 对项目执行信息的管理
C. 对意外事件的处理　　　　　　　D. 培训访问员

2. 判断题
(1) 全国性的工商管理机构和工商业咨询协会以及它们的出版物、企业名录等是选择专业调查机构的重要渠道。　　　　　　　　　　　　　　　　　　　　　　（　　）
(2) 督导必须具备很强的人际交往和沟通能力，这是督导的基本素质。（　　）
(3) 基础培训是访问员的入门培训，也是针对项目执行的培训。　　（　　）
(4) 调查人员的素质、条件、责任心等在很大程度上制约着市场调查工作的质量。
　　　　　　　　　　　　　　　　　　　　　　　　　　　　　　（　　）
(5) 在调查人员的各种素质中，最重要的语言沟通能力，在职业道德上面要求不高。
　　　　　　　　　　　　　　　　　　　　　　　　　　　　　　（　　）

3. 思考题
(1) 如何选择专业的市场调查代理公司？
(2) 基于市场调查工作的特殊性，市场调查人员的哪些素质和条件尤为重要？

4. 案例分析题

怎样寻找市场机会？

清日家用化工厂以生产化妆品为主业，在买方市场形成、厂商都喊"生意难做"时，该厂对国内市场做了冷静的分析。经过调查，他们认为我国市场供求形势虽已发生了很大的变化，商品较"短缺经济"时代大大地丰富了，但就经营品种而言，一家大型百货商店，商品也不过三五万种，同发达国家消费品达 20 万种相比，存在明显的差距，消费者还有很多未满足的需求。何况在改革开放近二十几年后，人们收入大幅度增加，仅居民储蓄存款就达 5 万多亿元，潜在的购买力相当大。这家家化厂学习了同行业丽洁（上海）家用化学品厂成功的经验。丽洁家化厂在 20 世纪 80 年代曾根据消费者对化妆品需求多样化、高档化的趋势，不断缩短产品更新周期，每年平均产品更新率达到 25%，不断推出新产品，抢先占领市场，"尾随"者难以与之竞争。以国内首创"美加净摩丝"为例，推向市场即引起轰动。尽管有数十家企业起而仿效，形成全国性的"摩丝大战"，而上海家化厂已形成规模经济优势，销售经久不衰，1990 年销售 1 000 万管以上，产值超过 5 000 万元。清日家化厂在技术装备、资金和管理方面，具备与上海家化厂相当的实力，因而力图借鉴上海家化厂的经验，在市场饱和、竞争激烈的条件下，寻找有利的市场机会。

讨论：这样的市场背景下，清日家化厂要想较准确地把握住市场机会，应该开展什么样的工作，如何开展？

知识框架图

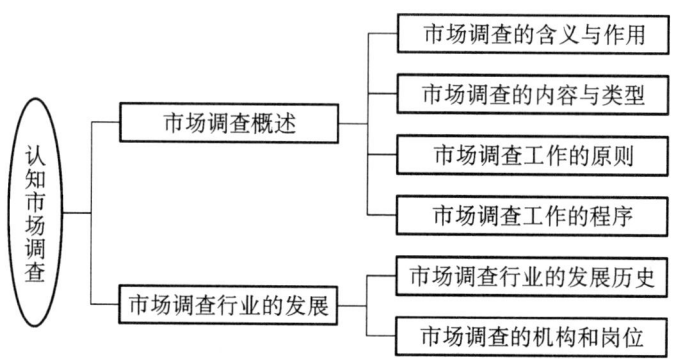

综合实训任务

1. 实训目标

"纸上得来终觉浅,绝知此事要躬行"(陆游),通过本次实训帮助学生掌握市场调查的基本知识,亲身感受市场调查对于市场营销管理的重要性。

2. 实训内容

以项目小组为单位组织参观校园内及附近商场,观察商场内各种信息或拦截部分客户,感受市场信息对繁复变化及对企业经营的重要影响;

进一步访谈销售人员或经营者,了解企业对市场调查工作的掌握和重视程度,以及企业日常开展的市场调查活动的内容和步骤;

最后回校各组座谈,讨论市场调查对于企业经营管理活动的意义。

3. 实训要求

(1) 将班级学生划分为若干项目小组,小组规模控制在5~8人。

(2) 项目小组可设计一个具有个性的组名,并建立项目小组的架构(基本架构应包含组长、首席报告人),由组长负责协调小组的各项工作,并与指导老师联系和汇报情况。

(3) 指导老师应及时检查项目小组的任务完成情况,提供必要的指导和建议,组织学生进行经验交流,并针对共性问题在课堂上组织讨论和专门的讲解。

(4) 实训完成时间:任务下达后2天。

(5) 实训成果:各组制作PPT汇报调查结果和学习收获。

2 市场调查的准备

情境导入

TCL集团股份有限公司创办于1981年,是目前全球最大的专业彩电制造商、国内最大的消费类电子集团。旗下拥有三家上市公司,分别是TCL集团(SZ.000100)、TCL多媒体科技(HK.1070)、TCL通讯科技(HK.2618)。

南宁TCL电器销售有限公司隶属TCL多媒体科技中国业务中心,成立于1998年,主要负责TCL彩电在广西地区的品牌建设、渠道维护、市场营销和产品服务。公司下设南宁、百色、柳州、河池、玉林、贵港、梧州、桂林、贺州、钦州等经营部和办事处,销售网络遍布全区,年销售额逾7亿元人民币,是广西区的彩电销售巨头、消费者最满意品牌、先进企业。拥有400余人,是一支年轻富有朝气的高素质销售团队。公司一贯秉承"为顾客创造价值,为员工创造机会、为社会创造效益"的企业宗旨,弘扬"敬业、诚信、团队、创新"的企业精神;贯彻"研制最好产品、提供最好服务、创建最好品牌"的竞争策略;面向市场和客户,不断提升公司的营销力和市场竞争力,并根据迅速变化的市场,调整公司的营销策略。

在竞争日益激烈的冰箱市场上,南宁TCL电器销售有限公司管理层认为,企业要生存和发展必须依靠科技领先,依靠产品的更新换代。要寻求解决问题的方法就必须了解世界先进的电视技术,包括电视平板喷涂、产品设计、外观造型、寿命、省电、静音、断电以及环保设计等。

(资料来源:https://www.kanzhun.com/gso1156731.html)

工作任务

小覃同学所在的调查团队,他们给自己命名为新派调查团队。在接到老师的工作任务后,新派团队围绕TCL公司应该开展一个什么内容的市场调查活动进行了讨论。讨论围绕两个核心问题:一是南宁TCL电器销售有限公司的市场调查课题应该是什么?二是如何开展相应课题的调查?

新派调查团队借助互联网络,收集南宁TCL电器销售有限公司的相关历史背景和资料,通过与南宁TCL电器销售有限公司管理层的仔细沟通,了解公司现状后,请教行业专家和指导老师后,最终确定了开展一次描述性市场调查,调查课题是——TCL电视南宁市场销售状况。那么,这个课题是否符合企业实际需求,新派团队是否可以为之制定有效的市场调查方案和市场调查问卷?

工作成果

学生作品成品展示(查看完整内容请微信扫描右侧二维码)。

TCL 电视南宁市场销售状况调查方案

一、调查区域：朝阳商业圈

二、调查目的

三、调查内容

四、调查方法

五、调查行动安排

六、数据统计与分析

七、调查经费预算

八、提交报告方式

九、附录

1. TCL 电视市场调查抽样方案
2. 《南宁家电市场调查问卷》

学习目标

- **知识目标**

了解市场调查课题的分类和确定过程，掌握市场调查方案的含义、内容和撰写要求，掌握问卷的类型、设计的原则和要求。

- **技能目标**

能够比较准确地定义市场调查课题，掌握市场调查方案设计的过程，能够对调查方案的可行性进行分析评估；

明晰不同类型调查问卷的基本结构，重点掌握问题设计的技巧。

- **实训目标**

能够有效地将管理问题转换为市场调查的课题，并学会设计相应的市场调查方案，编写出合格的市场调查方案，以便为顺利地开展市场调查提供指导性文件。

能够独立设计一份合格的调查问卷，通过实训切实体验问卷设计的结构、程序、原则、形式、处理技巧、方法等。

项目3　市场调查方案的设计

> **导入案例**

　　20世纪末期,美国RJR公司的帕米亚无烟香烟在美国亚特兰大、圣路易斯、费尼克斯等城市试销,但是销售量不理想,再购率很低。对于大多数人来说,帕米亚无烟香烟是个"新玩意儿",它的一端有一个碳头和几个有趣的圆珠,香烟中的尼古丁来源于此,尼古丁被耐燃的铝薄纸包裹。这种烟很难点燃,一般要点三四次,原因是它不像一般香烟那样燃烧,并且不产生烟灰,吸过与没吸过在外表上无明显区别,价格比普通香烟高25%。RJR公司为此烟的生产和促销投入3亿多美元,它没有采用以往"万宝路"香烟等比较成功的形象广告,而采用比较复杂的印刷广告(顾客买"帕米亚"时,会同时得到三页文字说明书),还采取了买一送二的鼓励方式。公司营销人员认为:大多数吸烟者开始会对帕米亚不适应,但随着使用频率和使用时间的增加,最终会适应。

　　RJR公司把"洁净者之烟"作为帕米亚的主题广告概念,宣传帕米亚是"一种全新的吸烟享受时代的开端"。但是,帕米亚的真正利益者非吸烟者个人,而是环境和他人。来自《华尔街日报》的一个记者在亚特兰大机场对几十名吸烟者的一项调查表明:大多数人不喜欢帕米亚香烟,包括它的味道和太多的吸烟方式的改变。有人只吸了一两口就扔掉了。但一位广告公司的总裁说:"我不喜欢帕米亚,但在家中为了摆脱太太喋喋不休的唠叨时,我会抽它。"一位长期在办公室工作的职员说:"有时我感到疲劳,但办公室不准吸烟。此时,帕米亚可以帮助我解决问题。"一位正打算登机长途旅行的人说:"一般情况下,我不会选择它。但长途旅行中为打发时间,我可能会抽帕米亚。"

　　最后,调查的结果是:60%以上的人不喜欢帕米亚香烟,主要是对它的味道和吸烟行为方式的改变不适应;40%的人回答说,只有在那些不允许冒烟的地方,才把帕米亚作为第二品牌。

　　(案例来源:MBA智库.百科,http://wiki.mbalib.com/)

思考:
1. 美国RJR公司是在什么背景下开展市场调查的?
2. 市场调查的课题是什么,这一课题是如何确定的?
3. 如何为RJR公司设计一份符合要求的市场调查方案?

任务3-1　界定市场调查的课题

◆ **任务目标描述**

　　了解市场调查课题的含义和分类,能够有效地识别企业经营管理存在的问题,并用恰当的方法将管理问题转换为市场调查的课题。

◆ 任务知识介绍

一、市场调查课题概述

(一) 市场调查课题的含义

市场调查的目的是研究和解决企业经营管理中提出的问题,而要准确地抓住企业经营管理中的问题,并将它转化为市场调查的课题,是整个市场调查工作开展的前提和基础。良好的开端是成功的一半。

市场调查课题是一项调查研究所要解决的具体问题的概括,一般应包括主要问题和主要问题下的分支问题,具有层次性。例如:

新型电动能源汽车的服务状况——主要问题
新型电动能源汽车的维修服务 ⎫
新型电动能源汽车的保险服务 ⎬——分支问题
新型电动能源汽车的安全检查服务 ⎭

所以,只有在清楚且正确地界定了调查课题之后,才有可能顺利地将调查方案立项、设计和实施。如果调查课题被误解或者是被错误地界定,则调查人员在后续工作中所付出的努力、所花费的时间和金钱都会化为乌有。

(二) 市场调查课题的类型

市场调查课题的类型不同,设计的市场调查方案也就不同。

(1) 按调查课题的性质可分为理论性调查课题和应用性调查课题。市场经济生活中大多数调查课题都属于应用性调查课题,都是为了解决企业现实存在的问题而开展的。

(2) 按市场调查课题的深广度分类,可分为:

① 专题性调查,即专门性问题的深入调查,此类调查活动特点是内容集中、具体深入、针对性强。

② 综合性调查,即综合性问题的系统调查,此类调查活动特点是内容全面、范围广泛、综合性强。

(3) 按市场调查的侧重点分类,则可以分为:

① 市场识别研究,又称市场状态研究,目的在于认识市场、掌握市场的特征和规律。

② 市场策略研究,又称市场对策研究,目的在于寻求解决问题的对策方案。

③ 市场可行性研究,又称预测性研究,目的在于把握未来市场,以做出正确的决策。

(4) 按调查课题的目标和结果不同,可分为探索性调查课题、描述性调查课题和因果性调查课题。

不同的营销调查课题需要不同的营销调查方案,那么如何确定调查方案？我们需要注意以下几个规律:

① 如果对研究问题了解甚少,宜采用探索性调查方案;如果需要更精确地界定课题的范围、确认某个行动过程、提出假设、分离重要变量,并将其划分为独立变量和非独立变量,适合使用因果性调查方案。

② 常见的情形是,探索性调查是整个调查的开始。
③ 是否需要探索性调查,取决于对调查问题界定的精确程度和调查人员对解决问题的方法的确信程度。
④ 探索性调查和描述性调查的应用较之因果性调查更频繁、更广泛。

三种市场调查课题的比较,如表 3-1 所示。

表 3-1 三种市场调查课题的比较

比较项目	探索性调查	结果性调查	
		描述性调查	因果性调查
目标	提供对问题的看法与理解,发现新的想法和观点;大体定义所需要的信息	描述市场特征、功能;所需信息被明确确定	确定变量间的因果关系,调查程序被结构化;样本大,有代表性
特征	研究程序灵活、非结构化;样本小、代表性不强;对原始数据进行定性分析	提出假设,是预先设计好的结构式调查方案	研究原因变量和结果变量之间的因果关系;控制干扰变量
方法	专家调查、试验性调查、案例研究、二手资料分析、定性调查	二手资料分析、焦点小组访谈、观察和模拟	实验法
结论	尝试性的	结论性的	结论性的
结果应用	进一步探索性研究或结论性调查紧随其后	结果被用作管理决策的依据	结果被用作管理决策的依据

二、界定市场调查课题的过程

界定市场调查课题的工作流程,如图 3-1 所示。

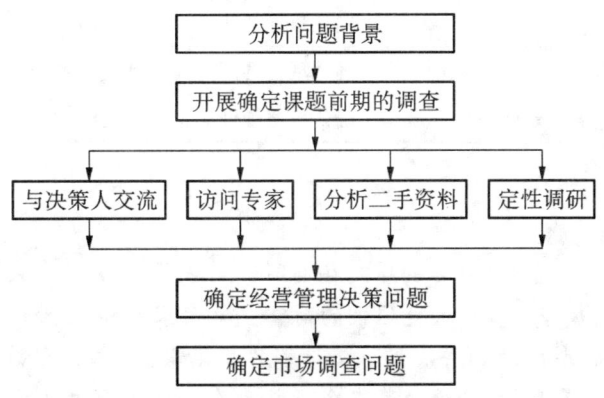

图 3-1 市场调查课题形成的过程

(一) 调查问题背景分析

(1) 掌握与企业和所属行业相关的各种历史资料和发展趋势;
(2) 分析企业的各种资源和面临的制约因素,如企业的营销能力和技术手段,企业的资金、时间、成本等;
(3) 分析决策目标(组织与个人目标);

(4) 了解消费者购买行为和环境与企业营销技术等因素;
(5) 分析国家和地方的政治法律和经济环境等宏观因素。

(二) 开展确定课题前期的调查,从而确定企业经营管理决策的问题

为了界定课题,调查人员在掌握了问题背景后,还应与企业的决策者交流讨论,明了决策者的决策目标;采访行业专业,确认调查课题的可行性和规范性;分析二手资料,确定将要收集的信息是否已经存在,或者有机会有条件收集各类信息;最后还可以通过定性调查进一步确定调查的具体问题。

(三) 将经营管理决策问题转换为市场调查问题,从而确定市场调查课题

如何将管理决策问题转变为营销调查问题?

首先,决策者描述其问题和所需的信息,调查者把其对决策问题的理解清单化。清单内容包括期望行动、原因、信息、信息的使用、信息的支持群体、支持资源等。

其次,把管理决策问题作为调查问题来重新定义。管理决策问题,是以行动为中心(行动定位),决策者的目标是下一步可以做什么或不可以做什么。市场调查的问题则是以信息为中心(信息定位),即需要收集哪些信息来提出应对决策的备选的行动方案。

根据决策的行动定位定义调查问题的法则是:① 能让调查者得到与管理问题有关的全部信息;② 使调查者能着手并继续进行调查问题的研究。定义调查问题容易犯两类错误:调查问题定义太宽,难以进行调查内容和项目的后续设计;调查问题定义太窄,将使信息获取不完全。

企业管理决策问题与市场调查课题的对比,如表3-2所示。

表3-2 企业管理决策问题与市场调查课题的对比

管理决策问题	市场调查课题(参考)
应该推出新产品吗	确认目标消费者对计划推出新产品的偏好和购买意愿
应该改变广告促销方式吗	确认现行的广告促销方式的效果
应该提高这些品牌商品的价格吗	确认价格弹性对销售量的影响

小案例 3-1

1990年以来,已有超过3 000万的婴儿在美国出生,是第二次世界大战后出现的第二次生育高峰。然而,比这个数字更重要的是他们的财富。单亲家庭和双职工家庭的增长意味着孩子们要制定以往由母亲所做的购买决策。父母给的零花钱、自他们还影响另外2 000亿美元的购买。在这样的环境和背景下,通用汽车公司所面临的一个管理决策问题是如何促进公司"Chevy Venture"小型面包车的销售,公司的目标是找到有效的促销方式快速提升这款车的销量,进而提升公司在美国市场的市场份额。

问题: 通用汽车公司的管理决策问题如何转换为市场调查课题?

分析提示: 通用汽车公司的管理决策问题是"应该怎样提升Chevy Venture小型面包车的销售量",通过对问题背景进行分析,我们可以看到在美国20岁左右的年轻人消费潜力巨大,这样的一个消费群体具有什么样的消费心理和消费行为呢? 他们偏好什么信息沟通方式? 通过什么渠道或途径接触或购买交通工具呢？这些就是市场调查的问题。

三、界定市场调查课题的技术

（一）界定市场调查课题的原则

当决策问题有效地转化为调查问题后，调查课题就已确定。在撰写市场调查方案之前，我们还得慎重地审查调查课题是否正确。市场调查课题的正确与否关系到市场调查工作是否具有针对性、可行性。通常需要审查：① 调查目的，即明确调查的具体任务；② 调查时间，即获取何时的信息；③ 调查空间，即调查对象的范围和地理边界约束；④ 调查内容约束，即明确调查的主要内容，规定需要获取的信息项目，或列出主要的调查问题和有关的理论假设。

通过上述分析，可以提炼出确定市场调查课题遵循的三个基本原则。具体如下：

(1) 针对性原则。评估为何要做此项调查（目的），决策是否需要此项调查。
(2) 价值性原则。评估此项调查是否值得做，信息价值和调查成本如何。
(3) 可行性原则。评估信息获取的可能性、调查能力和调查成本的可行性。

小案例 3-2

有一家经营西餐和咖啡的小店位于广西南宁市市区繁华的金融大道边，周边有数栋商业CBD、一个购物街和一个美食街。该店店主发现，在进行优惠促销时，生意还好，但是促销过后，会出现顾客流明显下降，而且一直以来老顾客返店率都不高，店主大伤脑筋，于是决定请来专家进行市场调查。调查课题被界定为"查明该店在其行业市场中的弱点"，并要求调查人员关注以下事项：该地区的经济特点和消费能力；受顾客青睐的西餐咖啡店和餐馆有哪些特点；顾客光顾西餐咖啡馆的主要动机。

思考：本案中西餐馆应确定的市场调查课题是否恰当、合理？

分析提示：该调查课题分为 2 个部分，"查明该店在其行业市场中的弱点"是主要问题，并提出了 3 个分支问题来明确表述调查课题的关键问题，是比较恰当合理的。该课题符合针对性、价值性和可行性原则，如果只有其中一个部分就会出现调查课题过泛或过窄的问题。

（二）界定市场调查课题的一些方法

界定市场调查课题的过程中还需要采取一些正确、有效的方法，常见的方法有案例分析，根据已有的理论、实践经验或研究进行论证演绎，模型分析等。无论是采用哪一种方法，都应该考虑已经掌握的市场信息质量，并且避免在定义问题时常犯的错误。上述方法也可以帮助确定调查课题的可行性，一般的思路是：

首先，可通过讨论来预测调查课题所具有的用途或用处；

其次，分析课题是否具有创造性，调查者需要用少量文字阐明自己所选择的调查课题具有某种新的东西，具有某种与众不同的地方，具有开拓性和自己独特的特点；

再次，分析课题是否具有可行性，利用 SWOT 分析工具，分析是否具备进行或完成某一市场调查课题的主、客观条件。

（三）如何解决管理者与调查者之间的冲突

在了解了市场调查课题与企业经营管理问题之间的关系后，可能还会疑惑：在界定调查课题与设计市场调查方案之间还要做什么工作呢?那就是协调企业管理者和调查者之间的冲突。

企业的目标是什么?业务目标指的是想要实现的、可以量化和进行监控的业绩水平。目标通常包括收入、市场份额和利润的增长。企业现在开始逐渐采用服务水平(如对报价的反应速度)和顾客满意度作为自己的目标。要了解市场份额和顾客的满意度水平,就需要借助于营销调查。有时候市场份额信息(即某企业在规模为某地市场上拥有多少的份额)可以直接从二手信息来源得到,但是如果所服务的市场与标准定义不一样,或者如果市场份额是以销售额而不是以销售量来计算的,那么就无法直接运用这种信息来源。因而,解决管理者与调查者之间的冲突尤为重要。怎么来解决这二者之间的冲突呢?

首先,要了解管理者与调查者之间的差异:了解管理者与调查人员之间的差异,了解管理者对问题的定义,了解调查人员对问题的定义。

其次,加强沟通,要使所有的问题明确化,可以通过细化问题、征询其他人员的意见、形成书面陈述等途径来弱化双方之间的差异。

 小案例3-3

20世纪90年代初,肯德基进入英国市场已30年,并开设了300多家连锁店,其最初定位是"外卖",因此,店内座位很少。由于竞争者的迅速发展(包括麦当劳及其他快餐),肯德基的发展面临严重挑战。在英国,肯德基的传统消费者是年轻的男性,他们一般会在酒吧与朋友聚会后光顾肯德基。但现在的一些餐馆连锁店具有很强的家庭氛围,它们竞争力很强。因此,肯德基为适应英国市场,想把其现有的经营方式转变为家庭聚会概念。

一、定义管理决策问题

市场总监沙格于1993年会晤了公司营销部人员以及广告代理商,就重新定位问题展开讨论。讨论的焦点最后集中在三个问题上:

(1) 肯德基的"外卖"概念能否在一定时间内转变成"友好家庭"概念?

(2) 肯德基的传统的男性消费特点能否让英国母亲顺利接受?

(3) 主要对手麦当劳的家庭吸引力明显强于肯德基,麦当劳的三个月家庭访问次数是4.7,而肯德基为2.7。

二、确定调查课题

肯德基的全球经营给沙格一个解决问题的好方法。其家庭膳食在澳大利亚已经获得成功。问题在于澳大利亚成功的家庭菜单在英国能否成功?这需要进行细致的调查和研究,以评定市场反应。最后,肯德基的调查目标明确为两个:

(1) 相似的"家庭宴会"是否能吸引广大的英国母亲?

(2) "家庭宴会"的推出是否能提高肯德基的品牌知名度?

 课堂训练

博卡汉堡公司(Boca Burger, Inc.)每天的销售额为2.5亿到3亿美元,它为自己的目标消费者群——传统顾客和交叉型顾客提供三种无肉汉堡,它们有纸盒包装,每盒里有四块2.5盎司重的馅饼。消费者选择肉类汉堡之外的替代品,是为了维持更健康的生活方式,而博卡公司则顺应了这两种消费者的需求。

无肉汉堡的改换包装和改用新广告,能够提高品牌知名度,不仅传统的、对健康十分在意的消费者会知道它,而且这一品牌知名度还能延伸到主流消费者中去。包装和广告都是为了强调味道和"汉堡体验"。对味道的强调可以帮助摆脱汉堡这个产品大类由于早期汉堡产品非常难吃而造成的沉重负担。这个强调味道的决策是从博卡汉堡公司开展的一次消费者调查中得出来的,是团队合作的结晶。要想从参与调查的众多小组成员那里得出最有效的结果,就必须在制定决策的过程中遵循一定的准则。调查小组首先考虑的是,对于他们想传达给消费者的东西,怎样做才能得到最好的结果。他们在设计时考虑的第二个因素是要树立博卡汉堡这一品牌,而以前的包装在这方面做得不是很好。

有了上述战略作为基本原则,他们得出了三个策略:

(1) 令人胃口大开的产品照片,使之成为包装盒前脸的最重要部分。
(2) 使用的图片要能够突出由黑、金二色组成的博卡汉堡标志。
(3) 新的包装盒设计含有一个像邮戳一样的标志,突出显示这样一句话:"你难以相信它竟然没有肉。"

讨论: 通过阅读案例,你能描述企业经营中所面临的问题或拟做出的经营决策是如何转化为市场调查的课题吗?

任务 3-2　市场调查方案的整体设计

◆ 任务目标描述

明确市场调查方案的含义、类型,掌握市场调查方案设计技巧,包括主要内容和一般格式的要求和注意事项。

◆ 任务知识介绍

一、市场调查方案的含义

市场调查课题界定清楚后,开展调查活动之前,还需要制定整个市场调查活动的指导性文件,我们把这种文件称为**市场调查方案**(或称调查提纲)。**市场调查方案**,详细地描述了获得信息和分析信息所必须遵循的程序,包括调查目的、对象、内容、方法、步骤、时间安排、所需经费等。

市场调查是一项复杂的、严肃的、技术性较强的工作,为了在调查过程中统一认识、统一内容、统一方法、统一步调,圆满完成调查任务,就必须事先制订科学、严密、可行的工作计划和组织措施,以使所有参加调查工作的人员都依此执行。所以,**市场调查方案的设计是顺利和高效地完成市场调查课题的保证**,减少调查误差,提高市场调查工作质量。

小知识

市场调查工作具有复杂性、严肃性、高技术性等特点,为了顺利、有效地开展并完成整个市场调查工作,必须事先制订一个科学、严密、可行的**市场调查方案**。市场调查方案设计的目的是制订整个市场调查工作的行动计划和纲领,以便所有参加调查的工作人员都依照执行。

二、市场调查方案的类型

根据调查目标不同,市场调查的类型也不一样,主要分为探索性调查、描述性调查和因果性调查三大类。这三大类市场调查从工作背景、调查方式、数据要求、分析方法上来说都是不一样的,在具体调查方案的设计上也有所区别。

(一)探索性调查

探索性调查一般是在调查专题的内容与性质不太明确时,为了了解问题的性质,确定调查的方向与范围而进行的搜集初步资料的调查,通过这种调查,可以了解情况,发现问题,从而得到关于调查项目的某些假定或新设想,以供进一步调查研究。探索性调查特别有助于把一个大而模糊的问题表达为小而精确的子问题以使问题更明确,并识别出需要进一步调查的信息(通常以具体的假设形式出现)。探索性调查是为了界定问题的性质以及更好地理解问题的环境而进行的小规模的调查活动,具有灵活、省时、省力等特点。

调查经验表明,二手资料调查、经验调查、小组座谈和选择性案例分析在探索性调查中特别有用。进行探索性调查,最经济、快速的方法是通过二手资料。那些可以从现有资料中获取的资料,如人口统计资料、公开发布的调查、公司的内部记录,都是二手资料。经验调查也称为关键人物调查,是通过调查那些熟悉调查对象的人来解决问题的一种方法,被调查者一般不使用概率抽样来抽取,而是根据问题的特点由调查者慎重决定的。小组座谈是探索性调查的另一种十分有效的方法,在小组座谈中,一些人坐在一起讨论调查人员感兴趣的课题。选择性案例分析是指选取若干实例或情况,进行广泛调查,并把调查到的情况同调查的具体问题进行比较,期望从案例的分析中得到教训,帮助决策。

(二)描述性调查

描述性调查,正如其名,处理的是总体的描述性特征。描述性调查寻求对"谁""什么""什么时候""哪里"和"怎样"这样一些问题的回答。不像探索性调查,描述性调查基于对调查问题性质的一些预先理解。尽管调查人员对问题已经有了一定理解,但对决定行动方案必需的事实性问题做出回答的结论性证据,仍需要收集。

描述性调查是一种常见的项目调查,是指对所面临的不同因素、不同方面现状的调查研究,对资料数据的采集和记录,着重于客观事实的静态描述。大多数的市场营销调查都属于描述性调查。例如,市场潜力和市场占有率,产品的消费群结构,竞争企业的状况的描述。与探索性调查相比,描述性调查的目的更加明确,研究的问题更加具体。

描述性调查可以满足一系列的调查目标,描述某类群体的特点,决定不同消费者群体之间在需要、态度、行为、意见等方面的差异,识别行业的市场份额和市场潜力是非常常见的描述性调查。商店经常使用描述性调查以决定他们的顾客在收入、性别、年龄、教育水平等方面的特征,这样的描述并没有给出"为什么会有这样的特征"的解释。描述性调查提供的结果经常用来作为解决营销问题的全部信息,尽管没有对"为什么"给出回答。一家商店从描述性调查中了解到该店的顾客67%是年龄在18~44岁之间的妇女,并经常带着家人、朋友一起来购物,这种描述性调查提供了一个重要信息,它使商店直接向妇女开展促销活动。

 小知识

一个好的描述性调查需要对调查内容有相当的预备知识,它依靠一个或多个具体的假设,这些假设指导调查按一定的方向进行。在这方面,描述性调查与探索性调查存在着很大的差异,探索性调查比较灵活,而描述性调查比较呆板,描述性调查要求对调查中的"谁""什么""什么时候""为什么"和"怎样"做出明确的回答。

假设一家快餐店开设了一家分店,公司想知道人们是如何惠顾这家分店的。在这个描述性调查开始之前考虑一下需要回答的问题:惠顾者是谁?是那些进店的人吗?如果他们只是参加开业之初的赠送活动而不购买任何东西呢?也许惠顾者应当定义为那些从店里购买东西的人。惠顾者是以家庭为单位定义还是以个人为单位定义?应该测量这些人的什么特点呢?我们是否要测量他们的年龄、性别或他们的居住地点及他们是如何来这里的?应当在什么时候去测量他们,是在他们购买时还是购买以后?再调查是在开业后的一周内完成还是等业务趋于平稳后进行?当然,如果我们对口碑的影响很感兴趣,那么,我们至少必须等到这些影响发生了作用。我们应当在什么地方测量呢?是在店里、店外,还是惠顾者的家里呢?我们为什么要测量他们呢?是用这些资料来制订促销计划还是来决定新的分店的位置呢?若是用来制订促销计划的话,我们的重点应放在人们是如何知道这家店的;若是用来决定新的分店的位置的话,重点应放在快餐店的商圈上。我们应当如何测量他们?是用问卷询问还是观察他们的行为?如果使用问卷,采取什么形式呢?高度结构性的还是非结构性的?如何来实施?是用电话、邮寄,还是人员访问呢?

这些问题的一些答案已在假设中得到暗示或者引导描述性调查的假设本身就是一些答案,但另一些则不明显,调查人员只有通过艰苦的思考甚至通过一个小规模的试验性或探索性调查才能说明它们。无论在何种情况下,在描述性调查的"谁""什么""什么时候""哪里""为什么"以及"怎样"得到明确的结论之前,调查人员应当延迟收集用来检验假设的第一手资料。

(三) 因果性调查

因果性调查,是为了研究现象与影响因素之间客观存在的联系而进行的市场调查。通常在描述性市场调查的基础上,对影响市场现象的各种影响因素进行资料的搜集,研究市场现象之间相互作用的趋势和程度,进而研究这种联系的规律性。

通过因果性调查,可以清楚外界因素的变化对项目进展的影响程度,以及项目决策变动与反应的灵敏性,具有一定程度的动态性。因果性调查的目的是找出关联现象或变量之间的因果关系。描述性调查可以说明某些现象或变量之间相互关联,但要说明某个变量是否引起或决定着其他变量的变化,就要用到因果关系调查。因果关系调查的目的就是寻找足够的证据来验证这一假设。

 小知识

在因果性调查中,一般对要解释的关系有一种期望,如预期价格、包装、广告花费等对销售额有影响。这样,研究人员对研究课题必须要有相当的知识,理想的状况是研究人员能估计一种事件(如店内展示)是产生另一种事件(销售量的增加)的手段。因果性调查试图认定当我们做一种事情时,另一种事情会接着发生。

在营销中大多数基本的科学研究(如消费者行为理论的发展)最终寻求的是要识别因果关系。当人们考虑科学时,经常把科学与实验联系起来,这样,为了预测像价格和感觉到的产品质量之间的关系,因果性调查经常建立对照组。在连锁快餐店的情况,调查人员可能通过把握其他可能影响土豆条和调味汁销售额的因素来推断是否存在因果关系。例如,控制价格、报纸和电视广告、优惠券、折扣和宣传品的大小等。另外,调查人员也可能通过销售额差不多或位于相似社会经济环境地区的商店销售额的变化来排除其他原因性因素。

三、市场调查方案的主要内容

(一) 确定调查目的

市场调查方案设计的原则有三个:科学性原则、可行性原则和有效性原则。衡量一个调查方案的设计是否科学、可行和有效,主要是看方案的设计是否体现调查目的的要求,是否符合客观实际。所以,确定调查目的是制定市场调查方案的首要问题。确定市场调查目的,就是明确在调查中要解决哪些问题,通过调查要取得什么资料,取得这些资料有什么用途等问题。衡量一个调查方案的设计是否科学的标准,首先要看方案的设计是否体现调查目的,是否符合客观实际。

 小案例 3-4

碧欧泉(中国)化妆品公司拟对北京市范围内的男性化妆品市场消费状况进行调查,确定了三个调查目的:

(1) 通过此次调查发现现有男用化妆品市场上存在的问题;
(2) 通过此次调查发现男用化妆品的潜在市场;
(3) 通过上两项的结果得出针对这些问题应采取的营销策略与手段。

(二) 确定调查对象和调查单位

明确了市场调查的目的之后,就要确定调查对象和调查单位,这主要是为了解决向谁调查和由谁来具体提供资料的问题。调查对象就是根据调查目的、任务确定调查的范围以及所要调查的总体,它是由某些性质上相同的许多调查单位所组成的。调查单位就是所要调查的社会经济现象总体中的个体,即调查对象中的一个一个具体单位,它是调查中要调查登记的各个调查项目的承担者。

确定调查对象应注意,严格规定调查对象的含义,以免造成调查登记时由于界限不清而发生的差错。例如,以在校大学生为调查对象,就应明确在校大学生的含义,划清在校与非在校、大学生与成人教育学生等概念的界限。调查单位的确定取决于调查目的和调查对象,确定调查单位,主要是确定调查单位应具备的条件,如以消费者个体为调查单位,就要确定性别、文化水平、收入水平、职业等方面的选择要求。另外,不同的调查方式也会产生不同的调查单位。如果采取普查方式,调查总体内所包括的全部单位都是调查单位;如果采取抽样调查方式,则用各种抽样方法抽查的样本才是调查单位。

 小知识

(1) 为了研究广西南宁市大型建材市场的经营情况及存在的问题,需要对南宁市区所有

大型建材市场进行抽样调查,那么该区域内所有规模较大的建材市场就是调查对象,而实际接受调查的是建材市场中从事建材经营的经营企业,他们就是调查单位。

(2)调查对象要根据调查目标来定。比如,如果你的调查目标是所有消费者是否购买数码相机,那么你的调查对象应是所有消费者;如果你的调查目标是有意购买数码相机的消费者有何购买偏好,那么你的调查对象应是有意购买数码相机的消费者。同样道理,如果你想调查准备买某品牌的相机的消费者的心理底线,则应在该品牌专柜上做调查。所以,调查对象一定要具有代表性。

在确定调查对象和调查单位时,应该注意以下四个问题:

第一,由于市场现象具有复杂多变的特点,因此,在许多情况下,调查对象也是比较复杂的,必须以科学的理论为指导,严格规定调查对象的含义,并指出它与其他有关现象的界限,以免造成调查登记时由于界限不清而发生的差错。例如,以城市职工为调查对象,就应明确职工的含义,划清城市职工与非城市职工、职工与居民等概念的界限。

第二,调查单位的确定取决于调查目的和对象,调查目的和对象变化了,调查单位也要随之改变。例如,要调查城市职工本人基本情况时,这时的调查单位就不再是每一户城市职工家庭,而是每一个城市职工了。

第三,调查单位与填报单位是有区别的,调查单位是调查项目的承担者,而填报单位是调查中填报调查资料的单位。例如,对某地区工业企业设备进行普查,调查单位为该地区工业企业的每台设备,而填报单位是该地区每个工业企业。但在有的情况下,两者又是一致的,如在进行职工基本情况调查时,调查单位和填报单位都是每一个职工。在调查方案设计中,当两者不一致时,应当明确从何处取得资料并防止调查单位重复和遗漏。

第四,不同的调查方式会产生不同的调查单位。如采取普查方式,调查总体内所包括的全部单位都是调查单位;如采取重点调查方式,只有选定的少数重点单位是调查单位;如果采取典型调查方式,只有选出的有代表性的单位是调查单位;如果采取抽样调查方式,则用各种抽样方法抽出的样本单位是调查单位。

(三)确定调查项目(调查内容)

调查项目是指对调查单位所要调查的主要内容,确定调查项目就是要明确向被调查者了解些什么问题,调查项目是市场信息资料的来源。选择调查项目取决于调查目的,即根据调查目的,对各项问题进行分类,规定每项问题应调查收集的资料。确定调查项目,要使调查项目的含义明确、肯定,使搜集的资料具有确定的表示形式,如数值、文字等,否则会使调查者产生不同的理解而做出不同的答案,造成资料整理时的困难。

在确定调查项目时,除了要考虑调查目的和调查对象的特点外,还要注意以下几个问题:

第一,确定的调查项目应当既是调查任务所需,又是能够取得答案的。凡是调查目的需要,又可以取得的调查项目,要充分满足,否则不应列入。

第二,项目表达必须明确,要使答案具有确定的表示形式,如数字形式、是否式或者文字式等。否则,会使调查者产生不同理解而做出不同的答案,造成汇总时的困难。

第三,确定调查项目应尽可能做到项目之间相互关联,使取得的资料相互对照,以便了解现象发生变化的原因、条件和后果,便于检查答案的准确性。

第四,调查项目的含义要明确、肯定,必要时可附以调查项目解析。

 小知识

在消费者调查中,消费者的性别、年龄、民族、文化程度、收入水平、职业等标志就是调查项目,标志可分为品质标志和数量标志。品质标志是说明事物质的特征,只能用文字表示,例如性别、民族和文化程度等;数量标志标明事物量的特征,可以用数量来表述,如年龄和收入。

(四)确定调查时间、调查期限和调查地点

确定调查时间是指确定调查资料的时期或时点。如果所要调查的是时期现象,就要明确规定资料所反映的是调查对象从何时起到何时止的资料。如果所要调查的是时点现象,就要明确规定统一的标准调查时点。确定调查期限就是指规定调查工作开始时间和结束时间,包括从调查方案设计到提交调查报告的整个工作时间,也包括各个阶段的起始时间,其目的是使调查工作及时开展、按时完成。为了提高信息资料的时效性,在可能的情况下,调查期限应适当缩短。

在调查方案中还要明确规定调查地点,即市场调查在什么地方进行,在多大范围内进行。调查地点与调查单位通常是一致的,但也有不一致的情况,当不一致时,尤有必要规定调查地点。确定调查地点要从市场调查的范围出发,如果是调查一个城市的市场情况,还要考虑是在一个区调查还是在几个区调查;其次是考虑调查对象的居住地点,是平均分布在不同地区,还是可以集中于某些地区。

(五)确定调查方式、方法

在调查方案中,还要规定采用什么调查方式和方法取得调查资料。搜集调查资料的方式有普查、抽样调查等。抽样调查还要进行抽样方式选择和设计,如选择分层随机抽样调查方式,需要仔细分析和恰当选择分层标志;选择非随机的配额抽样调查方式,就要设计配额抽样表。

样本确定下来后,就要确定具体的调查方法,如面访调查、电话调查、实验调查、观察调查、文案调查、网络调查等调查方法。在调查时,采用何种方式、方法不是固定和统一的,而是取决于调查对象和调查任务。在市场经济条件下,为准确、及时、全面地取得市场信息,尤其应注意多种调查方式的结合运用。

确定了调查的方式、方法后,还要确定具体的调查工具,如调查问卷、观察所需要的观察表、文案搜集所用的检索工具、资料清单等。

 小案例 3-5

以碧欧泉(中国)化妆品公司对北京市范围内的男性化妆品市场调查为例,进行抽样设计和问卷设计。

男性化妆品的主要消费者和潜在消费者都是中青年,所以此次调查的母体群为中青年男士。考虑到母体的普遍性与不确定性,我们欲采用分层抽样的调查方式。欲将样本群设定为学校群、企业单位群、事业单位群以及工厂群。建议每一群体各选一单位,样本应在18~50岁之间。具体单位待定。

根据以上的分析,我们针对男性化妆品消费者的消费动机和消费行为,采取访问法进行调查,制定如下调查问卷。预计发放调查问卷共300份,采取街头发放和入户调查相结合的原则。

男性化妆品的市场调查

1. 你使用过以下哪些化妆品？（多选）
   A. 洗面奶　　　　　B. 剃须水　　　　　C. 面霜　　　　　D. 香水
   E. 发型水　　　　　F. 唇膏　　　　　　G. 面膜　　　　　H. 护手霜
2. 你的月收入是(元)？
   A. 1 000 以下　　　B. 1 000～2 000　　C. 2 000～3 000　D. 3 000～5 000
   E. 5 000 以上
3. 你每年对化妆品费用的支出为多少？
   A. 100 元以内　　　B. 100～200 元　　C. 200～400 元　　D. 400～1 000 元
   E. 1 000 元以上
4. 你认为是否有必要单独做男士化妆品？
   A. 有必要　　　　　B. 无必要　　　　　C. 无所谓
5. 你需要以下哪种功能的化妆品？
   A. 保湿　　　　　　B. 防晒　　　　　　C. 美白　　　　　D. 控油
   E. 止痘　　　　　　F. 缩小毛孔
6. 你使用化妆品的最主要的动机是什么？（单选）
   A. 赢得异性青睐　　　　　　　　　　B. 增添自信心
   C. 成为视觉焦点　　　　　　　　　　D. 出于自己的健康考虑
7. 你对使用化妆品有以下顾忌吗？
   A. 担心别人认为自己女性化　　　　　B. 被人认为臭美
   C. 化妆品不适合自己的肤质　　　　　D. 使用没有效果
8. 如果生产专门针对男性的化妆品，你会考虑购买吗？
   A. 会　　　　　　　B. 不会　　　　　　C. 不知道
9. 你清楚男士日常护理最基本的步骤应包括："洗面奶—清洁爽肤水—润肤乳液或面霜"这一知识吗？
   A. 不清楚也不感兴趣　　　　　　　　B. 不清楚但想了解
   C. 清楚但未实施　　　　　　　　　　D. 平时就是这样
10. 如果在商场开设了男士化妆品专柜，你是否会上前咨询？
    A. 会　　　　　　　B. 不会
11. 你会接受身边的女性为你选购化妆品吗？
    A. 拒绝　　　　　　B. 接受
12. 什么是影响你使用男性化妆品的最重要因素？
    A. 自己的大男子主义　B. 旁人的眼光　C. 对化妆品知识的不了解
    D. 不知道从何处购买　　　　　　　　E. 不愿亲自购买

（六）制订调查表(调查问卷)

调查问卷是调查人员事先准备好的、要向被调查者提出的问题。调查问卷是一种调查表。

除了问卷形式外,现代社会常会用到各种量化表格采集市场中的各种数据。调查问卷的问题类型主要有二项选择法、多项选择法、顺位法、评定法和自由问答法。

1. 二项选择法

二项选择法又称真伪法或是非法,多适用于书面调查。这种方法是把要调查的内容具体化为调查提纲、调查表时,能让被调查者很方便地在"是"与"不是"或"好"与"不好"等两种对立的答案中择其一作答。

2. 多项选择法

多项选择法就是让被调查者从预先准备好的多种方案或结论中,选择其中之一作答。此法比二项选择法的强制性有所缓和,并可以区分程度上的差别。采用此法时要注意:备选答案要预先编号;备选答案应尽可能包括全部可能的情况,但应避免重复;备选答案不宜过多。

3. 顺位法

事先列举若干需要排定顺序的项目,让被调查者凭其经验或专业知识以及自身的其他条件,对所列答案定出先后顺序。顺位法的命题可分为两种:一种是由调查人员预先确定答案,请被调查者决定先后顺序;另一种是事先不给确定的答案,由被调查者根据自己的认识程度依次回答或填写。

4. 评定法

拟定表示不同程度的多种答案,或按不同程度给予分值,要求被调查者表示对某一事物的爱好或认可程度,也称程度评定法或语义极差法。

5. 自由问答法

被调查者可以不受约束地按询问内容自由作答,又称无限制回答法。在访问调查和电话调查中常被采用。自由回答法的优点是被调查者可以尽情地发表自己的意见,调查时气氛比较活跃,从答案中可能收集到一些为调查者所忽略的情况和意见。缺点是答案由调查人员记录和整理,有时会出现偏差,采用录音机又易引起被调查者的拘谨和顾虑;由于回答多种多样,甚至超越问卷范围,资料的整理和汇总比较困难。

 小知识

当调查项目确定后,可将调查项目科学地分类、排列,构成调查表(问卷),方便调查登记和汇总。

调查表一般由表头、表体和表脚三个部分组成。

表头包括调查表的名称、调查单位(或填报单位)的名称、性质和隶属关系等。表头上填写的内容一般不做统计分析之用,但它是核实和复查调查单位的依据。

表体包括调查项目、栏号和计量单位等,它是调查表的主要部分。

表脚包括调查者或填报人的签名和调查日期等,其目的是为了明确责任,一旦发现问题,便于查寻。调查表式分单一表和一览表两种,单一表是每张调查表式只登记一个调查单位的资料,常在调查项目较多时使用。它的优点是便于分组整理,缺点是每张表都注有调查地点、时间及其他共同事项,造成人力、物力和时间的耗费较大。一览表是一张调查表式,可登记多个单位的调查资料,它的优点是当调查项目不多时,应用一览表能使人一目了然,还可将调查表中各有关单位的资料相互核对;其缺点是对每个调查单位不能登记更多的项目。

调查表拟定后,为便于正确填表、统一规格,还要附填表说明。内容包括调查表中各个项

目的解释,有关计算方法以及填表时应注意的事项等,填表说明应力求准确、简明扼要、通俗易懂。

(七) 确定资料整理和分析的方法

市场调查所搜集的原始资料大多是零散的、不系统的,只能反映事物的表象,无法深入研究事物的本质和规律性,这就要求对大量原始资料进行加工汇总,使之系统化、条理化。资料的整理包括接收资料、审核资料、编码资料、录入资料、分组汇总资料和绘制统计资料的图标等六个环节。目前大量的资料处理工作已经由计算机进行,提高了资料整理工作的效率和科学性。随着经济理论的发展和计算机的运用,越来越多的现代统计分析手段可供我们在分析时选择,如回归分析、相关分析等。每种分析技术都有其自身的特点和适用性,因此,应根据调查的要求选择最佳的分析方法。

小案例 3-6

以碧欧泉(中国)化妆品公司对北京市范围内的男性化妆品市场调查为例,确定资料整理和分析的方法。

对于问卷分析方法采用 SPSS 软件进行统计分析。对所收集数据的结果进行 100% 的逻辑编辑,数据分析结果的偏差控制在 10% 以内。调查所用的分析方法有:聚类分析、因子分析、联合分析和回归分析。

(八) 确定调查报告的呈报方式

对调查活动结束后撰写的调查报告和调查成果进行比较详细的说明,主要包括报告书的形式和份数、报告书的基本内容、报告书中图表量的大小等。

例如,本调查结果形式为调查书面报告,内容包括前言、目的、内容、人员安排、调查方法及实施、工作进度以及附录七个部分。调查结束后将呈交给委托人书面报告材料两份(含调查原始问卷、二手参考文献、分析图表等)和电子版汇报报告一份。

(九) 确定调查经费预算

每次市场调查活动都需要支出一定的费用。因此,在制订调查方案时,应编制调查经费预算,合理估计调查的各项开支。编制费用预算的基本原则是:在保证实现调查目标的前提下,力求使调查费用支出最少。

在进行经费预算时,一般需要考虑如下几个方面:总体方案策划费或设计费、抽样方案设计(或实验方案设计)费、调查问卷设计费(包括测试费)、调查问卷印刷费、调查实施费(包括选拔、培训调查员的费用、试调查的费用、交通费、调查员劳务费、管理督导人员劳务费、礼品或谢金费、复查费等)、数据录入(包括编码、录入、查错等)费、数据统计分析(包括上机、统计、制表、作图、购买必需品等)费、办公费用(调查报告撰写费、资料费、复印费、通信费等)、专家咨询费、劳务费(公关、协作人员劳务费等)、上缴管理费或税金、鉴定费、新闻发布会及出版印刷费用等。在进行预算时,要将可能需要的费用尽可能考虑全面,以免将来出现一些不必要的麻烦而影响调查的进度。一般情况下,应该把成本细分、具体,以说明报价比较合理。

经费预算是市场调查方案的主要内容和争取顾客的主要部分之一,应该仔细考虑和斟酌。

例如,可以说:"本着为顾客着想和经济原则,经过认真计算,调查活动需要各项经费共计××(万元)"。具体项目费预算可以列出成本清单,让客户明白调查费用都花在什么地方。开头或者最后不要忘记说明"为了体现本公司一贯为顾客服务的宗旨,我公司将在……方面,免费为顾客提供以下服务:信息资料的录入费用、管理和监督费用等"。

(十) 制订调查的组织计划

调查的组织计划,是指为确保实施调查的具体工作计划,主要包括调查机构的设置、调查人员的选择和培训、工作步骤和日程安排、调查过程风险控制等。

确定调查人员,主要是确定参加市场调查人员的条件和人数,包括对调查人员的必要培训。市场调查人员必须具备一定的思想水平、工作能力和业务技术水平。具体地讲,首先要求市场调查人员应具备一定的文化基础知识,能正确理解调查提纲、表格、问卷内容,能比较准确地记录调查对象反映出来的实际情况和内容。其次,要求市场调查人员应具备一定的市场学、管理学、经济学、统计学方面的知识。

市场调查工作步骤一般可以分为以下几个阶段:
(1) 调查课题论证、调查方案的设计;
(2) 调查问卷的设计、测试、修改、定稿、印刷;
(3) 抽样方案的设计、修订,调查员的招聘、培训与管理;
(4) 调查活动正式开展;
(5) 数据接收、整理汇总、录入、补充调查;
(6) 统计分析研究;
(7) 撰写调查报告、修订、定稿、提交;
(8) 调查结果的鉴定、论证、发布和调查工作总结。

在这几个阶段中,前期的设计不能超过调查时间的三分之一,主要的工作还是调查的实施和调查分析、报告及总结。

四、市场调查方案的一般格式

市场调查方案的格式没有固定、硬性的要求和版式,一般格式是以方案的主要内容为基础,形成一篇行文流畅、具体清楚、美观大方的工作指导性文件即可。能够让委托方、管理者,以及参与市场调查工作的所有工作人员理解、明白,即我们常说的可阅读性强,是市场调查方案在格式设计上要达到的唯一目标。一个完整的市场调查项目的方案通常会按照下面的顺序来进行设计。

(一) 封面

封面应包含方案的恰当标题、委托人信息、调查公司名称、联系人及联系方式、方案完成时间等。

标题是市场调查方案的核心,一个好的标题能增强阅读者的兴趣。例如,对大学生月消费支出的调查,把标题改为:对"天之骄子"月消费支出的调查,能增强调查的吸引力。通常,不能直接用"市场调查方案"为标题,这样的标题使阅读者无法直接知道调查的主题是什么。标题设计时应简明扼要。例如,"2016年××公司对消费者关于化妆品月消费支出的深入调查",这样的标题显得冗长,阅读或听起来非常费劲,应将没有必要的内容去掉,可以改为"化妆品月消费支出的调查",这样就显得简明又清晰。

标题的形式可以多样。可以采用开门见山式标题,也可以采用复合式标题。复合式标题,常见于调查范围比较大的课题或调查属于系列化的课题。例如,南宁市居民社会生活的调查——市内出行交通工具选择的调查。由于居民社会生活的调查可以涉及很多方面,可以通过系列的调查分开来进行。其中居民出行方面的调查可以独立作为专题来进行组织调查。

在封面上还应显示出委托人信息,以明确方案设计服务的对象,也是方案作品付费方的权利体现。如果是企业内部调查,则不出现委托人信息。封面上还应有调查公司名称、联系人及联系方式,这是方案设计者的信息,便于明确版权归属,便于委托人反馈信息等。最后,封面上应注明方案完成时间,这是市场调查方案时效性的一种体现。调查公司应在合同规定的期限内完成方案设计的工作并提交审核。

(二)目录

当调查方案的正文内容会超过五页,就应该设计一个目录。设置目录的主要目的是读者在阅读方案之前就能对方案内容有个大致的了解,以便于决定读还是不读,精读还是略读。目录一般放置在封面下,如果有前言或摘要的情况下,目录一般在前言或摘要之后。编写目录的时候一定要注意:首先是要准确,目录必须与方案的各级纲目相一致,也就是和正文中的各级标题及序号一一对应,一般目录都会显示出三级的标题。二是要清楚无误,目录应该逐一标注该行目录在正文中的页码。

(三)引言或背景

介绍调查公司的背景,调查问题的提出和调查内容的确定等。引言或背景不宜过多,应该对公司状况、公司所处市场、行业状况进行概要性描述,重点是引出本次调查项目的要解决的问题和调查的主要内容等。

(四)正文

正文包括调查目的和意义、调查的内容和范围、调查的对象和调查单位、调查采用方式和方法、资料整理和分析计划及方法、调查进度安排、有关经费开支预算、调查实施的质量控制方法、结果提供形式等。

(五)附件

附件包括设计好的调查表、问卷、抽样方案等。

 小知识

撰写市场调查方案时应注意的问题:
(1)一份完整的调查方案,内容全面,不能有遗漏;
(2)调查方案在制订必须建立在对调查课题的背景的深刻认识上;
(3)调查方案要尽量做到科学性与经济性的结合;
(4)调查方案在格式方面可以灵活。比如,编辑排版上没有唯一的标准,中间内容可以适当合并或进一步地细分,应根据具体的案例背景加以灵活处理。

 课堂训练

阅读下面这份同学们自己设计的市场调查方案,讨论两个问题:从内容上看这份方案是否

完整？从格式上看写作是否符合商业性文书的要求？

南宁市居民住宅消费需求调查方案

一、调查目的

通过对南宁市部分居民的收入水平、住房现状、住宅消费与购房意向、存贷款观念等方面的实地调查，分析金融机构开展住宅储蓄及购房抵押贷款业务的市场需求与潜力，为南宁市建行房地产信贷部在这两项业务上推出新举措提供客观可靠的依据。

二、调查内容

(1) 被调查者及其家庭的基本情况；

(2) 被调查者家庭的住房现状及改善意向；

(3) 被调查者的存贷款观念；

(4) 被调查者对住宅存、贷业务政策的看法。

三、调查对象及样本分布

1. 对象

经与委托方磋商，拟以南宁市城近郊区的以下三类消费群为对象进行调查。

(1) 中、高收入阶层。该阶层收入水平较高，购房倾向及实现性相对较强，是开展住宅存、贷业务的主要对象，也是本次调查的重点。具体包括个体、私营业主、企业承包租赁者、出租车司机、经纪人、文艺工作者和三资企业高级雇员等。

(2) 普通工薪阶层。该阶层收入水平不高，目前尚不具有购买商品住房的能力。但这一阶层人数众多，对改善住房条件的要求亦很强烈，是发展住宅存、贷业务的潜在对象群。

(3) 企事业单位。由于历史原因，我国各类职工的住房大部分由其所在单位解决。除自建房外，购房分给职工或租给职工已成为一种现实有效的方式。另外，企业以商品房作为对其骨干业绩奖励的方式也日益盛行。企事业单位购房是直接现实的购买力，也应是住宅存、贷业务的可靠客户。因此，选取部分有代表性的企业，向其负责人了解对职工住宅问题的看法和打算，对开展住宅存、贷业务无疑是有帮助的。

2. 样本分布

拟将此次调查的样本量定位420个。参考近年来南宁市居民家计调查资料和其他有关调查结果，拟采用分类取样，并按如下数量分配调查样本：中、高收入阶层100人(户)，普通工薪阶层300人(户)，企事业单位20家。

3. 调查方法

中、高收入层和普通工薪采取分层、分区与随机抽样调查相结合的方式。

企事业单位组则采取分类与重点调查相结合的方式。

四、调查时间

2020年5—6月。

五、调查步骤及方法

1. 方案设计

方案内容主要包括调查对象的选定、样本抽取方法、调查问卷设计、组织实施步骤、采用方法及日程安排等。方案设计应求系统、科学、可行。

2. 问卷印制及试调查

为保证调查的顺利实施,提高调查质量,应于方案确定后和印制调查问卷期间在各类调查对象中抽取少量样本进行试调查。

通过调查了解问卷质量,摸索针对具体调查对象的访问技巧等,为全面推开调查做好准备。

3. 调查员培训

组织有经验的调查员进行培训,包括解说问卷内容,分配调查对象,掌握访问技巧,明确工作进程及质量要求等。其中应特别强调调查质量。

4. 正式调查

为提高效率、保证调查质量,本次调查采取多渠道、多方式的灵活调查方法。除按常规的入户调查及当街访问外,还可选择一些重点调查点,如三资企业、演艺团体、出租车停车点、高级公寓、冷饮店、邮局、银行等地点进行调查,以提高调查的针对性。此外,在不影响结果发生偏态的前提下,亦可选择部分熟识的对象进行访问,以提高调查结果的真实度。

为确保调查质量,要求调查员现场指导填表,杜绝散发回收式调查。对所填问卷及时回收、仔细审查,对不合格问卷(包括填写方式不对或逻辑关系不正确等)应予以剔除。同时,设置问卷审核员,做到每天回收问卷,并详细询问调查员的工作,发现问题及时解决。

该阶段的工作量较大,是决定调查质量的关键,务必妥善组织,加强监督。

经审查合格的问卷,要及时编码,为下一步的录入、计算、分析工作做准备。

5. 数据处理及简要分析

对合格的问卷进行录入、计算,得出可供分析使用的初步计算结果,进而对所得结果做出准确描述及初步分析,为进一步的分析提供依据。实施时需应用有关统计分析软件及编制简单的计算程序。

六、调查报告

将本次调查的实施情况、调查结果及初步分析结果形成文字材料向委托方进行汇报。

任务 3-3　市场调查方案的评估

◆ 任务目标描述

熟悉市场调查方案设计的要求和过程,能够对调查方案的可行性进行分析、评价。

◆ 任务知识介绍

一、调查方案评价的内容

一个调查课题的调查方案一般不只设计一种,而是将每一种设计方案都拟定出来,并对这些方案进行讨论、评价和筛选,最终确定一份最优方案来实施。同时,调查方案的设计也不是一次完成的,而要经过必要的可行性研究,对方案进行试点和修改。市场调查方案的可行性研究是市场调查方案评价的必要内容。评价和筛选市场调查方案,通常从四个方面——可操作性、全面性、规划性、经济性来逐一对比,具备这四个特性的方案也即是最优方案。因此,对一份市场调查方案的总体评价应从这四个方面的基本要求出发。具体来说要完成以下工作：

(1) 审核方案设计是否体现调查目的和要求；
(2) 审核市场调查方案是否具有可操作性；
(3) 调查方案是否科学和完整；
(4) 判断方案设计能否使调查质量有所提高。

二、调查方案评价的方法

对调查方案进行可行性分析的方法有很多，现在主要介绍逻辑分析法、经验判断法和试点调查法三种。

(一) 逻辑分析法

逻辑分析法是检查所设计的调查方案的部分内容是否符合逻辑和情理。例如，对学龄前儿童调查其文化程度，对于没有通电的山区进行电视广告调查等，都是有悖于情理的，是缺乏实际意义的。

(二) 经验判断法

经验判断法即组织一些具有丰富调查经验的人士，对设计出的调查方案加以初步研究和判断，评定方案的可行性。经验判断法能够节省人力和时间，在较短的时间内做出结论。但是这种方法也有一定的局限性，各种主客观因素都会对人们判断的准确性产生影响。

(三) 试点调查法

评价一份市场调查方案的设计是否科学、准确，最终还是要通过调查实施的成效来体现，即必须通过调查工作的实践来检验，来观察方案中哪些符合实际，哪些不符合实际，产生的原因是什么。我们可以通过小范围内的试点调查来做到。试点的目的是使调查方案更加科学和完善，而不仅是搜集资料。试点调查应该注意以下几个问题：

(1) 应该建立一个精干有利的调查队伍，队伍成员应包括有关领导、调查方案的设计者和调查骨干，这是搞好试点工作的组织保证。

(2) 应选择适当的调查对象。要选择规模较小、代表性较强的试点单位。必要时可采取少数单位先试点；扩大试点范围；全面铺开的做法。

(3) 应采取灵活的调查方式和方法。调查方式和方法可以多用几种，经过对比后，从中选择适合的方式和方法。

(4) 应做好试点的总结工作。不仅要善于发现问题，还要善于结合实际探求解决问题的方法，充实和完善原市场调查方案，使之更加科学和易于操作。

当然，并非所有的调查方案都需要进行试点调查，只有那些调查内容很重要，调查规模又很大的调查项目才考虑进行模拟试点调查。试点调查结果的分析非常重要，是下一步正式大规模调查工作成败的关键。

小思考：市场调查方案是采集市场中的各种信息、资料和数据的操作性方案。有人认为市场信息、资料和数据是不断变化的，市场调查方案所确定的调查范围、调查时间、地点，甚至调查对象都有可能变化，并且随着时间推移，调查经费也会越来越多，所以最优的市场调查方案是不存在的。你如何理解？

课堂训练

随着通信技术的快速发展,我国手机三大运营商全部推出 3G、4G 商用服务。中国电信和移动、联通展开了 3G 市场的"肉搏战",它们既想知道竞争对手与自己的优劣势、竞争对手的市场动态,又想知道消费者对 3G 消费的需求特点。中国电信为了争夺 3G 市场先机,围绕 3G 市场准备开展了大量市场调查。

讨论: 针对这个背景,请同学们完成以下三个任务:

(1) 收集中国通信市场的背景信息,中国电信公司及其竞争对手的资料;

(2) 明确中国电信所存在的经营管理决策问题和需要开展的市场调查项目课题;

(3) 在前两个任务的基础上,制定中国电信 3G 市场调查总体方案初稿,并提交给指导老师,与指导老师一起讨论该方案的针对性、价值性和可行性。

项目总结

- **知识重点**

界定市场调查课题的方法　市场调查方案的主要内容

- **技能重点**

设计市场调查方案

- **思考与训练**

1. 选择题

(1) 为了界定课题,调查人员应完成(　　)等工作任务。

A. 与决策者交流　　　　　　　　B. 采访行业专家

C. 分析二手资料　　　　　　　　D. 定性调查

(2) 按照调查课题的目标和结果不同,市场调查课题大体可以分为三大类,它们是(　　)。

A. 探索性调查课题　　　　　　　B. 描述性调查课题

C. 因果性调查课题　　　　　　　D. 结果性调查课题

(3) 在描述性调查课题中,通常采用下列(　　)方法。

A. 实地调查法　　　　　　　　　B. 观察法

C. 小组座谈会法　　　　　　　　D. 二手资料分析

(4) 在探索性调查中,通常采用下列(　　)方法。

A. 专家调查　　B. 试验性调查　　C. 案例研究　　D. 二手资料分析

(5) 衡量一个调查方案的设计是否科学,主要是看方案的设计是否体现(　　)的要求,是否符合客观实际。

A. 调查对象　　B. 调查目的　　C. 调查项目　　D. 调查单位

(6) 调查经费预算一般会包括下列哪些项目?(　　)

A. 设计费　　　B. 印刷费　　　C. 劳务费　　　D. 资料费

(7) 市场调查方案的评价要求包括(　　)。

A. 方案设计是否体现调查目的和要求　　B. 方案设计是否科学、完整和适用
C. 方案设计能否使调查质量有所提高　　D. 方案是否具有可操作性

(8) 在市场调查方案的可行性研究方法中,(　　)能够节省人力和时间,在比较短的时间内做出结论的方法。

A. 逻辑分析法　　B. 经验判断法　　C. 主观概率法　　D. 试点调查法

2. 判断题

(1) 结果性调查通常比探索性调查更加正式和结构化。　　　　　　　　　　　　(　　)
(2) 结果性调查的结论是结论性的,可用于管理决策的依据。　　　　　　　　　(　　)
(3) 探索性调查的焦点可能随新思想的产生而不断变化,因此调查人员的聪敏和创造力将发挥重要作用。　　　　　　　　　　　　　　　　　　　　　　　　　　(　　)
(4) 由于管理者与调查人员所处的立场不同,可能对调查问题的理解上会产生或大或小的差异。　　　　　　　　　　　　　　　　　　　　　　　　　　　　　　(　　)
(5) 结果性调查通常比探索性调查更加正式和结构化。　　　　　　　　　　　　(　　)
(6) 市场调查方案依据市场调查策划形成的书面文件。　　　　　　　　　　　　(　　)
(7) 调查对象就是根据调查目的、任务所确定调查的范围以及所要调查的总体。(　　)
(8) 不同的调查方式也会产生不同的调查单位,采取抽样调查方式,则用各种抽样方法抽查的样本才是调查单位。　　　　　　　　　　　　　　　　　　　　　　(　　)
(9) 在进行预算时,要将可能需要的费用尽可能考虑全面,以免将来出现一些不必要的麻烦而影响调查的进度。　　　　　　　　　　　　　　　　　　　　　　　　(　　)

3. 思考题

(1) 简述市场调查课题的界定过程。
(2) 界定市场调查课题时,调查者很容易犯的错误是什么？如何解决？
(3) 在确定调查对象和调查单位时,应注意哪些问题？
(4) 如何对市场调查方案进行评价？

4. 案例分析

靓精品市场调查方案

最近几年,广西南宁市的精品市场呈多样发展,多种品牌连锁店都进驻南宁。为了解本地区精品行业的发展趋势,以及让"靓精品"店更好地进驻南宁市场,本调查队制定了如下市场调查方案。

一、调查区域

西乡塘市场、火炬路。

二、调查目的

1. 了解该区域的精品店的市场环境。
2. 了解精品店的行业环境。
3. 了解消费者消费需求及喜好。

4. 了解阿呀呀、莎莎啦等连锁店的销售状态。
5. 分析此行业的市场空间和发展趋势,为创业进驻提供依据。

三、调查内容

1. 该区域饰品店的数量、分布情况。
2. 该区域的路口人流量、交通、市场环境。
3. 调查消费者喜欢的饰品的材料、类型、款式及价位,寻找市场空间。
4. 固定时间内进入啊呀呀、莎莎啦等品牌连锁店内顾客人数、进货周期及一周营业额。

四、调查方法

抽样方式:简单随机抽查,在调查区域内分别以对过路人群(16~40岁)和精品店进行观察、询问、访谈等方式深入了解消费者消费喜好及精品店的销售情况。具体方法如下:

直接观察法:(附有观察记录)利用周六、周日两天时间,分别到西乡塘市场和火炬路观察人流量、交通状况,以及各个饰品店的客流量、装饰、店内品种和价格,并做出详细统计与分析。

问卷调查法:小组成员利用一天时间,到西乡塘市场和火炬路对过路人群(16~40岁)、精品店工作人员及顾客进行问卷调查,之后进行详细统计与分析。

拦截访问法:小组成员利用一天时间,各组员利用一天时间,到西乡塘市场和火炬路对过路人群(16~40岁)、精品店工作人员及顾客进行拦截访问,之后进行详细统计与分析。

文案调查法:小组成员利用空余时间,通过上网、查阅书籍、杂志、报纸等收集统计相关资料,最后进行整合分析。

五、行动方案

把调查区域划分为两个区域:西乡塘市场;火炬路。

具体安排如下:

1. 调查前期:

吴汉治(纸笔、秒表、随身手机);许丽萍(观察记录表);蒋兴国、冯道美(撰写调查方案)。

2. 调查中期:

一组:蒋兴国(火炬路与广西大学交接路口的人流量);

吴汉治(各品牌饰品的数量及分布情况);

黄燕婷(某个时间段进入各种品牌店顾客人数)。

二组:覃帅达(西乡塘市场的几个路口的人流量);

冯道美(各品牌饰品店的数量、价格及分布情况);

许丽萍(某个时间段进入各种品牌店顾客人数)。

3. 调查后期:

许丽萍、黄燕婷:整理一手资料。

冯道美、吴汉治:补充二手资料。

蒋兴国、覃帅达:完善所有资料,制作调查报告。

六、调查时间安排

4月26日:10:00—18:00 分为两个团队分别前往西乡塘市场和火炬路,进行实地调查。19:00—21:00 小组集合讨论,整理一手资料,找出不足、缺漏。

4月27日:12:30—19:30 按照调查安排,全体人员到达指定地点进行拦截访问调查。

4月28日:9:00—12:00 对所有资料进行全面整理,将观察记录表分类、统计,分析该区域

的精品市场空间及发展趋势,得出基本结论。(全体人员)

15:00—17:00 讨论修改,得出调查结论,提出建议,预测南宁市区精品市场的空间发展趋势、市场前景等,撰写调查报告。(全体人员)

4月29日:整理好资料,制作PPT演示报告。

七、统计方法

趋势分析及市场空间及前景。

八、费用预算

共计66元。

交通费:(公交车)6(人)×2(元每人每天)×2(天)=24(元)

文印费:50(张)×0.2(元/张)=10(元)

其他费用:32(元)

九、提交报告方式

以书面和电子版形式提交报告。

讨论:试分析方案内容、结构的优缺点,并评价该市场调查方案的可行性。

项目4　市场调查问卷的设计

> 导入案例

南宁市饮料市场消费情况调查问卷

尊敬的女士/先生：

　　您好！

　　我是××学校营销专业的学生，现正进行市场调查课程的学习。在教师的指导下，我们想就您对饮料的消费需求情况做一次市场调查。恳请您能协助填写这份问卷。填写时，只需在选项上打"√"，凡认真填写问卷的，我们将赠予纪念品。谢谢合作！

一、首先请告诉我们您的基本情况

1. 性别：
　① 男　　　　　　　② 女
2. 年龄：
　① 1～18 岁　　　② 19～25 岁　　　③ 26～40 岁　　　④ 41～55 岁
　⑤ 56～65 岁　　　⑥ 65 岁以上
3. 职业：
　① 党政机关干部　② 农民　　　　　③ 工人　　　　　　④ 教师
　⑤ 学生　　　　　⑥ 个体户　　　　⑦ 军人　　　　　　⑧ 其他
4. 文化程度：
　① 大专以上　　　② 高中、中专　　③ 初中　　　　　　④ 小学
　⑤ 小学以下
5. 本人平均月收入：
　① 500～1 000 元　② 300～500 元　　③ 200～300 元　　④ 150～200 元
　⑤ 100～150 元　　⑥ 100 元以下
6. 家庭住址：
　① 农村　　　　　② 城镇　　　　　③ 城市

二、调查内容

1. 您什么季节购买饮料最多？
　① 春季　　　　　② 夏季　　　　　③ 秋季　　　　　　④ 冬季
2. 您购买饮料的主要原因是什么？
　① 解渴　　　　　② 补充营养　　　③ 保健　　　　　　④ 送人
3. 若是用来解渴，您喜欢买哪种品质的饮料？
　① 汽水　　　　　② 矿泉水　　　　③ 果汁饮料　　　　④ 奶制饮料

⑤ 快餐营养液
4. 若是用来补充营养或保健,您认为购买哪种品质饮料合适?
① 果汁类　　　　② 奶制品类　　　　③ 汽水　　　　④ 矿泉水
⑤ 快餐营养液(如八宝粥)
5. 若是用来送人,您将会购买:
① 果汁类　　　　② 奶制品　　　　③ 矿泉水　　　　④ 汽水
⑤ 快餐营养液　　⑥ 参类、燕窝类
6. 您购买饮料时,常买哪些品牌?
① 健力宝　　　　② 可口可乐　　　　③ 天然芒果汁、椰子汁
④ 雪碧　　　　　⑤ 其他
7. 您常购买某品牌饮料的原因是该品牌饮料:
① 名气大　　　　② 质量好　　　　③ 价格适中　　　　④ 包装美观
⑤ 容易买到　　　⑥ 喝习惯了　　　⑦ 其他
8. 您购买饮料时,常在什么地方购买?
① 就近小卖部　　② 食品批发部　　③ 厂家　　　　④ 路边饮料摊店
⑤ 商场
9. 您喜欢购买:
① 玻璃瓶装饮料　② 易拉罐装饮料　③ 塑料袋装饮料　④ 纸制盒式饮料
10. 您认为玻璃瓶装饮料在市场上:
① 好销　　　　　② 不好销
11. 您认为好销的原因是:
① 瓶装饮料成本低、价格低　　　　② 瓶装饮料看起来清洁卫生
③ 其他
12. 您认为不好销的原因是:
① 看起来档次低　② 携带不方便　　③ 口难开　　　　④ 其他
13. 影响您购买饮料的最主要因素是:
① 质量　　　　　② 价格　　　　　③ 包装　　　　　④ 品牌
⑤ 口感(味道)　　⑥ 颜色　　　　　⑦ 营养价值高低　⑧ 其他
14. 您购买饮料时,一般购买:
① 低档　　　　　② 中档　　　　　③ 高档
15. 购买饮料时,您的意向一般是:
① 买新品种　　　② 买名牌　　　　③ 买熟悉的　　　④ 遇什么买什么
16. 在南宁市场上您见过花生汁饮料吗?
① 见过　　　　　② 没见过
17. 花生汁是用纯花生原料制成的,很有营养价值,请问您注意过吗?
① 注意过　　　　② 没有注意过
18. 基于营养价值,您对于花生汁:
① 很有兴趣　　　② 一般　　　　　③ 没有兴趣
19. 若有兴趣,您认为花生汁的包装最好是:

① 用玻璃瓶装　　　② 用易拉罐装　　　③ 用塑料瓶（袋）装　　　④ 其他
20. 对于花生汁饮料，您认为哪种宣传方式效果较好，印象较深？
① 电视上宣传　　　② 广播宣传　　　③ 报纸、杂志宣传　　　④ 免费品尝
⑤ 有奖销售　　　　⑥ 传单宣传　　　⑦ 其他
21. 您购买花生汁饮料的最大愿望是什么？最大顾虑是什么？
_____

再次感谢您的支持与合作！

思考：
1. 该问卷中的问题设计、答案设计是否存在不科学、不合理之处？
2. 试分析该问卷结构的优、缺点。

任务 4-1　市场调查问卷的整体设计

◆ **任务目标描述**

明确市场调查问卷的含义、类型、基本结构，掌握问题整体设计的原则、流程、处理技巧、格式排版等要求。

◆ **任务知识介绍**

一、问卷的含义和类型

调查问卷又称问卷、调查表，是指调查人员根据调查的目的和要求，按照一定的理论假设而设计的一系列问题、调查项目、备选答案及说明组成的，向被调查者收集资料的一种工具。

调查问卷是市场调查的一般工具，问卷设计得好坏，在很大程度上决定着调查问卷的回收率、有效率，甚至关系到整个市场调查活动的成败。因此，问卷设计的科学性在市场调查中具有关键性意义。要正确设计问卷，首先要了解问卷的一般类型。

(1) 按填制的对象划分可分为自填式和代填式问卷。

① 自填式问卷。调查公司先设计好问卷，派员将问卷交到被调查者的手中，由被调查者负责填写好后，再由调查员收回。主要适用于邮寄调查、媒介发放的问卷调查和调查员派发问卷等调查。

② 代填式问卷。由调查员根据设计好的问卷中的问题直接调查被调查者并负责填写问卷。主要适用于调查员访问式调查、座谈会形式的调查和采用电话方式的调查。两者比较来说，自填式问卷一般要求格式清晰、问题简单明了、说明详细等。

(2) 按问题答案划分可分为结构式、开放式、半结构式三种基本类型。

① 结构式问卷。通常也称为封闭式问卷或闭口式问卷。这种问卷的答案是研究者在问卷上早已确定的，由回卷者认真选择一个答案划上圈或打上勾就可以了。

② 开放式问卷。通常也称为无结构型或开口式。这种问卷不设置固定的答案，让回卷者自由发挥。它的特点是在问题的设置和安排上，没有严格的结构形式，受试者可以依据本人的

意愿做自由的回答。无结构型问卷一般较少作为单独的问卷进行使用,往往是在对某些问题需要做进一步深入的调查问卷时,和结构型问卷结合使用。

③ 半结构式问卷。这种问卷介乎于结构式和开放式两者之间,问题的答案既有固定的、标准的,也有让回卷者自由发挥的,吸取了两者的长处。这类问卷在实际调查中运用还是比较广泛的。

(3) 根据问卷发放和回收方式不同,又可将问卷分为发送式问卷、邮寄式问卷、留置式问卷、报刊式问卷、人员访问问卷、电话访问问卷和网络访问问卷等。

现今社会各种调查活动中,调查问卷被广泛使用,问卷这一工具在市场调查中到底有什么作用呢?一般来说,调查问卷可以帮助调查者:

(1) 将所需要调查的内容转化为被调查者可以回答并愿意回答的一系列问题。
(2) 引导被调查者参与并完成调查,减少由被调查者引起的计量误差。
(3) 使调查人员的提问标准化,减少由调查人员引起的计量误差。
(4) 记录和反映被调查者的回答,可以进行编码,便于资料的整理和分析。

小思考:市场调查问卷的类型对开展市场调查活动有什么影响?

二、问卷设计的原则

(一) 有效性原则

要求问卷设计的题目要紧扣调查目标,设置的题目要严谨有用有必要。问卷应尽可能简短,避免不相关的资料。实际上调查问卷要受到时间的约束,调查题目不能过多;另一方面问卷题目量过大有可能造成被调查者有畏难情绪而影响调查。

(二) 合乎逻辑的原则

问卷设计的题目编排要符合人们思维的习惯、事物发展的变化规律,从而使被调查者能比较顺利地完成调查。问卷设计中要注意的逻辑性问题包括:

(1) 先易后难。将容易回答的问题放在问卷的前面,需要思考的问题放在后面。
(2) 按事实性问题、行为性问题、动机性问题、态度性问题排列问卷。因为事实性、行为性问题一般是比较容易回答的问题,而后两者则较难回答。
(3) 时间顺序。要注意事物发展的时间顺序。例如,行为的时间上是昨天今天明天,在设问时是必须注意的。
(4) 问题的推进也要有逻辑性。例如,先问"您的小孩读几年级?"再问"您结婚没有?"回答起来则显得别扭。

(三) 易于回答原则

问卷中的问题设计要简单、明了、容易回答,便于被调查者提供他们所掌握的资料,确保得到最多的回答。一般要求:

(1) 问题越简单越清楚越好,体现在:
① 问题不要冗长。例如,"请问您是否已经结过婚?"改为"请问您结婚了吗?"则显得简单清楚。

② 问题要单一,避免一个问题多问多义。"您的父母是否是公务员?您父母是知识分子吗?"这样,如果父母一方是另一方不是则会难于回答。

(2) 问题越浅显越好。问题的表述要用通俗的语言。例如,"请问您家的恩格尔系数是多少?"这样的设问一般缺乏专业知识的被调查者会一头雾水。

(3) 问题要具体明了。"您最近有没有喝王老吉?"问题中"最近"会让被调查者因难于把握时间而难于回答。

(四) 便于统计和分析原则

多采用单一、可以量化的提问方式,从而得出便于量化统计分析的资料,且问卷设计的问题应与拟采取的分析方法相结合。计划采用的是定性或定量、手工或计算机、简单描述或复杂的统计分析等,在设计问卷问题时会有所不同。具体要求:

(1) 避免复合性提问。例如,您喜欢打乒乓球、篮球、足球吗?这样,只喜欢一项运动的情况下就会难于回答。

(2) 提问尽可能量化。例如,收入的提问,应设计成具体的不同类别收入水平来提问,效果才好。

(3) 采用态度量表提问态度性问题。例如,调查对民生银行的评价,可以通过李克特量表来设问。

小思考: 问题设计应遵循怎样的基本原则?

小知识

在服装消费调查中问"您是什么地方的人"显然是没有必要的;设计问题如"请您随便谈谈对婴儿奶粉的看法",这样会导致被调查者回答时没有这么认真而影响调查结果的有效性。所以,在设计问卷时应准确理解研究目的,并将调查目标转换为具体的问题。还要注意委托人可能希望一次调查能尽可能获取更多的信息,而要求将一些与调查目的关系很小的甚至无关的问题都列入问卷,结果使得问卷结构臃肿,既增加调查难度,又会增加成本和抽样误差。

三、问卷设计的基本流程

问卷的整体设计是一项复杂、细致、技术性强的工作。调查问卷整体设计主要包括内容和形式两大部分。内容部分包括确定要搜集的信息、问题的类型、问题的内容及要表述的语言;形式设计主要是指问卷的排版布局,以及问题的排序和编码等方面。

问卷设计的基本流程分四个步骤(见图 4-1)。

(一) 确定问卷的内容

问卷的内容必须与审核通过的市场调查方案中的调查项目、调查内容完全一致,不能超出或少于方案中确定的项目及内容。换句话说,问卷其实是调查方案中调查内容的表现工具和表现形式,就像货币和人民币之间的关系一样。根据调查的目的、要求,列出调查的项目,确定问题的范围。

首先,问卷设计人员应从调查的目的、要求出发,确定在调查过程中需要收集哪些方面的信息资料。其次,问卷设计人员对所要收集的信息资料进行归类,列出具体的调查项目清单。

例如,某饮料生产企业,要了解消费者对本企业产品的反映,那么在确定所需要的信息资料时,应该考虑了解几个方面的内容:调查对象的个人基本情况,如性别、年龄、文化程度、职业、收入等;调查对象对本企业产品购买情况,如购买时间、地点、购买数量、频率等;调查对象对本企业产品的态度反映,如对产品的味道反映、包装反映、价格反映、广告印象以及对本企业产品的改进意见等。这些基本的内容都应该在调查问卷中表达出来。根据这样的调查项目清单,问卷设计者就可以确定一系列具体的需要被调查回答的问题,从而获得所需要的信息资料。

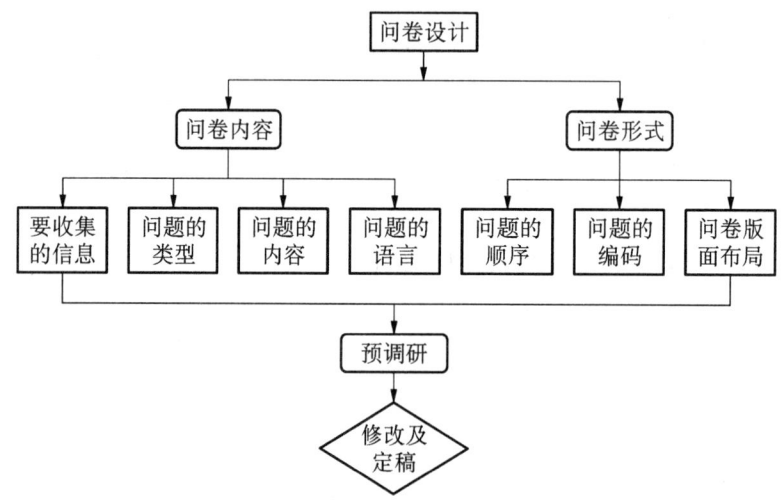

图4-1 问卷设计的基本流程

(二)问题的设计、选择和排列

在确定了需要被调查者回答的问题范围后,问卷设计者就可以着手具体问题的设计。问卷设计者应根据所列调查项目清单,来决定问卷应包括什么类型的问题,问题如此提出,同时对问题要进行选择。一份问卷的空间有限,若一份问卷中问题太多,会使调查对象感到厌烦而拒绝合作;因此,在进行问题设计时,应保证问卷中的每一个问题都是必要的。

问题选择好以后,要进一步确定问题的排列顺序,什么样的问题放前面,什么样的问题放在后面,要精心考虑。考虑问题排列顺序的出发点是:一方面要便于被调查者顺利地回答问题,另一方面要便于调查后对问卷进行整理分析。问题排列顺序的一般要求是:按问题的难易程度排列。一般把比较容易回答的问题放前,把比较难的问题放后;把被调查者熟悉的问题放在前面,比较生疏的问题放在后面;把比较好答的封闭式问题放前,把比较难答的开放式问题放后;把被调查者比较感兴趣的问题放前,把比较严肃的问题放后;等等。

按问题的性质和类别排列,把同一性质和同类别的问题排列在一起,这样被调查者可以按一定思路连贯回答问题。一般是先排列事实、行为方面的问题,后排列观念、态度意见方面的问题。

(三)确定问卷的形式

问卷的形式是由市场调查方案中的调查方式方法决定的,不同的调查方法下采用的调查工具不同,可能是访问提纲式问卷、邮寄问卷、电子问卷,也可能是一份观察记录表,或者实验结果登记表等。

设计精美的问卷能让被调查者有良好的第一印象,所以在问卷设计时在节约成本的基础上,还要尽量在问卷的版面编排、字体大小、字体选择、行距、纸质、印刷等方面增加问卷清晰度和美感。特别要注意做到问卷给被调查者一种庄重认真的感觉,不要粗制滥造。好的版面布局是给人留下良好第一印象的关键因素,问卷设计者不可以掉以轻心。

(四) 问卷测试(预调查)

问卷初稿设计完成后,不会直接用于大规模的正式调查。而是选择少数被调查者对问卷进行测试,即我们常说的预调查,以检验问卷设计是否科学、合理,被调查者是否能够回答。

(五) 修改及定稿

根据问卷测试情况,进行修改,使问卷趋于完善,最后定稿、印刷。

四、问卷的整体结构和设计要求

(一) 标题设计

好的问卷标题能增强被调查者的兴趣和对被调查者的吸引力。具体要求:① 简明扼要。② 不要直接用"市场调查问卷"这样的标题,使被调查者无法直接知道调查的主题是什么。③ 形式可以多样,也可以采用复合式标题。

(二) 说明设计

为了引起被调查者对所调查的问题的兴趣、重视,激发被调查者的参与意识和消除一些疑虑,争取得到被调查者的更好的合作,可以在问卷一开始接触被调查者时就通过一个情真意切、简明的说明,赢得被调查者的合作。说明设计有两种形式,一是说明信,二是说明词。

(1) 说明信是一封给被调查者的短信,主要内容包括:① 该项目研究者的身份,使被调查者认为该研究是合理合法的;② 该项目的目的和对被调查者的意义,争取被调查者的配合;③ 说明回答不存在对错之分,只要真实客观反映被调查者的行为和态度即可;④ 被调查者的回答将会被保密,不会将被调查者的个人资料泄露给任何第三方;⑤ 对被调查者的合作表示感谢。

(2) 说明词是问卷中标题下方给被调查者阅读的一段文字,用于解释调查项目的目的、意义和有关事项。内容与说明信基本一致,一般包含调查者的身份介绍、调查的目的、请求支持和酬谢方式等,但相比说明信更加简短扼要。

无论是哪种形式,问卷的说明设计应该注意用词亲切、诚恳、有礼貌,内容要能交代清楚调查目的、被调查者提供资料的重要性。另外,对于自填式的问卷还会增加指导被调查者正确填写问卷的说明,即在说明词或说明信中明确规范问卷的填答方法、要求、注意事项等,又称"填写说明"。

(三) 编码设计

编码,是将问卷中的调查项目变成数字的工作过程,以便于分析整理,方便后续的资料登录、计算机处理和统计分析。编码是实现电子计算机数据处理的桥梁,其作用主要有:

(1) 将问卷所包含的信息转换成计算机可以识别的符号,便于计算机处理;

(2) 减少数据录入和分析的工作量,节省费用和时间,提高工作效率。

编码设计包括每份问卷的编号,即在问卷最右侧设"统计编码或问卷编号";调查项目的编码,可对每一调查项目(大类)进行编码,如被调查者的基本特征可以作为一个大类用代码代表,而事实性问题行为性问题又作为一个大类用代码代表等;对各备选答案亦需编码。

(四) 主体设计

主体是调查问卷的核心部分,包括了所要调查的全部问题,主要由各种形式的问题和答案及其指导语组成。一般问卷的问题设计,可以按照先设计调查被调查对象的基本背景材料,然后再设计被调查对象的事实性和行为性问题,最后再设计调查被调查对象的动机和态度性的问题。要注意被调查者的有关背景资料如果是问卷正文的重要内容之一,一般放在问卷的开始,被调查者往往对这部分问题比较敏感,但这些问题与研究目的密切相关,必不可少。反之,如果被调查者的基本资料作用仅在于甄别样本或者是便于统计分组分析,一般放在问卷的末尾。在实际调查中,需要列入哪些具体项目,应根据调查目的、要求而定,并非多多益善,而且要尽可能回避被调查者的隐私。

(五) 结束语部分

也称致谢语,一般设计在问卷的最后部分,用来简短地对被调查者的合作表示衷心的感谢,也可以通过结束语部分征询一下被调查者对问卷设计和接受调查的感受和看法。当然,不同类型的问卷,结束语略有不同,如邮寄问卷的结束语可能是"再次感谢您参与调查,麻烦您检查一下是否有尚未回答的问题后,将问卷放入回邮信封并投入信箱"。而一份入户访问问卷的结束语可能是"访问到此结束,谢谢您,这里有一份小礼物送给您,请签收。谢谢您,再见"。

(六) 作业情况记录

一是问卷有关责任人记录,一般设在封面。主要包括审核责任人、汇总的责任人、调查责任人。另一方面是调查员调查过程记录,一般设在问卷的最后部分,包括调查员姓名、调查地点、调查日期、调查员联系方式等,其作用在于明确责任和便于查询、核实。

问卷设计得好坏直接关系到能否达成市场调查的目标。一份设计理想的调查问卷应该是一个语言简明扼要、内容全面周到、便于评价、易于分析的调查工具。

小知识

问卷的基本结构除了上述 6 个部分外,正式的市场调查项目中也可能增加"访问员自律的保证"和"样本甄别问题"模块。访问员自律的保证,一般设在封面,主要是起到督促访问员自律的作用。例如,"我保证所调查得到的资料是来自于被调查者的真实情况,并对所交的资料负责"。样本甄别的问题,一般设计在说明部分后面、主题部分前面,是为了保证得到目标对象的资料,所以有必要筛选掉与调查目标对象不符的人。

课堂训练

请各小组在校园范围内进行饮料市场需求状况的调查,对本校女同学进行抽样,样本拟定为 30 人。采用宿舍留置问卷的方式,撰写一份饮料市场调查问卷,要求按照问卷设计的基本步骤、设计的原则开展设计,符合问卷设计的整体结构和要求。各组问卷初稿完成后,在班内先进行一轮预调查,由测试者提供修改意见。修改后提交老师进行审核。

任务 4-2 问题及答案的设计技巧

◆ 任务目标描述

掌握问卷中问题的类型,问题及答案设计的原则和技巧,能够独立设计一份合格的市场调查问卷。

◆ 任务知识介绍

一、问题的常见类型

在问卷调查中,问题的提问和回答有一定的形式。根据问卷的形式,我们发现问题主要有两种基本类型:开放式问题和封闭式问题。

开放式问题也称自由回答式问题,这种形式是调查者提出问题,但不提供问题的具体答案,由被调查者自由回答,没有任何限制。它适用于调查人们对某一事物和现象的看法,如请问您对男士休闲服有什么建议和要求?市场现象中有些问题只适于用开放式提问。这类问题的特点在于,调查者事先无法将其可能的回答一一列出,甚至难于列出其主要的可能回答,只有通过被调查者的回答,才能归纳整理出问题的主要答案。

开放式问题设计常见的方法有自由回答法、文句完成法、词语联想法、回忆法、故事完成法、主题统觉测验法和卡通测试法等。

封闭式问题在提出问题的同时还必须将答案设计出来。封闭式问题是现代问卷设计的主要问题形式,常见的有以下几种。

(一) 填空题

在问题后面画一短线,由被调查者将问题的答案写在短线上。多用于很容易填写、只用几个字或一个数字就能回答的问题。这种方式看似没有提供答案,但它规定了答案的一部分,所以也看作是封闭式问题。例如:

① 您的文化程度是_____。
② 您家的洗衣机用了_____年。

(二) 二项选择题

二项选择是指提出的问题仅有两种答案可以选择,如"是"或"否","有"或"无"等。这两种答案是对立的、排斥的。被调查者的回答非此即彼,不能有更多的选择。这种提问形式的优点是:易于理解和可迅速得到明确的答案,便于统计处理,分析也比较容易。例如:

您的性别? 男□ 女□
您家有电冰箱吗? 有□ 无□

(三) 多项选择题

多项选择式是根据问题,列出多种可能答案,由被调查者从中选择一项或多项答案。例如:

① 您喜欢下列哪一种牌号的牙膏?(多选一,请在□打"√")
中华□ 芳草□ 洁银□ 康齿灵□ 美加净□ 黑妹□
② 您购买服装时,通常依据哪些因素?(多选多,无序,请在□打"√")
价格□ 款式□ 品牌□ 颜色□ 面料□ 做工□

(四) 多选排序题

多选排序题又称为顺位法。这一形式便于被调查者对其意见、动机、感觉等做衡量和比较性的表达,也便于对调查结果加以统计。但调查项目不宜过多,过多则容易分散,很难顺位。例如:

您选购空调的主要条件是(多选排序,请将所给答案按重要顺序1,2,3……填写在□中)

价格便宜☐　　外形美观☐　　维修方便☐　　牌子有名☐
经久耐用☐　　噪音低☐　　　制冷效果☐　　其他☐

(五) 矩阵题

矩阵式题目是将同类的若干个问题及答案排列成矩阵,以一个问题的形式表达出来。这样可以大大节省问卷的篇幅,将同类问题放在一起又特别有利于被调查者阅读和填答。例如:

您家庭中耐用消费品的购买和拥有情况如何?(请在☐内划"√")

	已有	年内将购买	年内将更新	年内不买
彩色电视	☐	☐	☐	☐
电冰箱	☐	☐	☐	☐
录像机	☐	☐	☐	☐
洗衣机	☐	☐	☐	☐
空调器	☐	☐	☐	☐

(六) 划线题

划线题又称配合法,在题目中要求把调查对象与提示文句连接起来,通常是调查产品属性或特征。例如:

请您用划线连接下面的商品和特征。

太太口服液　　　　　1. 美容
美媛春　　　　　　　2. 养胃
太阳神　　　　　　　3. 营养

(七) 打分题

打分题也称为数值分配法、打分法,由被调查者选择有一定代表特性程度的数值(如从1~10或1~100之间的数值)对被调查对象进行打分评价。例如:

请对工商银行某营业储蓄所服务水平打分,打分标准:1~10。

服务热情　1　2　3　4　5　6　7　8　9　10
位置适当　1　2　3　4　5　6　7　8　9　10
时间长　　1　2　3　4　5　6　7　8　9　10
项目多　　1　2　3　4　5　6　7　8　9　10

二、量表题的设计

量表是一种测量工具。随着社会科学技术的发展,在如今的大数据时代背景下,企业越来越多地依靠采集量化数据来进行分析和预测,量表在市场调查问卷中越来越常见。量表就是以数字(或其他符号)代表客体的某一特征,从而对所考察的客体的不同特征以多个数字来代表的过程。量表一般分四类。

(1) 定类尺度。它是一种标记方法,其中数字只用作对事物进行识别和分类的标准或标签。

(2) 顺序尺度。它是一种排序尺度,分配给物体的数字表明了物体拥有一些特性的相对程度。

(3) 等距尺度。它尺度上数字相等的距离代表被测特性的相等值,又称间隔尺度、区间尺度。

(4) 等比尺度。它除拥有定类、定序、定距特性外,定比尺度还有一个绝对的零点。

小知识

如果有 7 个电子产品,用 A、B、C、D、E、F、G 等字母来代表。用四种基本的量表,即类别量表、顺序量表、等距量表和等比量表来进行测量,分别呈现下面的结果:

可以用 1 到 7 这 7 个数字分别代表 7 个产品,这就是一种类别量表。

要求受访者根据对这 7 个产品的喜爱程度进行排序,就可采用顺序量表。

要求受访者根据个人对产品的喜爱程度对 7 个产品用 10 分制打分,就会得到一个等距量表。

要受访者对这 7 个产品的销售价格进行估计,就得到一个等比量表。

产品名称	类别量表 产品编号	顺序量表 按喜好程度排序	等距量表 按喜好程度打分	等比量表 销售价格(元)
A	1	3	8	500
B	2	4	6	950
C	3	7	9	480
D	4	1	6	600
E	5	5	5	750
F	6	2	4	450
G	7	6	5	560

(一) 李克特量表

李克特量表是问卷中使用最多的、最基础的量表,它是由美国社会心理学伦斯·李克特根据于 1932 年在原有的总加量表基础上改进而成的。它的设计方法为:给出一组句子,让被调查者在每个句子中分别给出自己的一个态度选项,对应的态度选项为"非常同意""同意""中立""不同意""非常不同意"五个选项,态度选项分别记为 1、2、3、4、5,每个被调查者的态度总分就是他对各道题的回答所得分数的加总,这一总分可说明他的态度强弱或他在这一量表上的不同状态。例如:

您对××牌空调制冷效果满意吗?

很满意□ 比较满意□ 一般□ 不太满意□ 很不满意□

李克特量表的优点如下:① 容易设计;② 使用范围比其他量表要广,可以用来测量其他一些量表所不能测量的某些多维度的复杂概念或态度。③ 通常情况下,利克特量表比同样长度的量表具有更高的信度。④ 利克特量表的五种答案形式使回答者能够很方便地标出自己的位置。

但同时,李克特量表也有其自身的缺点,相同的态度的分值具有十分不同的态度形态。因为利克特量表是一个项目总加的分代表一个人的赞成程度,它可大致上区分个体间谁的态度高,谁的态度低,但无法进一步描述其态度结构差异。

李克特量表的构作比较简单而且易于操作,因此在市场营销研究实务中应用非常广泛。

在实地调查时,研究者通常给受测者一个"回答范围"卡,请他从中挑选一个答案。

小知识

李克特五级量表法操作步骤:

(1) 收集大量(50~100)与测量的概念相关的陈述语句。

(2) 有研究人员根据测量的概念将每个测量的项目划分为"有利"或"不利"两类,一般测量的项目中有利的或不利的项目都应有一定的数量。

(3) 选择部分受测者对全部项目进行预先测试,要求受测者指出每个项目是有利的或不利的,并在下面的方向—强度描述语中进行选择,一般采用所谓"五点"量表:A. 非常同意;B. 同意;C. 无所谓(不确定);D. 不同意;E. 非常不同意。

(4) 对每个回答给一个分数,如从"非常同意"到"非常不同意"的有利项目分别为1、2、3、4、5分,则不利项目的分数就为5、4、3、2、1。

(5) 根据受测者的各个项目的分数计算代数和,得到个人态度总得分,并依据总分多少将受测者划分为高分组和低分组。

(6) 选出若干条在高分组和低分组之间有较大区分能力的项目,构成一个李克特量表。如可以计算每个项目在高分组和低分组中的平均得分,选择那些在高分组平均得分较高并且在低分组平均得分较低的项目。

需要指出的是,目前在商业调查中很少按照上面给出的步骤来制作李克特量表,通常由客户项目经理和研究人员共同研究确定。

(二) 配对比较量表

配对比较量表是一种让应答者在给定的一对事物中比较优劣的调查量表。通常应用在广告测试、产品和包装选择、品牌地位调查中。

配对比较量表的优点:一是判断简单,易于回答;二是可以把测量数据转化为顺序列表和等距量表数据。缺点则是只适合少量物体的比较,当比较对象较多时,受访者可能会感到难以回答。

例如,100名被访者对A~E这5个品牌的喜欢程度进行两两比较,使用配对比较量表调查结果如下:

	A	B	C	D	E
A	/	20	30	15	20
B	80	/	50	40	65
C	70	50	/	60	45
D	85	60	40	/	75
E	80	35	55	25	/

(三) 等级顺序量表

等级顺序量表的设计,是请求应答者根据某个标准或某种特性为问题中的事物排列顺序。

它的优点是:制作容易、使用简单、易于理解。这种量表没有设置选择项,可以强化受访者用一种现实的态度对被测量事物进行评价。

存在的局限性主要有:受访者的回答只是给出了顺序信息,调查人员无法了解各因素之间有多大的差距。

例如:请将下列品牌的冰箱排序,其中1表示在特性评估方面表现最出色的品牌,5表示在特性评估方面最差的品牌。评估特性包括三个方面:产品外形、储存容积、能耗度(节能水平)。

品牌名称	产品外形	储存容积	能耗度
美菱	3	5	4
容声	2	1	5
海尔	4	2	1
新飞	5	4	2
美的	1	3	3

(四)语义差别量表

语义差别量表在使用前先确定要进行评分的概念,如品牌形象或公司形象,然后研究者挑选一些能够用来形容这一概念的一系列对立形容词或短语,如高效与低效、安全与危险、快速与慢速等。由应答者在一个五分或七分量表上对测量属性的概念打分,最后,调查人员可以根据打分计算出应答者对某一对形容词评分的平均值,并以这些数据为基础,构造出"轮廓"或"形象"图。目前较多应用七分制形式。

在确定语义差别尺度中对立的两极时,一定要特别慎重。有些选项只要在前面加上"不"、"无"或找到反义词即可。但有些不行。编写者在确立两极对立选项时故意打乱次序,将表示肯定或否定的语句随意放置,这样做的目的是尽量避免被访者在回答问题时有光晕效应。例如:

在各种交通方式中,您对航空旅行的印象如何?请按照下面的问题在您认为最适合的数字上画圆圈。

安全的	1	2	③	4	5	6	7	危险的
麻烦的	1	2	3	4	⑤	6	7	方便的
高效的	1	2	3	④	5	6	7	低效的
舒适的	1	2	3	4	⑤	6	7	难受的
昂贵的	1	②	3	4	5	6	7	便宜的
紧张的	1	2	③	4	5	6	7	轻松的
准时的	1	2	3	4	⑤	6	7	不准时
劣质的	1	2	3	4	5	⑥	7	优质的
亲切的	1	2	③	4	5	6	7	冷淡的

（五）连续评分量表

评分量表分为两类：连续评分量表和列举评分量表。前者又称图示评分量表，要求应答者在一个有两个固定端点的图示连续体上进行选择，直线从某一极端到另一极端，调查对象在直线上的适当位置做出标记来为物体评分。列举评分量表则是要求应答者在有限类别中进行选择。与连续评分量表相比，列举评分量表更容易构造和操作，可靠性更好，是市场调查中最常使用的量表之一。

例如，你认为如何为"海尔"评分？（连续评分量表）

很差 —————————————————————————— 很好
  0   10   20   30   40   50   60   70   80   90   100

例如，下面我将向您列举一些电视机品牌，当我提到每一种品牌时，请您告诉我您认为该品牌的知名度是"非常低的""低的""一般的""高的"还是"非常高的"五种情形中的哪一种。（列举评分量表）

您认为下列电视机品牌的知名度是（从起点位置●开始循环读出）

起点●	非常低	低	一般	高	非常高
○康佳	5	4	3	2	1
○美的	5	4	3	2	1
●海尔	5	4	3	2	1
○TCL	5	4	3	2	1
○海信	5	4	3	2	1

三、提问的一些基本技巧和要求

（1）问题多用亲切的词语。提问时用"您"而不用"你"；表述时为了亲切，可用"我们"和被调查者贴近。例如，"我们大家都是消费者，应懂得维护消费者权益，请您谈谈应如何维护消费者权益"。

（2）问题尽量不要过长。例如，"在当今消费不断增长的时代，消费的层次也在不断地增长，请问您对消费的结构变化是怎么看的？"可能问题过长，消费者没能听懂问题的中心和容易造成厌烦，再加上问题表述上也不够通俗，调查起来效果会不够理想。

（3）问题提问不要太直接具体。例如，"您认为夏新电脑是不是最好的？"

（4）问题不要太过专业。例如，"你认为市场营销中的4CS中哪一项最重要？"

（5）不要提没有意义的问题。例如，"请问您的出身是什么？"

（6）不要用难于定量的词。例如，"您经常到天河城吗？"

（7）不要用意思不明确的句子。例如，"请您简单并深入地谈谈对企业形象的认识"。

（8）不要用断定性的提问。例如，"您一定是很喜欢旅游，请您谈谈对当前旅游市场的看法"。

（9）要注意问题与答案的一致性。例如，问题是"商品品牌需要投资打造"，答案却是"好""不好"。

（10）不要直接询问被调查者的隐私。问卷调查中经常会遇到一些敏感性的问题，直接询问时容易造成被调查者不愿意回答的情况。在问卷设计时可以采用一些技术处理的方法进行处理：

① 释疑法。前面也提到对于较敏感的问题，问题设定中可以通过先消除被调查者的疑虑，再提出具体的问题。例如，当今的市政府都提倡市民有积极参与城市管理的意识，你对市政府的评价和看法如何？

② 假定法。先假定被调查者具有一定条件，然后再提出具体的问题。例如，假如您是一名专业打假人，您最想打什么商品的假？

③ 转移法。不直接提问，而是要求被调查者评价他人的看法，从而得出被调查者的态度意见或评价。例如，有人认为要先就业后谋业，您同意哪一种观点？

课堂训练

各小组仍然以饮料市场需求状况的调查为主题，进行消费者态度测量量表的设计，要求能准确地采用三种以上的量表类型。量表完成后，在班内先进行一轮预调查，由测试者提供修改意见。修改后提交老师进行审核。

项目总结

- **知识重点**

市场调查问卷　自填式问卷　代填式问卷　说明信

- **技能重点**

设计调查问卷

- **思考与训练**

1. 选择题

(1) 根据问卷的填写方式不同，可以将其分为（　　）和（　　）问卷。

A. 自填式问卷和结构式问卷　　　　B. 结构式问卷和开放式问卷

C. 留置问卷和访问问卷　　　　　　D. 自填式问卷和代填式问卷

(2) 为使问卷在调查完成后能够方便地对所采集的信息资料进行检查、数据处理和分析，应在设计问卷时遵循（　　）原则。

A. 通俗性原则　　B. 逻辑性原则　　C. 便于统计原则　　D. 目的性原则

(3) "您最近经常去超市购物吗"这个问题的设计出现了什么设计错误？（　　）

A. 诱导性提问　　　　　　　　　　B. 断定性语句

C. 使用了无明确界定的词语　　　　D. 双重主题

(4) 下列哪些属于封闭式问题的设计方法？（　　）

A. 多项选择法　　B. 顺位法　　C. 双项列联法　　D. 故事完成法

(5) 下列哪些属于开放式问题的设计方法？（　　）

A. 文句完成法　　　　　　　　　　B. 回忆法

C. 比较法　　　　　　　　　　　　D. 主题统觉测验法

2. 判断题

(1) 问卷设计应为问卷后期的整理分析服务,这是问卷设计的原则之一。（ ）
(2) 问卷设计的质量对调查结果会产生至关重要的影响。（ ）
(3) 问卷设计一般会遵循复杂问题在前,简单问题在后的编排顺序。（ ）
(4) 同类问题应该编排在一起,便于被调查者系统思考,提高回答效率。（ ）
(5) 问卷编排时,应将可能被受访者视为个人隐私的问题放在最后提出。（ ）

3. 思考题

(1) 问卷设计都要经过哪些程序?
(2) 问卷的基本结构一般包括哪些?其中什么是问卷的核心部分,其余是否可以进行取舍?

4. 案例分析

果汁饮料需求状况的调查问卷

尊敬的消费者:

您好!为了更好地开展果汁饮料的市场供应和经营,满足您对果汁饮料更多的个性需求,我们想了解您对目前市场上在售果汁饮料的评价和需求信息,耽误您几分钟,请您填写我们的问卷。在此表达我们诚挚的谢意!

请在相应答案选项的字母前打"√"。

1. 您平时喜欢购买下列哪种类型的饮料?
   A. 茶类　　　　　B. 牛奶类　　　　C. 碳酸类　　　　D. 果汁类
   E. 其他

2. 如果购买果汁饮料,您会选择下列哪种口味?（可多选）
   A. 芒果　　　　　B. 橙汁　　　　　C. 番石榴　　　　D. 葡萄
   E. 菠萝　　　　　F. 苹果　　　　　H. 水蜜桃　　　　I. 其他口味

3. 购买果汁饮料时您会考虑下列哪些因素?（可多选）
   A. 价格　　　　　B. 品牌　　　　　C. 营养　　　　　D. 口味
   E. 包装　　　　　F. 广告　　　　　G. 其他

4. 您通常会选择购买下列哪种品牌的果汁饮料?
   A. 统一　　　　　B. 康师傅　　　　C. 娃哈哈　　　　D. 无所谓
   E. 其他

5. 您通常会选择购买下列哪种规格的果汁饮料?
   A. 250 mL　　　　B. 335 mL　　　　C. 500 mL　　　　D. 600 mL
   E. 1.5 L 或 2 L　　F. 其他

6. 您通常会选择什么价位的果汁饮料（单价/瓶）?
   A. 2元以下　　　 B. 2~3元　　　　 C. 3~4元　　　　D. 5元以上

7. 在过去一个星期内,您购买果汁饮料的数量是多少?
   A. 2瓶以下　　　 B. 3~5瓶　　　　 C. 5瓶以上

8. 在过去一个星期内,您购买果汁饮料的次数是多少?

A. 2次以下　　　　　B. 2~5次　　　　　C. 5次以上

9. 您对目前市场上的果汁饮料满意度如何？（请在相应的方框内打勾）

项目＼满意程度	满　意	一　般	不满意	无所谓
质　量				
口　味				
品　牌				
服　务				
规　格				
包　装				
颜　色				

10. 您对市场上供应的果汁饮料还有什么特别的需求？_____
_____。
（您可从以下一些方面回答：味道的浓淡程度、价格、包装、规格、服务等）

您的个人情况是：性别_____　职业_____　年龄_____

　　　　　　　　　　　　　　　　再次感谢您的参与，祝您生活愉快！
　　　　　　　　　　　　　　　调查员_____　调查时间_____

讨论：（1）一份完整的调查问卷由哪几部分组成？
　　　　（2）问卷中设计了几种问题？
　　　　（3）这份问卷是否符合要求？

项目 5　市场调查人员的准备

导入案例

2016年12月在百度上以广西南宁市作为区域条件,以调查员招聘条件作为主题词,搜索到相关结果40多万条,部分结果如下图所示。

2016年12月在百度上以江苏南京市作为区域条件,以信息收集员职位作为主题词,搜索到结果如下图所示。

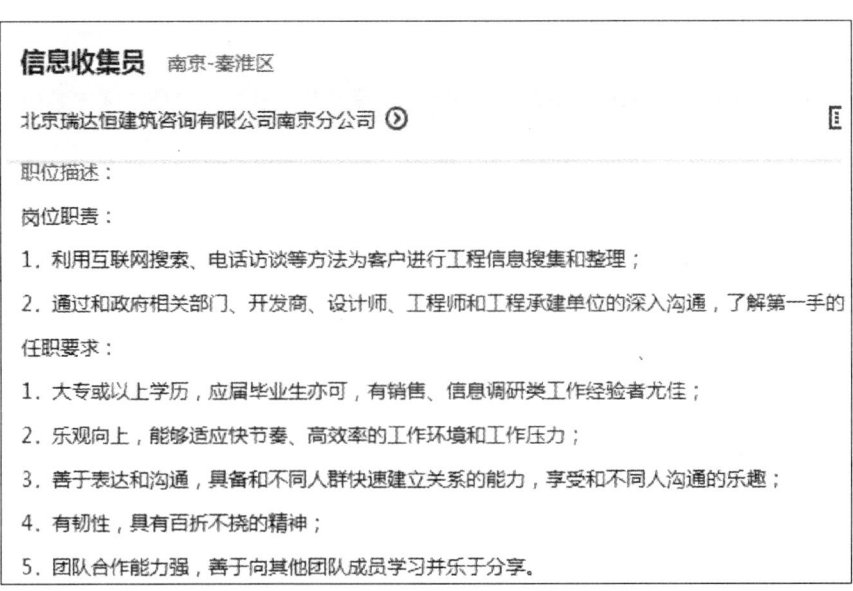

思考：
1. 企业对调查人员的招聘条件是什么？最看重调查人员什么素质？
2. 企业对调查人员通常开展哪些方面的培训？

任务 5-1　调查人员的招聘与培训

◆ 任务目标描述

了解市场调查人员的招聘要求、途径和招聘工作考虑因素等；掌握市场调查人员培训的内容和方法。

◆ 任务知识介绍

一、调查人员的招聘

（一）调查员招聘的要求

（1）基本要求：市场调查员这个岗位的基本要求并不高，学历方面大专以及以下居多，工作经验要求也不高，1年左右工作经验或者没有工作经验的大学毕业生、求职者均可以，性别和专业这块也没有特定的要求，当然市场营销专业可能更具优势。

（2）素质要求：一般来说，市场调查员的岗位招聘，要求应聘者具备诚信、语言流利、形象良好、人际沟通能力较好、工作时间灵活、能吃苦抗压、团队合作能力较强等。

（二）调查员招聘的途径

（1）人才招聘会，各省市地区的人才交流中心、人才市场举办的综合性或专场招聘会；

（2）校园招聘，主要是针对应届大中专毕业生；

（3）媒体招聘，如电视、广播、报纸、期刊发布招聘信息；

（4）网络招聘，就是在各类人才网站、调查或策划公司官网发布招聘信息的途径。国内比较著名的比如智联招聘网、51job人才招聘网、猎聘网；地区政府支持的人才网站，如深圳人才网、广西人才网等。

（三）调查员招聘工作考虑的因素

（1）调查的方式和调查对象的人口特征，尽量选择与调查对象相匹配的调查人员。

一般来说，调查人员与被调查者所具有的共同特征越多，越有利于调查的实施。例如，进行全国性的电话调查，对不同方言地区的调查，最好是聘请该地区或是熟悉该地区方言的人员作为调查员，这样既具有亲和力，又有助于提高调查速度。对于入户调查，男性调查员的成功率低于女性调查员，因为从被调查者的角度来看，陌生男性具有威胁性，不敢轻易放其入户。这种场合，居委会成员是最好的人选。

（2）调查人员的职业道德水平。

通常调查人员的经济收入是与调查的工作量（如完成有效问卷的份数）联系在一起的，因此作弊的诱惑是很强的。调查员越过复杂问题只挑容易的问题问、冒充被调查者填写答案、不按采访地址而将问卷交给自己的亲朋好友代答或索性坐在家里自己填写答案等都会使调查结果出现误差,而对作弊的监控成本比较高。因此,一开始就要注意调查员的职业道德水平,挑选一位其他能力稍差,但诚实、可以信赖的调查员,远远胜过能力强而不诚实的调查员。

 小知识

市场调查员分类

（1）问卷调查员:对符合条件的被访者进行面对面的问卷调查而获取数据;

（2）暗访调查员:对目标企业进行暗地访问,调查其服务能力,敏感数据采集等;

（3）深访调查员:对目标被访者进行邀约后访谈,这样的访谈一般针对高端群体,访问时间较长;

（4）电话调查员:根据电话号码对目标被访者进行电话调查,采集数据,电话调查一般比较简短,对被访者要求不高。

二、调查员的培训

调查员的培训是为了在市场调查工作开始之前,提升调查员的专业技能,使调查员明确工作的重要性,激发调查员的工作热情,提高调查员的工作效率。

（一）调查员培训的内容

市场调查人员的培训是一种岗位培训,培训内容一般包括职责培训、技巧培训和项目培训三个部分。

（1）职责培训,是为了让调查员了解本次调查的背景、目的、要求等,明晰工作的具体规定和要求、保守机密以及工作奖惩等。

（2）技巧培训,就是为了提升调查员工作技能,如培训调查员把握住访问的时机、有效地自我介绍、适当地赠送礼品、对受访者的引导、恰当处理受访者的拒绝等。

（3）项目培训,是为了让调查员了解调查的基本程序和各项具体要求,如统一问卷填写方法、分派任务、如何做好访问准备等,为便于调查员有效地完成资料收集工作,一般会制定调查员手册(参见表5-1的表格版手册简例)供调查员自己学习。

表5-1 杂志读者调查调查员的说明手册

目的	确定人们的态度与他们一般阅读的杂志之间的关系
方法	所有访谈将在你所在地可通话范围内通过电话进行。我们要求严格遵守工作说明,对于没有按照工作说明进行的,我们既不能使用,也不付费
访谈时间	立即开始访谈。所有访谈要在工作日下午5:30—9:30和周六全天进行。你也可以在周日访谈。所有工作应在11月25日(周一)前完成
样本清单	提供了样本清单,你要访问家庭中读此杂志的合格应答者,利用样本清单努力完成与出版物的订户或读者的访谈
合格应答者	每年家庭总收入高于25 000美元,未从事问题B中预先列出的工作
定额	你要完成13次访谈
通话记录单	你要用通话记录单列出每次通话时通话者的姓名和电话号码。所有的电话号码和回答应在访谈时间做记录。不必用额外时间查号。记录你每次的通话结果

续表

目的	确定人们的态度与他们一般阅读的杂志之间的关系
核实表	我们提供了说明你完成访谈的核实表格,核实表格必须附在你每次向管理者提交的工作报告后。在表格上方填入所有信息。然后填入以下内容: 在"配额组"中,写入杂志名称; 在"性别"中,写入应答者性别; 在"应答者姓名"中,写入全名; 在"电话号码"中,写入电话号码

(二) 调查员培训的方法

对调查员进行培训,一般可采用以下方法:

(1) 讲解法,即由督导员采取授课形式,推动调查员认知和熟悉调查员的职责、技巧和流程。

(2) 模拟法,即设计工作情境,让调查员动手操作,检查他们在模拟作业中存在的问题,并加以指导、纠正。

(3) 实操法,即让新聘调查员在预调查中独立访问,或者在正式调查中充当督导员或有经验的调查员的助手,一边开始访问一边接受培训。这种方法中的调查员在市场调查真实项目中接受培训,可使调查员从实践中快速提高技能、掌握技巧。

课堂训练

广西皇氏乳业公司拟招聘新的调查员进入南宁市居民住宅小区开展新品上市的消费者反馈意见的问卷调查,请为该公司制定一份调查员培训手册。

扫码查看更多内容

任务 5-2　调查人员的管理与控制

◆ **任务目标描述**

了解市场调查人员监控管理工作的必要性、内容及方法,明确调查工作监督管理的两大内容,即岗位监督和质量监督。

◆ **任务知识介绍**

一、调查员的监控管理

(一) 对调查员监控管理的必要性

在市场调查过程中,对调查员进行必要的监督有利于调查项目的管理和控制,确保调查目标得以顺利实现。通过对调查员工作的监控,项目组长或负责人可以及时掌握访问的进展情况,随时做出调整。如果有特殊情况或问题发生也可快速做出应对方案,及时解决访问汇集的问题。对调查员的监控,还可以及时了解和掌握每个调查员的工作情况,包括是否遵守访问原则进行访问、是否按照培训的内容和调查员手册的要求开展了工作、完成的数量和质量如何等等,以此为依据对调查员的工作进行考评,评定绩效做出奖惩。

(二) 对调查员监控管理的内容

对调查员的工作进行监控管理的基础是成立一个包括访问组长、督导员和调查员的组织体系,并明确各岗位的分工和职责。这是每次访问的组织保障。对调查员监控的内容包括两个部分:访问的过程和访问记录的质量。

1. 对访问过程的监控

(1) 对访问时间的监控,是指调查员是否遵守了访问日期和访问时长的规定,如是否在规定的时间开始了访问,访问是否有推延或跳略,并在规定的时间内是否把调查记录交回。如果一份入户访问需要25分钟完成,而在连续的3个小时内,一位调查员居然完成了20份调查记录,那么这"优秀"的成绩就很可疑了。

(2) 对调查员的态度监督,是指在培训时观察调查员是否认真听讲、是否积极提问,在现场观察调查员与被调查者交流时的热情程度和耐心程度。访问是一个人与人交流的过程,认真严谨的态度、待人热诚的态度,是胜任访问工作的要素;反之,随意的态度、厌倦冷漠的态度,是很难收到良好的访问结果的。

(3) 对访问技巧运用的监控,是指通过在现场观察和分析,看调查员是否真正掌握了访问的技巧,是否能够娴熟地打开局面、提出问题、展示图片和运用其他演示资料,是否能够引导受访者回到主题,是否能够记录主要观点等。如果发现存在问题,就要适时地纠正,并做出现场示范或者重新进行培训,当调查员能够熟练掌握访问技巧时才允许进行正式访问。

2. 对访问记录质量的监控

对访问质量的监控主要从访问的真实性、完整性和准确性3个方面予以考查。确保访问的真实性是指在规定的时间、地点对确定的被调查者做出了真实的访问,并真实地完成了访问记录。访问的完整性是确保调查信息可以分析使用的重要条件,如果被调查者对许多问题的回答都是不知道、不清楚或者无所谓,就是一次不完整的访问。另一种不完整的情况是调查员由于粗心或者懒惰而没有把问卷填写完整,这种情况在问卷审核时就可以筛选出来,并退回给调查员重新完成或者废弃,让别的调查员去完成补充调查。对访问的准确性的监控需要关注调查员是否对调查项目中所有的问题都理解准确,调查员能否准确地向被调查者提出调查项目中的所有问题而被调查者是否听清、准确地理解了调查员的每个问题。

(三) 对调查员监控管理的办法

对调查员监控的办法常见的有现场监督、问卷审查、电话回访和实地复访。

(1) 现场监督。在调查人员进行现场开展调查时,督导跟随以便随时进行业务指导和监督,对不符合规定的行为进行指正。这种方法比较适合对开展电话调查、拦截访问的调查员实施监督。

(2) 问卷审查。对问卷调查员回收回来的问卷进行检查,也是资料整理阶段的初审,看问卷完成是否完整,是否有破损、模糊不清,填写笔迹是否一致,答案是否前后矛盾等。

(3) 电话回访。根据调查员反馈回来的电话号码,督导或专职访问员再对部分样本进行电话回访,确认样本信息的真实性和调查工作的完成情况。

(4) 实地复访。如果没有其他更便捷的方式时,比如电话回访联系不到原被访者,而信息真实度对研究非常重要和关键,这时则会由督导或专职访问员根据调查反馈回来的真实地址进行实地复访,找到原被访问者进行再次访问,这样调查的结果可以确认准确无误。

二、调查工作的管理控制

(一)调查岗位的职责监控

运作督导每天记录调查员所做的工作(完成的问卷数),以便掌握实际进度与计划进度的差距,以及调查员存在的问题。调查员在调查过程中必须按规定进度开展调查,在确保问卷质量的情况下,每天完成的问卷数不能突破规定的上限。每个调查员所能完成的问卷份数应稍大于其必须完成的问卷份数,留有余地,以便完成不合格问卷的补充调查或重新调查。

运作督导每天都要如实地向调查实施部主任报告项目实施的进展情况;如果可能无法按预期的进度完成的话,要事先通知有关的部门或单位。

所有调查人员都应对调查取得的资料和结果保密。

(二)调查质量的监控

(1) 每天按15%的比例,由运作督导采取公开与隐蔽结合的方法,监视调查员每天的工作。如果发现操作问题,应及时纠正解决,必要时对调查员进行进一步的培训。

(2) 运作督导每天回收当天完成的问卷,并且要对每份问卷进行检查,看是否所有该回答的都回答了,字迹是否清楚,跳答的问题是否按要求进行了等。对检查中发现的问题,及时对调查员进行正面反馈。

(3) 运作督导还要按一定比例对调查问卷进行复核。本次调查采用了两种方式:70%的问卷采用入户调查的方式,30%的问卷采用街头拦截的方式。经与委托方南宁市××房地产有限公司协商,确定复核问卷的比例为总问卷的35%。在入户调查中,电话复核占2/3,实地复核占1/3。街头拦截访问的问卷全部采用电话复核。对于有作弊嫌疑的调查员的问卷复核比例提高到70%,明确有作弊行为的调查员的问卷全部进行复核。

(4) 对于经运作督导检查上交的调查结果,调查实施部主任还要按15%的比例抽查被访者,询问调查员是否真的认真按要求进行了访问,经核实和复查后验收。

小案例 5-1

调查进度及质量监控方案

广西某大学接受南宁市××房地产有限公司的委托,在南宁市开展购房意向调查。为了确保调查质量,拟订了一个调查进度及质量监控方案。现将该方案的主要内容做一简要介绍。

调查进度与调查质量密切相关,切记要防止调查员为了赶进度,讲求经济效益,片面追求完成问卷的数量,而忽视调查的质量。为此,很有必要对调查员每天完成问卷的份数做出规定。根据调查项目的样本容量(800个)及规定的调查完成时间(7天),以及每个调查员预计每天平均可能完成的问卷数(10份/天),调查员的人数(14人),确定了调查进度表(见下表)。

调查进度表

日　程	完成问卷数上限(份)	备　注
第一天	5	
第二天	7	随着熟悉程度的提高,调查员完成的问卷数会逐步增多,这是规律
第三天	9	
第四天之后	从第四天起每天完成问卷数不能超过10份。	

课堂训练

通过调查团队内部开展"请你为我做件事"和"调查员培训会"两个活动,体验团队内部分工与合作、施与受的感受,促进团队人际关系的改善;调查员培训会则是由团队负责人模拟培训项目主管,明确访问要求、访问内容和访问技巧等,体验培训过程,团队成员做出培训总结。

项目总结

- **知识重点**

市场调查员培训　调查员工作的有效监控

- **技能重点**

调查员培训方法

- **思考与训练**

1. 选择题

(1) 培训调查员的目的通常包括(　　)。

A. 培养调查员的技能　　　　　　B. 提高访问的完成率

C. 激励调查员的工作热情　　　　D. 全部都是

(2) 市场调查中访问人员的分工不包括下列哪种角色?(　　)

A. 总经理　　B. 访问组长　　C. 督导　　D. 调查员

(3) 下列哪些属于调查员培训的内容?(　　)

A. 知识水平　　B. 职责　　C. 技巧　　D. 项目操作

(4) 市场调查中访问人员的分工包括下列哪种角色?(　　)

A. 总经理　　B. 调查组长　　C. 督导　　D. 调查员

(5) 在市场调查中,对调查员进行监控主要是为了(　　)。

A. 及时掌握访问的进展情况　　　B. 及时解决访问中的问题

C. 对访问项目的质量进行控制　　D. 对调查员工作进行考评

2. 判断题

(1) 调查员要明白保密的重要性,既不能泄露受访者的有关情况,也不能泄露调查项目的整体资料搜集计划。(　　)

(2) 健康的身体、充沛的精力、坚韧的性格是优秀的调查员要具备的基本条件。(　　)

(3) 对在工作中的调查员要充分信任,不需要进行监控。　　　　　　(　　)

(4) 设计工作情境,让调查员动手操作,检查他们在模拟作业中存在的问题,并加以指导、纠正,这种培训方法称为项目培训法。　　　　　　　　　　　　　(　　)

3. 思考题

(1) 市场调查人员应该具备的基本素质是什么?

(2) 需要从哪些方面对调查员进行培训?

4. 案例分析

某调查公司拟定的调查人员培训和管理方案如下:

第一步,调查人员的组织分工。

团队内部分工合作是保证调查小组高效工作的基本前提。所有参加基础培训的调查员必须都是经过面试合格的。主要看是否善于交流,性格是否开朗等(后附调查员登记表)。

第二步,调查员的培训。

培训人数:每次培训人数不超过20人。

培训时间:长度不少于7小时,包括模拟、陪访。

通知调查员:提前通知参加培训的调查员培训时间及地点。

配备足够的督导和陪访员:每次培训至少要有2个督导和4~5个陪访员。

① 培养采集第二手资料的能力:认知采集二手资料的途径,掌握采集二手资料的方法;认知采集二手资料时应该注意的问题;培养二手资料的评价分析能力。

② 培养采集第一手资料的能力:培养入户访问的能力。

第三步,对调查员的监控管理。

监控方法:① 与调查员签订保密协议。② 要求调查员每日填写工作日志,审核问卷上的作业情况记录,定期汇报等。③ 设定奖罚制度。

讨论:(1) 调查员培训的目的是什么?

(2) 该培训方案内容是否完整、具体?

(3) 应该补充制定哪些内容?

知识框架图

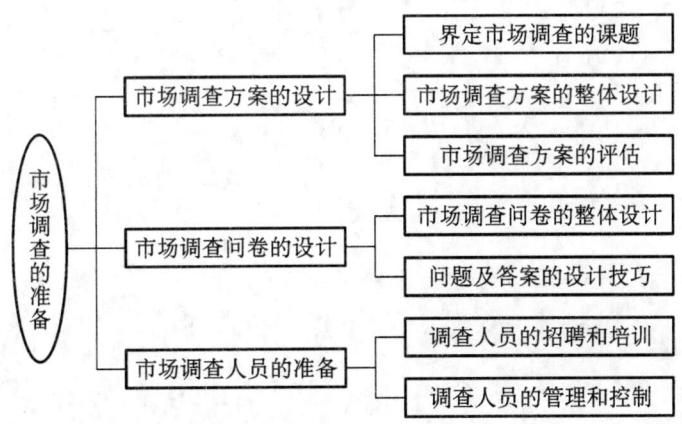

综合实训任务

1. 实训目标

此次实训要使学生们明确调查团队人员构成与分工,提升调查人员的岗位胜任力,掌握市场调查方案设计、问卷设计的要求和基本技巧。

2. 实训内容

要求学生选择一种商品(或一家企业或一个行业或社会经济现象),针对其某一方面的情况作为调查目标,结合市场调查方案、问卷设计的知识和实务要求,设计一份市场调查方案并附问卷。

3. 实训要求

(1) 学生分组,5~8人一组,每组选择自己的研究对象,各组就该调查课题展开讨论,确定企业需要解决的问题、确定整体市场的范围。

(2) 指导老师对市场调查方案的各项内容的详细讲解,让学生明确市场调查技术要求和设计步骤。

(3) 各组与企业有关人员进行沟通,了解项目背景,明确调查目的。

(4) 各组搜集二手资料,获取产品、企业以及行业的基本情况和特点,根据调查方案的内容和格式要求,撰写市场调查方案初稿。

(5) 组长召开项目组座谈会,对组员们提交的调查方案初稿进行充分研究;讨论确定调查内容、调查对象及抽样调查方法、经费预算、项目日程安排等,并依据调查方案的评价标准进行修改,形成完整的市场调查方案。

(6) 设计市场调查问卷,要求问卷结构完善,问题的选择和提问形式科学合理,问卷的整体编排符合要求,美观实用。

(7) 各组将市场调查方案并附问卷一起提交给指导老师。指导老师按照是否准时完成、方案的完整性、可行性等标准对各组作品进行点评。

3 市场调查的实施

情境导入

绝味鸭脖是湖南绝味轩经营的食品连锁店。长沙绝味轩企业管理有限公司是一家股份制公司,下辖华中、华南、华东、西南、华北等多家子公司,公司以休闲食品的连锁店经营为核心,本着"规范管理、标准服务、诚信经营"的经营理念,构筑了21世纪成功的特许商业经营模式。

绝味鸭脖在全国已有2 000余家连锁店,在深圳、重庆、郑州等大中小型城市都可以在街头巷尾看到"绝味鸭脖"的踪影。绝味鸭脖采取产业化、规模化、标准化、品牌化的运营模式,为给消费者送上放心美味的鸭脖,绝味鸭脖山东公司通过层层严格审核,获得"QS"质量认证,真正做到产品合格卫生,且绝味鸭脖采用当天生产,当天销售的方式,保证了绝味鸭脖的新鲜口味。绝味鸭脖店内装饰干净时尚,营业员服务周到热情,绝味鸭脖不仅是饭桌上的卤菜,更成为新一代倍受欢迎的休闲零食,尤其深得年轻一族的喜爱。目前,绝味鸭脖在南宁的连锁店有大概30家左右,这类店铺发展迅速,直接原因是投入不大但见效快。了解到这些情况后,一位大学毕业生想在南宁市大学路段投资加盟一个绝味鸭脖店,但是他同时还了解到精武鸭、周黑鸭、久久鸭、盐焗鸡等各大熟食店也正以飞快的速度在市内抢占市场。他迫切地想知道大学路段的消费者,尤其是年轻的大学生群体对绝味鸭脖食品的认知和认可、喜爱程度。

工作任务

小覃所在的新派调查团队如何帮助这位创业大学生做出投资前的市场判断?如果要开展一次市场调查,调查对象是谁?如何找到这些调查对象?找到这些调查对象了,调查团队又打算用什么方法开展信息资料的收集工作呢?

工作成果

学生作品成果展示(查看完整内容请微信扫描右侧二维码)。

"绝味"的发展现状及投资前景的调查方案

一、调查区域

西乡塘市场、科园大道区域、火炬路周边区域。

二、调查目的

1. 了解西乡塘市场、火炬路周边区域"绝味"产品的市场环境。
2. 了解西乡塘市场、火炬路周边区域"绝味"产品的零售状态。

……

三、调查内容

1. 西乡塘市场及火炬路区域"绝味"店铺的数量,分布情况,地段。

2. 调查"绝味"的行业竞争对手。

3. 西乡塘市场及火炬路区域固定时间段(11:00—13:00,19:00—22:00)进出所调查的"绝味"店铺人数,不固定时间(除固定时间段的其余时间)里,"绝味"店铺内顾客人数。

4. 调查西乡塘市场及火炬路一带的"绝味"店铺的室内布置、营业范围、营业时间等。

5. 调查科园大道区域的经济发展水平(收集二手资料)

……

四、样本总量和构成

1. 样本总量(5家"绝味"店、90名市民)及其构成(附三表:观察表、访谈表、问卷表)。

2. 样本性别构成(附表)。

3. 样本收入构成(附表)。

五、调查方法

六、行动方案

七、调查任务分配

八、调查时间安排

九、费用预算

十、提交报告方式

十一、附件

1. 关于大学路"绝味"鸭脖消费需求调查问卷。

2. 访谈记录表。

3. 观察记录表。

学习目标

- **知识目标**

了解抽样调查的基本概念,抽样调查的组织过程和内容,掌握抽样调查的方法和确定样本容量的方法。

了解二手资料和原始资料的不同,掌握二手资料的来源和分类、原始资料采集方法的定义、应用范围的差别。

- **技能目标**

掌握抽样调查的程序、随机抽样调查技术和非随机抽样调查技术的应用。

熟悉不同资料的调查采集方法和组织实施过程。

- **实训目标**

培养和提高学生市场调查中样本选取和控制的能力,运用所学的各种调查方法的知识,结合调查对象的实际情况,学会选择恰当的调查方法开展资料信息的采集工作。

项目6　调查样本的选取与控制

> **导入案例**

某区居民对荣事达冰箱消费情况的抽样调查方案

（一）调查对象

各年龄段使用过荣事达冰箱的用户

（二）调查内容

（1）消费者基本情况，包括消费者的性别、年龄、职业。

（2）消费者对荣事达冰箱的认识有哪些？

（3）荣事达冰箱与其他品牌相比，有哪些优势？

（4）消费者购买荣事达冰箱主要考虑的是该产品的什么问题？

（5）消费者能接受冰箱的价格段。

（三）样本消费者分层划分

各年龄段的用户人数划分，样本量为40份。调查对象：用户年龄段：18～25岁的占25%，26岁～35岁的占25%，36～45岁的占25%，46岁以上占25%；性别：男占50%，女占50%。

（四）样本消费者的抽选方法

在样本总体内，采取分层等距抽样方法。在用户年龄段共四个阶段，根据不同年龄段所占比例，采取不同的样本数为：18～25岁为10份，26～35岁为10份，36～45岁为10份，46岁以上为10份。

（五）样本量的确定

抽样比例大体保持在5%左右，这一原则可以灵活掌握。如果某年龄段的数量较小，且彼此间差异程度较小，抽样比例可以稍微降低；反之，则可适当提高。如果某个年龄段的人数极少，则可以采用全面调查的形式

（六）抽选样本的具体实施步骤

（七）抽样调查员的挑选与培训

思考：

1. 这份抽样方案采取了什么抽样调查方法？抽样调查的基本步骤是怎样？

2. 这个调查课题是否适合抽样，抽样方案中调查对象描述、抽样方式和样本量确定有没有问题？

任务 6-1　认知抽样调查

◆ 任务目标描述

了解抽样调查的含义、特点和分类,理解抽样调查在市场原始资料调查中的重要作用。

◆ 任务知识介绍

一、抽样调查的概念

抽样调查,顾名思义就是选择部分的个体进行调查。抽样调查也常简称为抽查,是指从调查总体(又称为母体)中抽选出一部分个体作为样本,对样本进行调查,并根据抽样样本的结果来推论总体的一种专门的市场调查技术。

抽样调查是一种非全面调查,被广泛地应用营销调查活动中,相比较全面调查,抽样调查可以节省时间和调查经费,并且可以利用数理统计技术进行误差控制,保证调查结果的科学性。

扫码查看更多内容

二、抽样调查的特点

当调查者决定进行原始资料收集时,就必须考虑抽样设计方案。如果要对市场现象进行预测,抽样就必须非常具有代表性。对于小群体调查,普查可以实现而且非常合适;但是当目标总体很大的时候,抽查就成为更好的选择,往往调查者把制订抽样计划作为整体调查方案设计的一部分。

抽样调查被广泛地应用在市场资料收集,主要是由于抽样调查具有以下特点:

(1) 抽样调查只是调查总体的一部分,可大大节省调查的时间。

(2) 调查的结果能满足要求。抽样调查的样本来源于总体,样本资料本身就是总体的一部分,在采用适合的调查技术下,所得到的资料的代表性将很高。

(3) 抽样调查技术以数理统计的研究成果作为理论依据,具有科学性。

(4) 因为市场的多变,并不要求调查 100% 准确,抽样调查完全能够在调查可以接受的误差以及把握程度下对总体做出推断,所以能得到满足要求的结果。

 小案例 6-1

某调查项目采取抽样调查方式了解南宁市商品流通企业的经营状况,采用分层随机抽样技术,把企业按规模大小划分为大、中、小三种类别,再在每一种类别中抽出若干个企业作为样本,派人前往样本企业进行经营者访谈,获取了该企业的经营信息,得到了很好的总体结果。

思考: 在市场调查中应用抽样调查,调查结果是否具有科学性?

分析提示: 首先,市场调查因为市场的多变,并不要求做到 100% 准确,抽样调查完全能够在调查可以接受的误差以及把握程度下对总体做出推断;其次,抽样调查的样本来源于总体,样本资料本身就是总体的一部分,在采用适合的调查技术下,所得到的资料的代表性将很高;最后,抽样调查技术以数理统计的研究成果作为理论依据,具有科学性。所以,应用抽样调查能得到满意的结果。

三、抽样调查的作用

简单地说,抽样调查在以下情形中发挥了重要作用:

(1) 在现实中无法开展全面调查的情况,如全国性的城市居民住房面积的调查,需要对全面的情况有一个了解但又不可能真的开展普查,因为成本太高、时间太长、地域太广,而科学地设计抽样调查是可以解决这个问题的。

(2) 不必要进行全面调查的情况,如海关部门对进出口商品开展检查检验检疫工作时,不可能也没必要对全部商品开封开包进行检查、抽查。

(3) 需要快速得到调查结果,如节令市场的状况调查。

(4) 在经费、人力、物力和时间有限情况下开展的调查。

(5) 对全面调查进行验证,如全国人口普查工作完成后,为了确保各省市地区的人口统计数据没有太大偏差,就可以对部分省市地区进行抽查来验证。

(6) 对某种总体进行假设性检验,也用抽查来检验判断这种假设的真伪。

小思考:抽样调查相比较全面调查来说,有哪些优点?

四、抽样调查的基本分类

(1) 随机抽样,又叫概率抽样,是指以概率原理为基础,按随机原则抽取样本的抽样方法。随机抽样的具体方法,主要有下列几种:① 简单随机抽样:有直接抽样、抽签法或抓阄法、随机数表法。② 等距随机抽样。③ 类型随机抽样。④ 整群随机抽样。⑤ 多级多阶段抽样。

(2) 非随机抽样,又称非概率抽样,就是调查者根据自己的方便或主观判断抽取样本的方法。常见的方法有:① 任意抽样,也称方便抽样、便利抽样、偶遇抽样。从便利的目的出发,依靠现成的研究对象获取样本就是按调查者的方便任意抽样,如在街头、路口、商场等,随便选择某些行人、顾客等作为抽样对象进行访问调查。② 判断抽样,又称立意抽样,就是依据调查者的主观判断来选择样本。样本个体的选择不是根据某一概率,而是依据研究者或调查人员的判断。③ 配额抽样,也称定额抽样,就是根据统计报表等已知情况,按照一定标准和比例分配样本数额,然后由调查者在各个组成部分内根据配额的多少采用偶遇抽样或判断抽样方法抽取样本。④ 滚雪球抽样,它是指由于对调查总体情况不甚了解,根本无法采取上述各种抽样方法抽取样本,因而只能先找少量的,甚至个别的调查对象进行访问,然后通过他们再寻找新的调查对象,这样就像滚雪球一样寻找越来越多的调查对象,直至达到调查目的为止。

任务 6-2 抽样设计的流程

◆ **任务目标描述**

明确抽样调查的步骤,即抽样方案设计的基本流程。

◆ 任务知识介绍

抽样设计的流程，如图6-1所示。

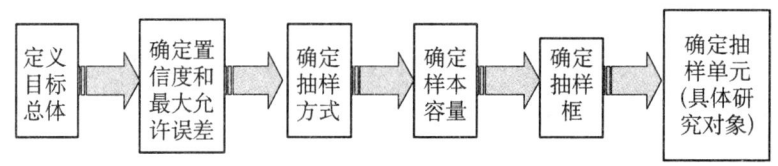

图6-1 抽样设计流程

一、定义目标总体

目标总体是指抽样设计者根据调查目的界定的调查研究对象的集合体。调查目的和范围对定义目标总体具有关键性的作用。目标总体是对整个研究具有重大意义的群体，它们之所以有重要的地位，是因为我们可以从它们身上收集到对研究有关键用途的信息。

定义目标总体可以从以下几个方面进行描述：

(1) 地域特征，比如广西区桂林市区。

(2) 人口统计特征，比如年龄18～50岁，平均月收入1 000元以上的男性。

(3) 产品或服务的使用情况、认知程度，比如在最近3月内只看过一次电影的人。

(4) 定义被排除的对象。即把不能列为样本的个体描述出来。比如将住宿学校，仅在周末或寒暑假回家的学生排除在家庭成员调查的样本之外。

二、确定置信度和最大允许误差

置信度，也称把握度，是指由抽样调查结果来推断总体的情况的可信程度。用$1-\alpha$表示，α是置信水平。在抽样调查中，一般规定置信度为95%、99%和99.9%，置信水平为0.05、0.01和0.001。所谓的最大允许误差，是指被允许的最大抽样误差。确定最大允许误差，就是给所要拟订的抽样计划规定一个最大的误差标准，要求按照所拟订的抽样计划执行，调查所得的结果和总体的真值的差异不能超过这一误差范围。

三、确定抽样方式

根据抽选样本的组织形式不同，抽样调查可以分为概率抽样和非概率抽样两大类。概率抽样是按照概率原理从调查总体中，依据随机原则来抽选样本，并从数量上对总体的某些特征做出估计推断的抽样方式。所以，概率抽样在从总体中抽取样本单位时，完全排除了人为主观因素的影响。随机抽样方式的类别主要包括有四种：简单随机抽样、等距随机抽样、分层随机抽样和分群随机抽样。而非概率抽样不遵循随机原则，是根据调查人员主观设立的判断标准来抽选样本的方法。非随机抽样方式也有四种：任意抽样、判断抽样、配额抽样、滚雪球抽样。

采用什么样的抽样方式，要综合各种主客观因素来考虑，主要依据研究对象总体的规模和特点、调查的性质、抽样框资料、研究经费以及对研究结果的精确性要求等方面来决定。一般来说,总体规模大的调查通常采用多级抽样方法。

 小知识

抽样框资料难以获得时,可以采用非随机抽样;研究费用比较有限时,非随机抽样可以节省经费;对研究结果的精确性要求高,则采用随机抽样;研究是预备性的,可采用非随机抽样中的任意抽样和判断抽样。

四、确定样本容量

一般情况下,确定样本量需要考虑调查的目的、抽样误差和精度要求,以及实际操作的可行性、调查经费、有效问卷的回收率等。从定量的方面考虑,不同的抽样方法中样本量计算的公式不同,但总的来说样本量的大小主要取决于五个方面:研究对象的变化程度,即变异程度;要求和允许的误差大小,即精度要求;要求推断的置信度;总体的准确数值;抽样的方法。所以,样本容量计算的步骤是:

(1) 根据调查研究的目的,确定调查的置信水平和精度(或最大允许误差);
(2) 由置信水平和精度,根据公式或查表,确定最小样本量;
(3) 在对调查精度没有太大影响的条件下,根据经费来决定是否减少某些子总体的样本量;
(4) 从统计分析的角度考虑是否增加或减少某些子总体的样本量;
(5) 根据已有经验或有效问卷回收率的预测,考虑是否增加样本数。

 小案例 6-2

要了解某大城市平均每一家庭每月花多少钱给孩子买玩具,要求最大误差不超过 0.5 元,置信度为 95%(即 $\alpha=0.05$)。

问题: 至少应该调查多少家庭(据以往调查,估计总体标准差 $\sigma=3$ 元)?

分析提示: 当研究目的是估计总体平均数,抽样方法为简单随机抽样时,样本量的计算公式为:

$$n = \left(\frac{Z_{\alpha/2}\sigma}{d}\right)^2$$

式中,n——样本容量;

d——允许的最大抽样误差;

α——置信水平;

σ——总体标准差。

最大允许误差和置信水平通常是由研究者事先确定的;总体标准差可以从以前的调查结果获得,也可以从二手资料获得,还可以通过小规模的调查获得。

由题意已知 $d=0.5, \alpha=0.05, \sigma=3$ 因而得

$$n = \left(\frac{Z_{\alpha/2}\sigma}{d}\right)^2 = \left(\frac{1.96 \times 3}{0.5}\right)^2 = 138.3, \text{当置信度为 } 95\%, \text{其 } Z_{\alpha/2} = 1.96$$

由计算结果可得,至少应调查 140 个家庭。

五、确定抽样框

抽样框是抽样调查前在可能条件下做出的抽样单位一览表或一览图,即由抽样单位构成的

名录。例如,以南宁市教师为抽样单位,则南宁市教师名册便是抽样框。如果以学校班级为抽样单位,则学校所有班级名册便是抽样框。抽样框既可以是一份包含所有抽样单位的名单,也可以是一张地图或其他适当的形式,如电话簿的列表、餐厅的菜单、包含公司所有客户名单的数据库或是电子数据库的目录等。无论是哪种形式,抽样框中的抽样单位必须是有序的,以便于编号。

抽样框根据其划分标准的不同,可以在不同层面上进行构建,从而使抽样框呈现不同等级,不同等级的抽样框可以用于各级抽样。就目前的市场调查现场执行而言,有三种常用的抽样框:地图块、居委会块、居民户。

 小知识

抽样框是组织抽样调查的重要依据,调查者必须对其抱有严谨的态度,认真地收集和编制。现成的资料框通常是正规的出版物,如电话号码簿、邮政编码簿、工商名录,或档案资料,如工商局的企业注册档案,政府管理部门的下属企事业单位档案等。这些资料只要加以适当的编码、整理即可。对于那些没有现成的抽样框资料或者现成资料不完善、不合理的抽样框,需要加以补充或重新建立。抽样框一旦有重复和遗漏,必然会直接影响到样本的选取,从而影响到整个抽样工作的质量。

六、确定抽样单元

在现有抽样框的基础上,按照抽样要求,逐一抽取构成样本的单元,即具体的研究对象。当具体的研究对象从调查总体中明确下来后,调查员才可能针对这些选定的样本运用不同的调查方法来进行逐个实施调查,取得一手资料。如果在接触研究对象时,发现被访问的样本不在或拒绝接受访问,应设法改变访问技巧,再次访问,不到万不得已时不能改变访问对象。

 课堂训练

为了提高食堂工作人员的服务质量,改善食堂饭菜品类及质量,为师生们创造更好的就餐环境,以小组为单位,各拟定一份食堂满意度抽样调查方案,重点讨论:① 调查对象;② 抽样的方法;③ 抽样的步骤。

任务 6-3　抽样的方式及控制

◆ **任务目标描述**

了解随机抽样和非随机抽样的各种方式的含义,掌握等距随机和分层随机的操作步骤;重点掌握配额抽样的操作步骤;能准确地分析不同抽样方式的特点,并在具体项目课题中判断选择恰当的抽样方式。

◆ **任务知识介绍**

一、抽样的方式

为了控制抽样误差,提高抽样效果,需要根据调查任务及调查对象的具体情况,有针对性地选择抽样调查的组织方式,以便使样本能充分地反映总体,并便于组织实施,节约人力、物力和时间。抽样调查的主要方法,如图6-2所示。

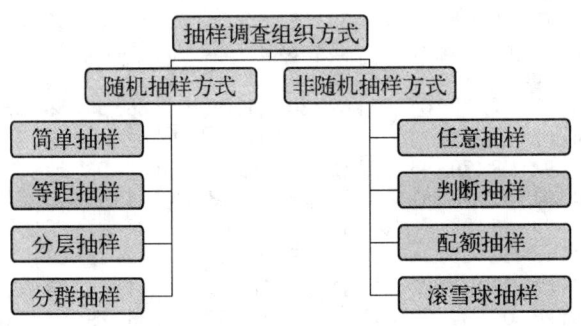

图6-2 抽样调查的主要方法

(一) 随机抽样的几种方式

1. 简单抽样

简单抽样方式,又称为单纯随机抽样方式,是按随机原则对总体单位进行无任何有目的的选择,是一种纯粹偶然的样本抽取方式。按照样本抽选时每个单位是否允许被重复抽中,简单随机抽样可分为重复抽样和不重复抽样两种。简单随机抽样是其他抽样方法的基础,因为它在操作简单,尤其总体数量不大时易于处理。但在调查实际中,总体规模一般都比较大,直接采用简单随机抽样的并不多。具体的抽样方法有2种:抽签法和乱数表法。

(1) 抽签法。

先将调查总体的每个单位编上号码,然后将号码写在卡上搅拌均匀,任意从中抽选号码,抽到一个号码,就对上一个单位,直到抽足预先规定的样本数目为止。抽签法广泛应用在日常的生活中。具体来说主要适用于总体单位数目较少的情况。例如,调查南宁市某街道居民的收入,可以把该街道的所有家庭进行编号,然后用抽签的办法抽取家庭的号码,再对抽中的家庭进行调查。

(2) 乱数表法。

又称随机数表。乱数表法是指利用含有一系列组别的随机数字的表格确定样本的号码,再对应地确定样本个体的方法。乱数表可以利用特制电子计算机,将0到9的阿拉伯数字,按照每组数字2位、3位甚至多位分组排列好形成表格。由于乱数表的编制原则是无规律的,任何人随时都可以编制。表6-1是其中自制的一张乱数表。

2. 等距抽样

等距抽样也称为系统抽样或机械抽样,它是首先将总体中各单位按一定顺序排列,根据样本容量要求确定抽选间隔,然后随机确定起点,每隔相同的间隔抽取一个样本的抽样方式。等距抽样方式运用的关键是确定抽样间隔和第一个样本,最主要优点是简便易行,还能使样本均匀地分散在调查总体中,不会集中于某些层次,增加了样本的代表性。缺点是对总体的单位排列时需要每个单位有详细具体资料,没有详细资料的话排序存在困难,增加了误差;另外,当抽样距离与被调查对象本身节奏性或循环周期重合时,会影响调查的精确度。例如,调查2月份某商场每周销售量,抽取4天作为样本。第一个样本是周末,则其他天都会是周末。而周末的销售与平时是不同的,就会产生系统性误差。

表 6-1 随机数字表

编号	1～10	11～20	2～30	31～40	41～50
1	22 17 68 65 81	68 95 23 92 35	87 02 22 57 51	61 09 43 95 06	58 24 82 03 47
2	19 36 27 59 46	13 79 93 37 55	39 77 32 77 09	85 52 05 30 62	47 83 51 62 74
3	16 77 23 02 77	09 61 84 25 21	28 06 24 25 93	16 71 13 59 78	23 05 47 47 25
4	78 43 76 71 61	20 44 90 32 64	97 67 63 99 61	46 38 03 93 22	69 81 21 99 21
5	03 28 28 26 08	73 37 32 04 05	69 30 16 09 05	88 69 58 28 99	35 07 44 75 47
6	93 82 53 64 39	07 10 63 76 35	84 03 04 79 88	08 13 13 85 51	55 34 57 72 69
7	78 76 58 54 74	92 38 70 96 92	52 06 79 79 45	82 63 18 27 44	69 66 92 19 09
8	23 68 35 26 00	99 53 93 61 28	52 70 05 48 34	56 65 05 61 86	90 92 10 70 80
9	15 39 25 70 99	93 86 52 77 65	15 33 59 05 28	22 87 26 07 47	86 96 98 29 06
10	58 71 96 30 24	18 46 23 34 27	85 13 99 24 44	49 18 09 79 49	74 16 32 23 02
11	57 35 27 33 72	24 53 63 97 09	41 10 76 47 91	44 04 95 49 66	39 60 04 59 81
12	48 50 86 54 48	22 06 34 72 52	82 21 15 65 20	33 29 94 71 11	15 91 29 12 03
13	61 96 58 95 03	07 16 39 33 66	98 56 10 56 79	77 21 30 27 12	90 49 82 23 62
14	36 93 89 41 26	29 70 83 63 51	99 74 20 52 36	87 09 41 15 09	98 60 16 03 03
15	18 87 00 42 31	57 90 12 02 07	23 47 37 17 31	54 08 01 88 63	39 41 88 92 10
16	88 56 56 27 59	33 35 72 67 47	77 34 55 45 70	08 18 27 38 90	16 95 86 70 75
17	09 72 95 84 29	49 41 31 06 70	42 38 06 45 18	64 64 73 31 65	52 53 37 97 15
18	12 96 88 17 31	65 19 69 02 83	60 75 86 90 68	24 64 19 35 51	56 61 87 39 12
19	85 94 57 24 16	92 09 84 38 76	22 00 27 69 85	29 81 94 78 70	21 94 47 90 12
20	38 64 43 59 98	98 77 87 68 07	91 51 67 62 44	40 98 05 93 78	23 32 65 41 18
21	53 44 09 42 72	00 41 86 79 79	68 47 22 00 20	35 55 31 51 51	00 83 63 22 55
22	40 76 66 26 84	57 99 99 90 37	36 63 32 08 58	37 40 13 68 97	87 64 81 07 83
23	02 47 79 18 05	12 59 52 57 02	22 07 90 47 03	28 14 11 30 79	20 69 22 40 98
24	95 17 82 06 53	31 51 10 96 46	92 06 88 07 77	56 11 50 81 69	40 23 72 51 39
25	35 76 22 72 92	96 11 83 44 80	34 68 35 48 78	33 42 40 90 60	73 96 53 97 86
26	26 29 13 56 41	85 47 04 16 08	34 72 57 59 13	82 43 80 46 15	38 26 61 70 04
27	77 80 20 75 82	72 82 32 99 90	63 95 73 76 63	89 73 44 99 05	48 67 26 43 18
28	46 40 66 44 52	91 36 74 43 53	30 82 13 54 00	78 45 63 98 35	55 03 36 67 68
29	37 56 08 18 09	77 53 84 46 47	31 91 18 95 58	24 16 74 11 53	44 10 13 85 57
30	61 65 61 68 66	37 27 47 39 19	84 83 70 07 48	53 21 40 06 71	95 06 79 88 54
31	93 43 69 64 07	34 18 04 52 35	56 27 09 24 86	61 85 53 83 45	19 90 70 99 00
32	21 96 60 12 99	11 20 99 45 18	48 13 93 55 34	18 37 79 49 90	65 97 38 20 46
33	95 20 47 97 97	27 37 83 28 71	00 06 41 41 74	45 89 09 39 84	51 67 11 52 49
34	97 86 21 78 73	10 65 81 92 59	58 76 17 14 97	04 76 62 16 17	17 95 70 45 80
35	69 92 06 34 13	59 71 74 17 32	27 55 10 24 19	23 71 82 13 74	63 52 52 01 41
36	04 31 17 21 56	33 73 99 19 87	26 72 39 27 67	53 77 57 68 93	60 61 97 22 61
37	61 06 98 03 91	87 14 77 43 96	43 00 65 98 50	45 60 33 01 07	98 99 46 50 47
38	85 93 85 86 88	72 87 08 62 40	16 06 10 89 20	23 21 34 74 97	76 38 03 29 63
39	21 74 32 47 45	73 96 07 94 52	09 65 90 77 47	25 76 16 19 33	53 05 70 53 30
40	15 69 53 82 80	79 96 23 53 10	65 39 07 16 29	45 33 02 43 70	02 87 40 41 45
41	02 89 08 04 49	20 21 14 68 86	87 63 93 95 17	11 29 01 95 80	35 14 97 35 33
42	87 18 15 89 79	85 43 01 72 73	08 61 74 51 69	89 74 39 82 15	94 51 33 41 67
43	98 83 71 94 22	59 97 50 99 52	08 52 85 08 40	87 80 61 65 31	91 51 80 32 44
44	10 08 58 21 66	72 68 49 29 31	89 85 84 46 06	89 73 19 85 23	65 09 29 75 63
45	47 90 56 10 08	88 02 84 27 83	42 29 72 23 19	66 56 46 65 79	20 71 53 20 25
46	22 85 61 68 90	49 64 92 85 44	16 40 12 89 88	50 14 49 81 06	01 82 77 45 12
47	67 80 43 79 33	12 83 11 41 16	25 58 19 68 70	77 02 54 00 52	53 43 37 15 26
48	27 62 50 96 72	79 44 61 40 15	14 53 40 65 39	27 31 58 50 28	11 39 03 34 25
49	33 78 80 87 15	38 30 06 38 21	14 47 47 07 26	54 96 87 53 32	40 36 40 96 76
50	13 13 92 66 99	47 24 49 57 74	32 25 43 62 17	10 97 11 69 84	99 63 22 32 98

等距抽样是应用最广的一种抽样方式,常替代简单随机抽样,适用于大规模调查。在大规模的调查(特别是电话访问)中常与其他抽样方法结合使用。

小案例6-3

开展股东会员大会与会会员的调查,来了 200 名会员,调查 20 名。把与会的会员按到会的先后顺序排列,然后计算出抽样的间隔进行抽样。

该方式运用的关键是确定抽样间隔和第一个样本,公式如下:

$$D = N \div n$$

式中,D——抽样间隔;

N——总体数;

n——样本数。

结合上例,抽样距离为 200/20=10。第一个样本的确定可以用简单随机抽样或判断抽样。如按简单随机抽样法,先用 0 至 9 的号码抽出一个号码,假设抽出号码为 5,则第一个号码为 5,第二个为 15,其他为 25,35,45,55,65,75,85,95,105,115,125,135,145,155,165,175,185,195。

3. 分层抽样

分层抽样又称为分类抽样或类型抽样,它是把调查总体按照某种属性的不同分为若干层次或类型,计算出每一层或类型应抽取的样本数,然后简单随机在各层或类型中抽选样本的方式。按照各层之间的抽样比是否相同,分层抽样可分为等比例分层抽样与非等比例分层抽样(最佳分层抽样)两种。

小知识

实际上,分层抽样是科学分组与概率原理的有机结合,前者是划分出性质比较接近的层,以减少标志值之间的变异程度;后者是按照概率原理抽选样本。因此,分层抽样一般比简单随机抽样和等距抽样更为精确,能够通过对较少的样本进行调查,得到比较准确的推断结果,特别是总体数目较大、内部结构复杂时,分层抽样常能取得令人满意的效果。因此,分层抽样是应用普遍的抽样方式。

分层抽样的步骤包括:① 确认目标总体;② 决定样本数;③ 决定分层标志;④ 将总体按照分层标志分成若干类,其中每一类称为一层;⑤ 在每一层中随机抽取出足够的样本。

选择分层标志(分层变量、指标),原则上要求做到下列三个方面:① 相关性的原则。即要求所选择的分层标志要与所调查的问题密切相关。例如,进行消费者接触媒体习惯的调查,与他们的职业密切相关,而与收入有关但没有这么密切,选择职业为标志比选择收入为标志要好。② 易于测量和应用。即操作起来方便。例如,调查大学生的月消费支出,按生源所在地就很容易测量和应用,比按家庭每月提供多少钱就好得多。③ 分层后各层之间比较清晰。要求层内差异小、层间差异大而明显。例如按收入的分层。可以按照收入的不同区间进行分层。

(1) 等比例分层随机抽样。

等比例分层抽样即在确定各层样本的数量时,按各个层(或类型)中的个体单位数量占总体个体单位数量的比例分配各层的样本数量,即以各层所占总体的结构比例确定各层样本数。

等比例分层抽样主要适用于各类型的内部个体之间差异,层与层之间比较时,相互之间差异不大的条件下。如果各类与类之间差异比较大,则不适宜采用此法,而应改为采用分层最佳抽样法计算确定各层样本数。

小案例6-4

某地共有居民20 000户,按经济收入的高低进行分类,其中高收入的居民为4 000户,占总体的20%,中等收入为12 000户,占总体的60%,低收入为4 000户,占总体的20%。要从中抽选200户进行购买力调查,确定各层样本数。

各类型应抽取的样本单位数为:

高收入层的样本单位数目为:

$$n_i = n \times N_i \Big/ \sum N_i = 200 \times 20\% = 40(户)$$

中等经济收入层的样本单位数目为:

$$n_i = n \times N_i \Big/ \sum N_i = 200 \times 60\% = 120(户)$$

低等经济收入层的样本单位数目为:

$$n_i = n \times N_i \Big/ \sum N_i = 200 \times 20\% = 40(户)$$

(2)非等比例抽样法。

非等比例抽样法又称分层最佳抽样法,它不是按各层单位数占总体单位数的比例分配样本单位,而是根据各层的标准差大小来调整计算各层的样本单位数。样本标准差主要用于反映某一资料内部的个体之间的相互差异情况。非等比例抽样的实质是以调查单位数和样本标准差两个因素为依据计算各层样本数。

小案例6-5

将上例按最佳分层抽样方法处理,各类型应抽取的样本单位数为:

调查单位数与样本标准差乘积计算表

各层单位数	各层标准差	乘 积
4 000	400	1 600 000
12 000	200	2 400 000
4 000	100	400 000
合 计		4 400 000

公式:

$$n_i = n \times N_i S_i \div \sum N_i S_i$$

高等收入层样本单位数目为:$200 \times (1\ 600\ 000 \div 4\ 400\ 000) = 72.73(户)$
中等收入层样本单位数目为:$200 \times (2\ 400\ 000 \div 4\ 400\ 000) = 109.09(户)$

低等收入层样本单位数目为:200×(400 000÷4 400 000)＝18.18(户)

对比等比例分层抽样的计算结果,不难看出,标准差大的层调整后将会增加样本数。具体来看,高收入层所抽取的样本数目由40户增为73户,增加了33户;中等层收入大体不变,由120户调整为109户;低收入层则由40户减为18户,减少了22户。从实际情况反馈来看,增加高、中层的样本数,相应减少低档层的样本数,将提高抽样的准确性。

4. 分群抽样

分群抽样,也称整群抽样或集团抽样,它是把调查总体区分为若干群体,然后按简单随机方式,以群为抽样单位抽取样本的一种抽样方式。分群抽样特别适用于缺乏总体单位抽样框的情况。应用分群抽样时,常将社会条件、自然条件所形成的客观存在的群体作为抽样单位,以保证各个群有较好的代表性,即群内个体的差异大而群间差异小。分群抽样的优点是实施方便、费用小,效率高;缺点是当样本不能均匀分布在总体单位中,与其他抽样方式相比误差显得比较大。

分层抽样要求分层后各层与层之间差异大,层内差异小,而分群抽样与分层抽样的要求刚好相反,群与群之间差异要求小,群内个体之间要求的差异大。分群抽样一般采取两段式抽样法,即先采取随机抽样法抽取若干群体,然后对选定的有关群体进行普查。

 小案例 6-6

由于简单随机抽样、系统抽样、分层随机抽样要有个体名录,在总体很大的情况下很难做到,如调查南宁市中学生中近视眼的比例,要把整个南宁市中学生编制名录,是比较困难的。而编制全市中学名录就方便多了。具体操作如下:

已知南宁市区一共有中学53所,分布在6个市辖区,假定每所中学大约有1 000名学生。精华眼镜公司为了调查了解当前中学生的视力状况,确定调查3 000名中学生。采用分群抽样技术进行抽样,先应按照抽样框(市辖区)分群,随机抽取一个子群,再对子群内的样本应用抽签法随机抽取了3个样本,即抽出3所中学,对它们进行全面调查,很快就达成了目的。

在进行复杂的、大规模调查时,由于总体内的个体数量很大,抽样框很难编制,难于或无法做到直接抽取样本个体,可以考虑通过多次的抽样,最后抽取出样本的调查方式。我们把这种样本组织方式称为多级多阶段随机抽样。多级多阶段随机抽样是指分两个及两个以上的阶段从总体中抽取样本的一种抽样调查方法,即先粗分,再细分,然后再微分。可以有多种方式的组合,包括多次分层抽样、先分群后分层、先分层后分群、一直分群抽样等。

(二)非随机抽样的几种方式

非概率抽样的方式主要包括任意抽样、判断抽样、配额抽样、滚雪球抽样这几种。每一种方式都有各自的特点和较适用的情况。

1. 任意抽样

任意抽样也叫便利抽样,是指调查人员本着随意性原则去选择样本的抽样方式。例如,街头拦截式访问,任选若干位行人进行访问调查;或者将问卷刊登在报纸上,感兴趣的读者自行填写寄回。任意抽样简便易行,可以及时取得所需的资料,节约时间和费用,适用于探索性调查或预调查。但是,抽样结果偏差较大,可信程度较低,正式调查一般不采用此方式。

应用这一方法的基本理论依据是:被调查总体的每个单位都是相同的,因此把谁选为样本进行调查,其调查结果都是一样的。事实上并非所有调查总体中的每一个单位都是一样的。只有在调查总体中各个单位大致相同的情况下,才适宜应用任意抽样法。

2. 判断抽样

判断抽样又称立意抽样,是指根据调查人员的主观经验判断选择调查样本的抽样方式。判断抽样具有简便易行,操作成本低,符合调查目的和特殊需要,被调查者配合较好,资料回收率高等优点。其缺点是调查结果受研究人员的倾向性影响大,一旦主观判断偏差,则极易引起抽样偏差,可信度不高。

 小知识

判断抽样结果的客观性和可靠性,与调查人员的素质高低有关,特别要注意排除调查人员个人的主观偏好和情绪。当调查人员对自己的研究领域十分熟悉,对调查总体比较了解时采用这种抽样方法,可获代表性较高的样本。这种抽样方法多应用于总体小而内部差异大的情况,以及在总体边界无法确定或因研究者的时间与人力、物力有限时采用。例如,对南宁市汽车市场状况进行调查,调查员选择秀厢大道、白沙大道、五一路等汽车销售商集中的路段作为调查范围。

判断抽样有两种做法:一种是由专家判断决定所选样本,即选择最能代表普遍情况的群体作为样本,一般选取"多数型"或"平均型"的样本为调查单位。"多数型"的样本是在调查总体占多数的单位中挑选出来的样本;"平均型"的样本是在调查总体中挑选出来的代表平均水平的样本。也就是说,通过构成"平均型"典型样本,可以实现把握目标总体平均水平大体位置的调查目的;通过组成"多数型"(也称众数型)判断样本,可以实现掌握目标总体中多数单位所处现状的调查目的。例如,某企业要调查其自身产品与竞争对手产品的销售情况,根据主观判断选择了一些同时对销售双方产品有影响的、非常有代表性的零售商店作为判定样本。

另一种是利用统计判断选取样本,即利用调查对象(总体)的全面统计资料,按照主观设定的某一标准选取样本。例如,调查中国钢铁行业的产品和产量现状,只要对鞍钢、宝钢和首钢等几家国有特大型钢铁企业进行调查,就足以大致掌握我国钢铁工业的产品和产量情况了,因为这几家钢铁企业的钢铁产量占全国的大半,把握了它们的生产情况就可以把握总体的生产情况。特别是当调查目的是了解、探索某一现象及事物产生异常的原因时,便需要选择"极端型"的总体单位,来查找问题的根源所在。可见,我们通常所说的重点调查和典型调查都是判断抽样的特例。

3. 配额抽样

配额抽样是指调查人员根据调查总体的某些属性特征划分出总体的层次或类型,并对各层或类进行配额,然后依主观判断从各层或类中抽取一定数量样本的调查方式。如果现场访问人员实际选择工作时,诚实而准确地按分配好的比例完成配额,则样本将与选定的总体参数相符,样本代表性较强,而且操作起来也较容易。因此市场营销调查中经常采用配额控制抽样方法。

配额抽样的优点是易操作,节省时间和费用,样本分布在总体的各层中,由于层间差异较小因而样本的代表性较强,调查结果是可信的。其缺点是样本的最后确定是调查人员的主观

判断，不可避免地可能出现判断偏差，且这种偏差无法估计和精确控制。

配额抽样的操作是：调查人员首先按照某些特性将总体细分为几个次总体（层），然后将总样本量按照各次总体中所占的比例分配，即指派"配额"，最后调查人员根据自己对次总体情况的了解和判断，选出符合足额的样本进行调查。按控制特征的要求不同，配额抽样可以分为独立控制配额抽样和相互控制配额抽样。

小知识

配额抽样分类依据的标准通常是总体单位的某些属性、特征，我们称这些属性、特征为"控制特征"，如被调查者的年龄、性别、地区、职业、文化程度等。为此，在设定、抽取样本时，应按照各个控制特征来完成各类中的配额。

配额抽样按分配样本数额时的做法不同分为独立控制和相互控制两种类型。独立控制配额抽样是指按一个或以上分类标准分别分配样本单位数额的抽样方法。相互控制配额抽样是指按两个或两个以上的分类标准交叉分配样本单位数额的抽样方法。

小案例6-7

对某地区进行化妆品消费需求调查，确定样本容量为400名，确定年龄、性别、收入三个分类标准。

独立控制配额抽样样本设计

年龄组样本分配表		性别组样本分配表		收入组样本分配表	
年龄	分配数额	性别	分配数额	月收入	分配数额
18~34	80	男	200	1 000以下	40
35~44	120			1 000~3 000	100
45~60	140	女	200	3 001~5 000	140
60以上	60			5 000以上	120
合计	400	合计	400	合计	400

相互控制配额抽样样本设计

配额分类	分类	月收入（元）								合计（人）
		1 000以下		1 000~3 000		3 001~5 000		5 000以上		
	性别	男	女	男	女	男	女	男	女	—
年龄	18~34	4	4	10	10	14	14	12	12	80
	35~44	6	6	15	15	21	21	18	18	120
	45~60	7	7	17	18	24	25	21	21	140
	60以上	3	3	8	7	11	10	9	9	60
	小计	20	20	50	50	70	70	60	60	—
合计（人）		40		100		140		120		400

4. 滚雪球抽样

滚雪球抽样又称链式抽样、网络抽样、辐射抽样或连带抽样。它是指利用随机方法或社会调查名义选出起始受访者，然后从起始受访者所提供的信息中取得新的具有某一特征的样本（被调查者）。它是以"滚雪球"的方式，通过少量的样本单位逐步获取更多样本单位的信息。其基本步骤为：先选取少数样本单位，访问这些个体得到所需信息后，再请他们提供另外一些属于所调查目标总体的个体的信息，然后根据所提供的线索，选择此后的样本单位，依此类推，如同滚雪球一样，使样本容量逐步扩大，使调查结果越来越接近总体。

当调查对象为某一特殊群体时，所调查的个体往往不容易取得，只能先取得个别样本单位，然后通过他们去联络其他样本单位，这时滚雪球抽样是最适合采用的方式。例如，某调查组想了解某市残疾人家庭的受教育情况，因为残疾人家庭在外活动的毕竟少些，要获得一份完整的名单是极困难的，先设法找到一名符合条件的受访者，在对其进行访问后，再请其推荐或介绍其他符合条件的人，即借助已接受调查的残疾人士接触到更多新的残疾家庭。

滚雪球抽样的运用前提是总体各单位之间具有一定的联系。它通常适用于对总体缺乏了解、没有现成的抽样框的情形。

二、抽样误差控制

抽取总体的部分样本单位进行调查，必定存在有误差。那么，这一误差该如何来计算确定呢？

由于针对某一调查总体采用某种抽样调查方式进行调查时，并不止可以抽到一组样本组成的一个样本组合；而且，不同的调查者进行抽样时所得到的样本组合是会不同的，显然采用某一个调查者或某一次抽样或某一个样本组合产生的误差，作为该抽样方式的误差是不科学的。这样就引出了两个不同的抽样误差的概念：① 个体误差，是指一个样本组合指标与总体指标之间的离差（用两者平均数的离差作代表）。② 抽样误差，指在某种抽样方式下该方式的结果代表总体指标产生的误差。

抽样误差不是指个体误差，而是指所采用的抽样方式下所有样本组合的个体误差，把它们平均后的平均误差，即抽样平均误差。抽样平均误差又称为代表性平均误差，具体是指所有样本组合的平均数指标（$\bar{x}$）来推断总体平均数指标（$\bar{X}$）之间的平均离差。根据对抽样误差概念和样本组合数的认识，可以由此结合起来计算抽样误差，用 $\mu_{\bar{x}}$ 代表抽样误差，用 σ 代表总体标准差。

重复单纯随机抽样方式下：

$$\mu_{\bar{x}} = \sqrt{\sigma^2/n}$$

不重复且无顺序下单纯随机抽样其抽样误差为：

$$\mu_{\bar{x}} = \sqrt{\sigma^2/n(1-n)/N}$$

实际上不可能全部组合都抽出来计算式中的方差。具体可用样本标准差 S 代表总体标准差 σ 来求解。从而可转化为用样本来求解的结论：

重复单纯随机抽样方式下：

$$\mu_{\bar{x}} = \sqrt{\frac{\sigma^2}{n}} = \sqrt{\frac{S^2}{n}} = \frac{S}{\sqrt{n}}$$

不重复单纯随机抽样方式下：

$$\mu_{\bar{x}} = \sqrt{\frac{\sigma^2}{n}\left(1-\frac{n}{N}\right)} = \sqrt{\frac{S^2}{n}} \cdot \sqrt{1-\frac{n}{N}}$$

从抽样误差的计算模式，可以认识到影响抽样误差的主要因素包括：

（1）样本容量 n。在其他条件不变的情况下，抽样单位的数目 n 越大，抽样误差越小；抽样单位数目 n 越小，抽样误差越大。这是因为随着样本数目的增多，样本结构越接近总体，抽样调查也就越接近全面调查。当样本扩大到总体时，则为全面调查，也就不存在抽样误差了。

（2）总体的标准差 σ。在其他条件不变的情况下，总体标志的变异程度 σ 越小，抽样误差越小；总体标志的变异程度 σ 越大，抽样误差越大。抽样误差和总体标志的变异程度呈正比变化。这是因为总体的变异程度小，表示总体各单位标志值之间的差异小，则样本指标与总体指标之间的差异也可能小；如果总体各单位标志值相等，则标志变动度为零，样本指标等于总体指标，此时不存在抽样误差。

（3）随机抽样组织方式，在 n、N 一样的条件下，重复单纯随机抽样的误差将大于不重复单纯随机抽样。进一步还要认识到分群随机抽样的误差将大于不重复单纯随机抽样；不重复单纯随机抽样的误差大于分层随机抽样。在总体按有关数量标志排列时，等距抽样平均误差小于不重复单纯随机抽样，有时甚至小于分层随机抽样。

小思考：如何控制市场调查结果的误差？

此外，市场调查活动中还可能会出现另外两种误差。一种是调查误差，即在调查过程中，由于观察测量、登记、计算上的差错所引起的误差；另一种是系统偏误，即由于违反随机原则，有意地选择较好或较差单位进行调查，造成样本代表性不足所引起的误差。这两种误差是可以防止和避免的。

**小知识**

调查误差的类别如下图。

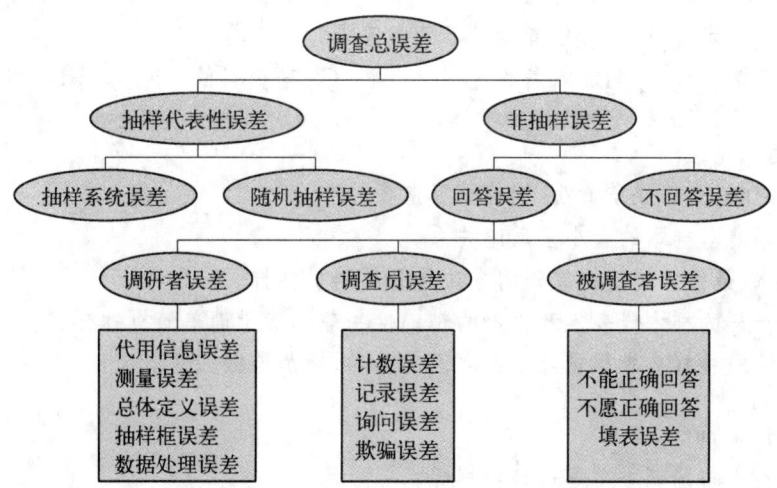

课堂训练

某次调查的总体单位数是 40 000 人,其中高收入的单位数为 8 000 人;中等收入的单位数为 20 000 人;低收入的单位数为 12 000 人。高收入阶层的标准差为 400 元,中等收入阶层的标准差为 200 元,低收入阶层的标准差为 100 元,要求调查 600 人作为样本。

求各层样本数并加以比较各层样本数的差异。请分别应用等比例分层抽样法和最佳分层抽样法确定样本的抽取情况,并就两种方法进行比较。

项目总结

- **知识重点**

抽样调查　随机抽样　非随机抽样　抽样误差

- **技能重点**

抽样调查的步骤

- **习题与训练**

1. 选择题

(1) 分层抽样调查中一般的分层原则是(　　)。

A. 层内差异小、层间差异大　　　　B. 层内差异大、层间差异小

C. 层内差异小、层间差异小　　　　D. 层内差异大、层间差异大

(2) 某电台为了了解国产家电的使用状况及占有率,在几个大商场向所遇见的顾客调查有关情况,以掌握初步信息,这种调查属于(　　)。

A. 任意抽样法　　B. 判断抽样法　　C. 配额抽样法　　D. 系统抽样法

(3) 下列哪一个不是常用的非随机抽样方式?(　　)。

A. 任意抽样　　B. 系统抽样　　C. 配额抽样　　D. 判断抽样

(4) 简单随机抽样常用的抽取方式有哪两种?(　　)。

A. 抽签法　　B. 分层法　　C. 等距法　　D. 乱数表法

(5) 在确定样本量时,一般要考虑以下哪些因素?(　　)。

A. 研究经费　　B. 抽样误差　　C. 研究目的　　D. 抽样方式

2. 判断题

(1) 一般来说,允许误差愈小,抽样数目愈多。　　　　　　　　　　　　(　　)

(2) 研究经费与样本的大小呈反比关系。　　　　　　　　　　　　　　　(　　)

(3) 最基本、最能体现随机原则的方法是分层随机抽样。　　　　　　　　(　　)

(4) 分层抽样的样本代表性及推论的精确性一般都优于简单随机抽样。　　(　　)

(5) 整群随机抽样要求尽量缩小群之间的差异,增加群数。　　　　　　　(　　)

3. 思考题

(1) 为什么在市场调查中要进行抽样呢?

(2) 分层抽样和配额抽样的区别和联系是什么?

4. 案例分析

常州电子仪器厂以前生产军用和工业用两类电子测量仪器，由于电子测量仪器的市场萎缩，因此，厂家思考着如何使企业适应外部环境的这一变化。上什么产品能取得较好的经济效益呢？企业决策者没有盲目行动，而是在全面研究了国内经济发展形势后才做出决定。决策层从报纸上获悉我国教育重点是抓好基础教育，从中受到启发，他们组织人员调查了学校、商店、幼儿园以及文艺团体等几十个单位，初步了解到用户迫切需要一种音色优于老式风琴，且便于携带和维修的电子乐器。经过分析，他们发现电子琴存在着一个较大的潜在市场，因此，决定以电子琴作为新产品进行开发。

在确定了新产品开发方向后，他们根据不同用户的需求差异，进行了抽样调查。通过抽样调查，结果显示：① 文艺团体演奏用电子琴：要求音色美，功能全，质量高，能适应多种乐曲的舞台演奏需要。② 中小学、幼儿园教学用电子琴：要求音色优于风琴，质量一般，功能从简，但至少有一个风琴音色和一个欣赏音色。弹奏方式要与风琴一致，以适应教师的演奏习惯，且售价要低。③ 音乐爱好者欣赏用电子琴：由于音乐爱好者的欣赏水平、经济条件、演奏技巧以及审美观与其他人不同，因而对电子琴的功能、结构、质量、价格、外形等方面的要求有其特色。

根据统计分析，销售趋势大体如下：中小学、幼儿园约占70%；文化馆、站约占15%；音乐爱好者约占10%；其他约占5%。根据市场需求情况以及竞争对手的情况，最后，常州电子仪器厂决定以中小学、幼儿园为主要销售对象，开发教学型电子琴。当他们将具有风琴、双簧管、电子琴四个音色，四组八度音阶，49键的TDQ-49型电子琴以低于国内外同类产品价格投放市场后，顿时受到欢迎。

讨论：常州电子仪器厂采取了抽样调查方式收集市场信息，这么做有什么好处？

项目 7　调查方法的选择与操作

> **导入案例**

　　美国约翰逊蜡制品公司在 20 世纪 70 年代初期对洗发护发行为进行了一次大规模市场分析调查。调查表明,喷发剂有逐渐不受欢迎的趋势,使用香波洗发却越来越频繁,而且人们对油性发质越来越担忧。这一调查结果促使公司做出了新的战略决策:在洗发香波和护发乳市场上推出旨在解决头发油腻问题的产品。另外一些调查研究了市场上竞争对手的活动和零售商储备新型香波产品的意愿,它们也提供了支持这个决策的调查结果。1977 年,约翰逊蜡制品公司成功地将阿格里护发乳和阿格里洗发香波引入了市场。

　　1975 年到 1979 年间的总共 50 项营销调查都支持了这两种产品的开发。公司还开展了一系列重点顾客小组讨论,以便了解油性发质的问题和人们对现有香波类产品的看法。该公司的产品大多是被家庭主妇们买去的,因此公司尤其希望了解十几岁的青少年。举行这些重点顾客小组讨论的目的之一是为广告文本找主题。后来,他们又进行了其他重点顾客小组讨论,观察顾客对广告文本主题——"帮助消除油腻"的反应。在对广告进行的几次测试中,他们让顾客先看几个广告,然后观察他们的反应。实际上,他们制作和测试过的电视广告有 17 个以上。这些调查活动中有二十多个帮助了他们对产品进行的测试和修改。他们进行了几次隐名对比测试,在测试中,他们要求 400 名妇女使用新产品两周,并与现有产品进行比较(在隐名使用测试中,产品都装在没有贴任何标签的包装物中,顾客不知道哪个里面放的是新产品)。

　　公司还对最终营销行动计划进行了几次测试。其中一次是在一个模拟的超级市场中进行的。他们要求顾客在看过广告之后进行购物,新产品当然也在货架上。还有一次测试是把产品放在了一个真正的超级市场里,顾客同样也看到了广告。最后一次测试是采用完整的营销行动计划将产品引入划定的测试市场区域中,包括几个选择出来的社区,如加利福尼亚州中部城市弗雷斯诺和印第安纳州的南本德。在这一过程中,公司不断修正产品、广告和营销行动计划中的其他组成部分。这种努力带来了巨大的利润:阿格里洗发乳在该类产品的市场上占有了 20% 的份额,在销售量方面排行第一;而阿格里洗发香波也被成功地引入了市场。

　　(资料来源:搜狐教育-商学院 MBA-阅读.文化-《营销调研》连载,第 1 章从制定决策的角度看待营销调研,http://learning.sohu.com/2004/07/07/20/article220892084.shtml)

思考:
1. 本案中调查公司采用了哪几种市场调查方法?
2. 这些调查方法的特点是什么?
3. 你是否还可以提出其他调查方法帮助公司快速地获取市场信息?

任务 7-1 调查方法的分类

◆ 任务目标描述

理解一手资料和二手资料的差别,熟悉一手资料收集的六大类方法和二手资料搜集的两大类方法。

◆ 任务知识介绍

一、调查方法分类的依据

在了解市场调查工作中常用的调查方法之前,我们首先需要认知资料的性质和分类,营销决策所需要的信息资料总的来看可以分为两大类,原始资料(一手资料)和次级资料(二手资料)。资料的性质不同,与之匹配的调查方法也随之不同。反过来说,每种调查方法都有其特征和适用范围。根据资料的类型来选择恰当的调查方法,方能事半功倍。

原始资料是研究者基于某个特别的研究项目而亲自收集的资料。

二手资料是那些并非为正在进行的营销研究而是其他目的已经收集、整理的各种现成的资料,又称次级资料。

原始资料和二手资料收集的差异比较,如表 7-1 所示。

表 7-1 原始资料和二手资料收集的差异比较

	原始资料	二手资料
收集的目的	针对特定的调查问题而收集	为了其他研究目的而收集
收集的过程	繁杂,耗时长	容易,耗时少
收集的成本	较高	相对较低
收集的方法	访问法、观察法、实验法等	文献调查法、网络调查法等

二、一手资料调查法

(一)一手资料的表现形式

原始资料来源于市场中,是研究人员通过现场实地调查直接收集,原始资料主要是向顾客、零售商、批发商、推销及销售管理人员、贸易部门等调查取得。可以是口述语言形式,如录音、录像;也可以是书面形式,如表格、日记簿,还可以相片、图片等。

(二)一手资料采集的主要方法

原始资料采集的方法很多,不同的方法其特点、适用条件、所需费用以及所得资料的性质也不尽相同。根据资料的性质和采集过程的不同,将采集方法分为定量研究和定性研究两大类。定量研究方法主要有访问法、观察法和实验法三种;定性研究方法主要有小组座谈会法、深度访谈法和投射法三种,如图 7-1 所示。下面简单介绍下这六种主要的原始(一手)资料采集法。

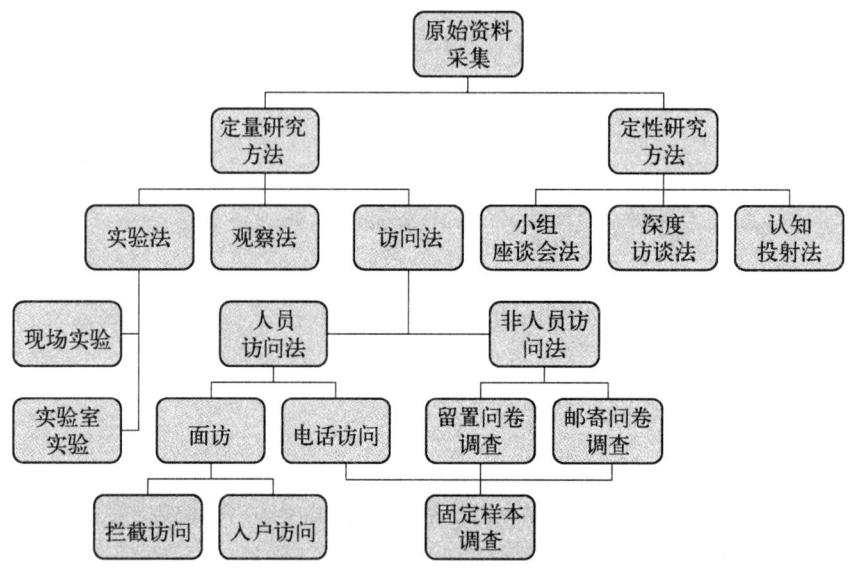

图7-1 原始资料采集的主要方法

1. 访问法

访问法,又称询问调查法,是指调查人员通过询问的方式向被调查者了解、收集一手信息资料的调查方法。询问法是营销调查中普遍应用的方法,也是收集一手资料最主要的方法。询问,既可以通过口头语言询问,也可以采用问卷询问。因而,询问法有多种类型,常见的有面访、电话访问、邮寄调查、留置调查、网络调查等。五种访问方法的优缺点比较,如表7-2所示。

表7-2 五种访问方法的优缺点比较

	面访法	电话访问法	邮寄调查法	留置调查法	网络调查法
调查范围	较窄	较窄	最广	较广	广
调查对象	可控可选	可控可选	一般	可控可选	一般
影响回答的因素	了解控制和判断	无法了解控制和判断	难了解控制和判断	能了解控制和判断	可以了解控制和判断
回收率	高	较高	较低	较高	较高
回答速度	可快可慢	最快	慢	较慢	较快
回答质量	较高	高	较低	较高	一般
平均费用	最高	低	较低	一般	较低

(1) 面访法。

面访法指调查人员直接询问被调查者,进行面对面交谈来获取市场信息资料的方法。这种方法方便、灵活,可以对调查问题进行较深入的询问,谈话内容伸缩性强;彼此可以沟通,便于引导和激励,能获得较多的一手市场信息资料。但面谈调查花费时间较长,费用较高,调查对象不能广泛;访谈过程很难完全排除主观因素的影响;还受被调查者的条件和态度限制,对访谈员的要求也比较高。

在访谈过程中,调查人员应亲切和气,有礼貌,语言要准确明了,按照事先拟订的访谈提纲逐个提问、访谈,防止偏离。遇有涉及被调查者个人收入、婚姻等隐私问题时,应采取间接、迂回的提问方式进行;对需要引导和追问的问题,调查人员要做必要的引导和追询。另一方面,访谈员还要做好必要的访谈记录,就是将被调查者的口头回答如实记载下来,以此作为市场调查的原始资料。

 小知识

在和被调查者面谈之前,访谈员应根据调查的目的和访谈对象的特点做好准备工作。首先,要准备好访谈的提纲和访谈用品,比如能证明自己身份的工作证、身份证等,以及笔、记录本、录音机、摄像机等。如要给被调查者一些馈赠物品和宣传资料等,也应准备齐全。其次,要落实好访谈的时间、地点和访谈的具体对象。在访谈开始时,首先要自然接触被调查者,介绍自己的身份,说明调查的意图,请求予以配合。例如,在街头对××饮料进行调查时,可说:"先生,您好!我是××公司的调查员,现在正在进行一项关于××饮料的市场调查,耽误您一点时间,可以吗?×××……这是××饮料,请您品尝。"

(2) 电话访问法。

电话访问法是指调查人员通过电话与被调查者交谈,收集市场信息资料的方法。例如,定期询问重点住户对房产的设计、设备、功能、环境、质量、服务的感觉如何,有什么想法并请他们提出一些改进措施等。电话访问法适合于热点问题、突发性问题、特定问题和特殊群体的调查。近年来我国通信技术快速发展,移动电话普及率大大提高,尤其在城市中,采用电话调查的条件已经完全具备。

电话调查的优点是:快速取得市场信息资料、节省调查经费;如果是移动电话用户,调查不会受其地理区域限制。其缺点是:调查对象受到限制,无法收集无电话的那一部分消费者的意见和看法;只能调查较为简单的问题,不能调查复杂的问题;时间不宜太长。

 小案例 7-1

电话访问的开场白

开场白或者问候是你与客户通上话以后前 30 秒钟你所讲的话;或者是你所讲的第一句话。可以讲是客户对你的第一印象,在电话访问中第一印象将是决定着你的这个电话能否进行下去的一个关键因素。

开场白一般来讲包括以下几个部分内容:

① 问候/自我介绍。

"您好,我叫×××,是×××公司的访问员,我们现正在进行一项关于手机的访问,想了解一下手机用户的意见。耽误您一些时间,好吗?"

"您好!我是×××学院的学生,现正在进行一项社会实践活动,想听取您的一些意见,耽搁您一会儿,谢谢!"

② 表明打电话的目的。

"上个星期您提到……,您对我们服务人员的服务态度感到满意吗?"

③ 确认客户时间是否允许。

"可能要花您几分钟的时间,现在方便吗?"

如果受者此时很忙,尽可能与受者约定下次访问的时间。约定时应采用选择性的问题,"您看我们下次访谈定在明天上午还是下午呢?","是下午两点还是下午三点呢?"

④ 提出问题把被访问人员引入会谈。

"那个问题您怎么看?"

"您建议我们下一步如何做?"

⑤ 电话访问进行中。

电话访问进行中要注意倾听电话中的背景,如有人讲话、电话铃声等,此时应询问受访者是否需要离开处理,这表明你对受访者的尊重。

⑥ 提高你提问和听话的能力。

通过提问去引导你们的电话访谈,在听取受访人回答时正确理解客户的意图,包括话外音。

⑦ 打完电话后,访问员一定要向被访者表示感谢。

"感谢您这么长时间帮助我们,您的宝贵意见我们会认真考虑,谢谢,再见。"

(3) 邮寄调查法。

邮寄调查法,是指调查人员将设计印刷好的调查问卷,通过邮寄方式送给被调查者,由被调查者按要求填写后再寄回来,以获取市场信息资料的方法。邮寄调查法的优点是:调查的区域范围大,调查对象的数量可大大增加;调查成本较低,只需花费少量邮资和印刷费用;被调查者有较充分的时间填写问卷。其缺点是:问卷回收率较低,寄出的问卷往往不能按期收回;无法对被调查者填写问卷进行必要的解释和指导,容易产生填写的差错;调查所需时间较长。

小知识

1895年美国明尼达大学的一名心理学教授哈罗·盖尔使用邮寄问卷调查方法研究广告,他邮寄了200份问卷,最后收到了20份完整的问卷,回收率为10%。所以,提升问卷的回收率是采用这一方法最需要关注的一个方面。提高邮寄调查问卷回收率的常见的方法有:

① 由受尊重的权威机构主办将大大提高问卷的回收率;

② 随问卷附上邮寄信封和邮票等;

③ 附加一点实惠性的东西,比如给予一定的中奖机会、赠送一些购物优惠券、享受会员待遇等;

④ 加强问卷管理,在问卷发出后,试着做些事后性工作,比如发跟踪信、寄明信片、打跟踪电话等。

(4) 留置调查法。

留置调查法,是调查人员将调查问卷当面交给被调查者,并说明调查目的和填写要求,留下问卷由被调查者自行填写,再由调查人员定期收回问卷的一种调查方法。留置调查是介于邮寄调查和面谈调查之间的一种方法,其优点是:被调查者有充裕的时间填写问卷;调查人员做了必要的解释说明,避免由于误解提问内容而产生误差;回收率高。其缺点是:调查地域范

围小,调查费用较高。

(5) 网络调查法。

这里所讲的网络调查法,是狭义的描述,仅指网络直接调查,即借助互联网直接进行问卷调查、视频会议、QQ、论坛、微博、微信等在线访问的一系列方式开展一手资料的收集。

按照调查者获取样本信息的行为,可以将网络直接调查分为主动调查和被动调查。主动调查是指调查者建立网络上的样本群、讨论组或会议,实时信息传输完成问答或资料的收集工作;被动调查是指调查者将问卷发送到网站或电子邮箱或留言记录中,等待样本自己上网后浏览并完成问卷反馈回来,从而完成资料信息的收集工作。

如果按照互联网技术的特点又可以将网络直接调查法分为站点法、电子邮件调查法、随机IP法和视讯会议法等。① 站点法,是将调查问卷的 HTML 文件附加在一个或几个网络网站的 Web 上,由浏览这些站点的网上用户在此 Web 上回答调查问题的方法。站点法属于被动调查法,这是目前出现的网上调查的基本方法,也将成为近期网上调查的主要方法。② 电子邮件调查法,是通过给被调查者发送电子邮件的形式将调查问卷发给一些特定的网上用户,由用户填写后以电子邮件的形式再反馈给调查者的调查方法。电子邮件法属于主动调查法,与传统邮件法相似,优点是邮件传送的时效性大大提高了。③ 随机 IP 法,是以产生一批随机 IP 地址作为抽样样本的调查方法。随机 IP 法属于主动调查法,其理论基础是随机抽样。利用该方法可以进行纯随机抽样,也可以依据一定的标志排队进行分层抽样和分段抽样。④ 视讯会议法,是基于 Web 的计算机辅助访问(Computer Assisted Web Interviewing,CAWI),是将分散在不同地域的被调查者通过互联网视讯会议功能虚拟地组织起来,在主持人的引导下讨论调查问题的调查方法。

 小知识

目前市场调查服务业的发展趋势是网上市场调查,利用互联网这一平台开展高效的市场调查,其优点主要表现在提高调查效率、节约调查费用、调查数据处理比较方便、不受地理区域限制等方面,被许多调查咨询公司广泛应用。但是,在线市场调查并不是轻易可以实现的,受到市场信息、企业决策目标和调查技术特殊性等各方面约束。

E-mail 调查是通过向被调查者发送电子邮件的形式将调查问卷发给一用户,由用户填写后以电子邮件的形式再反馈给调查者的调查方法。电子邮件法属于主动调查法,与传统邮件法相似,优点是邮件传送的时效性大大提高了,其工作流程为:设计调查问卷内容→确定调查对象范围→群发邮件→答案回收及总结。

在 E-mail 调查时,应注意的事项如下:

(1) 尽量使用 ASCⅡ 码纯文本格式设计问卷内容,邮件尽量使用纯文本格式,使用标题和副标题,尽量使电子邮件简单明了,基于浏览和阅读。

(2) 首先传递最重要的信息,主要的信息和重点内容应安排在第一屏可以看到的范围内。

(3) 邮件主题明确,一般可以把文件标题作为邮件主题,主题是收件人最先看到的,如果主题新颖富有吸引力,可以激起收件人的兴趣,促使收件人打开电子邮件。

(4) 邮件尽量短小。因为电子邮件信息的处理方法不同于印刷资料,为尽量节约收件人的时间和流量,一般文件不超过 10 kb。

2. 观察法

观察调查法是指调查者利用自身的感官或借助仪器设备观察被调查者的行为活动，从而获取市场信息资料的调查方法。由调查人员凭借自己的感觉器官观察记录有关内容，称为人工观察；使用一些先进的设备、手段，如录音、摄像等进行观察，称为仪器观察。

除了人工观察和仪器观察外，观察法还可以分为很多种类型。

（1）根据观察方式不同，分为直接观察和间接观察两类。直接观察，又称现场观察，指调查者到商场、展销会、交易会等现场，观察和记录顾客的购买情况、购买偏好、同类产品竞争程度、新产品的设计以及各种商品的性能、样式、价格、包装等。间接观察，又称痕迹观察，指通过对市场现象发生的环境、行为痕迹等进行观察，以便间接反映市场现象的状况和特征。

（2）根据观察的内容不同，可以分为需求观察、行为观察、店铺观察、流量观察等。需求观察，是对消费者的购买行为和偏好进行观察，了解消费者喜爱的商品种类品牌、规格、款式、价格、包装等市场信息资料。行为观察，指对顾客或竞争者的行为进行观察，了解顾客生活习性、购买行为规律等，或了解竞争对手的营销策略和活动。店铺观察，是对商场购物环境、商品陈列、橱窗布置、现场广告、服务方式等的调查，用以了解和判断这些因素对店铺销售的影响。流量观察，是调查某一区域的车流量、人流量及其方向的方法，用以了解该区域的交通状况、商业价值。

观察法的优点是：首先，观察法具有直观性，能客观地收集第一手的市场信息资料。观察实施时调查人员与被调查者没有接触，被调查者不知道自己在被观察，是按照自己的生活规律和心理在活动，因而观察收集的资料真实可靠、准确性高，调查结果更接近实际。其次，观察法简便、易行，有较大的灵活性。再次，观察法不受被调查者态度或语言能力方面的限制，调查的适用性较强。

观察法的缺点也很明显：一是观察要受到时间、空间的限制，只能适用小范围的市场调查；二是观察只能看到正在发生的市场现象，而对过去发生的市场现象就无法认识；三是观察深度不够，只能观察人的外部行为，而其内在动机无法认识。

 小案例 7-2

观察调查法在日本深受重视，如东芝在推广家电产品给日本国内的消费者时，就曾经使用观察法来观察市场变化。东芝新产品的设计者在观察中发现，越来越多的日本家庭主妇进入就业大军，洗衣机不得不在早上或晚上进行，这样噪音就成为一个问题。为此东芝设计出一种低噪音的洗衣机进入市场。在开发这种低噪音产品时，他们还在观察中发现，当时的衣服已经不像以前那么脏了，许多日本人洗衣的观念也改变了。以前是衣服脏了才洗，而后来是衣服穿过了就要洗，以获得新鲜的感觉。由于洗得勤，衣服有时难以晾干。由于他们在观察中认识到妇女生活风格的这种转变，便推出烘干机，后来又发现大多数消费者的生活空间有限，继而发明了洗衣烘干二合一的洗衣机，结果产品销量大增。

讨论：观察调查法适合应用在哪些市场调查课题？

 小知识

牙膏销售计数观察卡片

观察地点：_____　　　　观察员：_____　　　　观察时间：_____

售价(支) \ 品牌	美加净	高露洁	白玉兰	草珊瑚	黑妹	洁银	……	其他
3元以下								
3~5元								
5元以上								

集市贸易商品价格观察卡

被观察单位：_____　　　观察时间：____年____月____日
观察地点：_____　　　　观察员：_____

商品类别和名称	计量单位	价格水平		
		第一次观察	第二次观察	第三次观察
第一类商品 甲 乙 丙				
第二类商品 甲 乙 丙				

3. 实验法

实验法是按照一定的条件假设，通过改变市场环境中的一个或几个因素(变量)来看这种改变对所要调查的市场现象产生什么影响，从而认识市场现象的本质及其发展规律。实验法主要有两种，一是实验室实验，二是现场实验。现场实验，即在现实市场中进行，比如试销，将新产品投入某些有代表性的市场上销售，来了解消费者对新产品的认识程度、接受程度。

实验调查的主要方法有三种：

(1) 单一实验组前后对比实验，是指选择若干实验对象作为实验组，将实验对象在实验活动前后的情况进行对比，得出实验结论。

(2) 实验组与对照组对比实验，选择若干实验对象为实验组，同时选择若干与实验对象相同或相似的调查对象为对照组，并使实验组与对照组处于相同的实验环境之中。实验者只对实验组进行实验活动，对对照组不进行实验活动，根据实验组与对照组的对比得出实验结论。

(3) 实验组与对照组前后对比实验，这是对实验组和对照组都进行实验前后对比，再将实验组与对照组进行对比的一种双重对比的实验法。

实验法的优点是：能获得市场情况的第一手信息资料，而且可靠性较强，可信度较高；可以

探索市场现象之间不明确的因果关系,排除了主观推断,结论的科学性强;为预测未来的市场需求提供客观根据。企业要想知道改变老产品的质量、价格、包装、款式等会产生多大的促销效果,就可以在选择的特定的地区和时间内进行小规模试验改革,试探并了解市场反应,然后根据试验的初步结果,再考虑是否需要大规模推广,或者决定推广的规模。

实验法主要应用在产品价格实验、产品改进效果实验、市场饱和度实验、广告效果实验等领域。这一方法的局限是:调查费用高、时间长、管理控制难,只适合于对当前市场变量分析,无法研究过去的情况。

小案例 7-3

美国某公司准备改进咖啡杯的设计,为此进行了市场实验。首先,他们进行咖啡杯选型调查,公司设计了多种咖啡杯子,让 500 个家庭主妇进行观摩评选,研究主妇们用干手拿杯子时,哪种形状好;用湿手拿杯子时,哪一种不易滑落。调查结果表明,选用四方长腰果型杯子较为理想。然后公司对产品名称、图案等也同样进行造型调查。

接着他们利用各种颜色会使人产生不同感觉的特点,通过调查实验,选择了颜色最合适的咖啡杯子。公司调查的方法是,首先请来了 30 多个被调查者,要求他们每人各喝 4 杯相同浓度的咖啡,但是咖啡杯的颜色则分别为咖啡色、青色、黄色和红色 4 种。试饮的结果,使用咖啡色杯子的人认为"太浓了"的占 2/3;使用青色杯子的人大都认为"太淡了";使用黄色杯子的人主要倾向于"不浓,正好";而使用红色杯子的 10 人中,有 9 个说"太浓了"。根据这一调查,公司咖啡店里的杯子以后一律改用红色杯子。结果这种咖啡杯投入市场后,与市场上的其他公司的产品展开了激烈的竞争,以销售量比对方多两倍的优势取得了胜利。

思考: 该公司的市场实验方法具有什么特点?

分析提示: 该公司应用了实验法来收集信息为产品包装决策提供信息支持。这一方法的特点是在现实市场中进行,能获得市场中最真实的一手资料,可信度高,但是耗费高、时间长,由于实验的变量需要控制,须有专业人员来设计实验并进行过程控制,才能保证实验结果的可靠性。

4. 小组座谈会法

小组讨论法是一种特殊的面谈调查法,也称集体面谈法或小组访谈法。由一个经过训练的主持人,以一种无结构的自然的形式与一个小组的被调查者交谈,从而获取市场信息资料。

小组座谈会法的特点在于,它所访问的不是一个一个的被调查者,而是同时访问若干个被调查者,通过与他们的集体座谈来收集信息,是定性调查中最常用的方法。小组座谈会法的优点是:资料收集快,效率高,节省时间;取得的资料较为广泛和深入;在覆盖的主题和深度方面较为灵活;能将调查与讨论结合在一起。小组座谈会的缺点则有:对主持人的素质要求较高;样本代表性较差,容易受被调查者的影响出现偏差;回答结果散乱,后期对资料的分析和解释较为困难;受时间限制,难以进行深入细致的交流。

5. 深度访谈法

深度访谈法又名深层访谈法,是一种无结构的、直接的、一对一的个人访问,在访问过程中,一个掌握高级技巧的调查员深入地访谈一个被调查者,以揭示对某一问题的潜在动机、信念、态度和感情。与小组座谈会一样,深层访谈法主要也是用于获取对问题的理解和深层了解的探索性研究。不过,深层访谈法不如小组座谈会使用那么普遍。比如,为发掘目标顾客对某产品所引起的深层动机时,可采用深层访谈法。

深层访谈法的优点是比小组座谈法能更深入地探索被访者的内心思想与看法;而且深层访谈可将反应与被访者直接联系起来,不像小组座谈中难以确定哪个反应是来自哪个被调查者。深层访谈可以更自由地交换信息,而在小组座谈中也许做不到,因为有时会有社会压力不自觉地要求形成小组一致的意见。

同样,深层访谈法的缺点在于:调查的无结构性使得调查质量更多地依赖调查人员的素质高低;结果的数据常常难以分析和解释,因此需要熟练的心理学家的服务来解决这个问题;占用的时间和所花的经费较多;样本的代表性差;等等。因而在一个调查项目中深层访谈的数量是十分有限的。

6. 认知投射法

认知投射法,即让被调查者完成一定的作业,然后通过对作业的分析,了解作业中所反映出来的被调查者的动机和态度。小组座谈会法和深度访谈法都是直接调查,即在调查中明确地向被调查者透露调查目的,可是有些情况下,透露调查目的会使被调查者先入为主地形成某种常规性答案,不一定符合他自己真实的态度、动机和情感。为解决这样的问题,调查人员就要借助间接的调查方法,其中最有效的方法之一就是认知投射法。

投射技术就是指让被调查者通过一定的媒介,建立起自己的想象世界,在无拘束的情景中,显露出其个性特征的一种个性测试方法。这种方法可以穿透人们的心理防御机制,使真正的态度和情感浮现出来。测试中的媒介,可以是一些没有规则的线条,可以是一些有意义的图片,可以是一些只有头没尾的句子,也可以是一个故事的开头,让被调查者来编故事的结尾。比如调查者为消除受访者的自我防卫心理,可以采用文字联想法、语句完成法、角色扮演论等更具技巧性的方法来对顾客进行访问。

 小知识

心理学家亨利·默里创制了主题统觉测试(TAT),这是投射测试的一种。1935 年,默里和摩根为研究而发明了 TAT 法,测试者让被试者看 19 张黑白片,被试者对图片里所进行的事情和为什么进行一点也不知道,但要求他就每张图片编一个故事出来,每个故事花约 5 分钟的时间,可以任由被试者自由想象和发挥。对这些故事进行的心理学解释,在很大程度上依赖于一个由项目研究小组编制的、由 35 条性格"需要"或者动机组成的单子,其中涉及成就需要,自制需要,没有秩序的需要和成为别人的救星的需要。

TAT 的特别价值是:当一个人解释一个含义模糊的社会情境时,他很容易像他所关注的现象一样暴露出他自己的性格来。他完全倾心于解释那个客观的现象,变得非常天真,没有意识到他自己,也没有想到别人正在仔细地看他,这样一来,他也就毫无戒备,没有平日那么有警惕性……受试者暴露出了自己内心深处的一些幻想而丝毫没有察觉。

TAT 法虽有其价值,可用起来还是相当麻烦,一些人讲出长篇大论的一系列故事来,得出了大量的信息,可另一些人又无话可说,什么信息也没有。尽管如此,它证明还是一种可靠也有效的工具,可以用来检测性格特征,而且还被证明具有预测的作用。

三、二手资料调查法

(一) 二手资料的价值

(1) 可以帮助明确问题,或是更好地定义问题。在某种情况下,采集二手资料获得的信息足以洞察或解决研究的问题。例如,企业根据多年的销售资料,可以快速发现销售费用与销售收入是否呈正相关,是否需要调整销售方式和经费预算;广告主利用市场调查公司提供的广告监测资料就可以清楚地了解各竞争对手的媒体广告投入量,从而界定企业的经营竞争战略的问题所在。

(2) 可以直接为原始资料的研究提供研究背景和必要的研究工具。比如关于消费者对广告态度的测量,如果能够得到行业内其他单位所采用的量表,那么自己就无须再编制量表。

(3) 可以回答一些调查问答题,检验某些假设。通过调查、实验获得的第一手资料,有时并不能完全说明某个问题,而他们研究过的结论或编撰过的资料可以被引用来解释和补充一手资料,或是更深刻地解释原始数据。所以,二手资料常常被研究者引用作为评价原始资料的标准或作为原始资料的补充说明。

因此,考查研究可能得到的二手数据是收集原始数据的先决条件。一般应从二手数据开始分析。只有当二手数据的来源已经全用完了或者有了一定的盈余以后,才能考虑进行调查收集原始数据。归纳起来,二手资料采集法的优点有:

(1) 适应面广,任何调查都可以用此方法;
(2) 节省时间、人力,费用低;
(3) 不受调查人员和被调查者主观因素的干扰,反映的信息内容较为客观;
(4) 可协助核对实地调查资料的准确性。

尽管二手数据对市场调查是很有帮助的,但调查者在使用二手数据时应当谨慎,因为二手数据有一定局限性和缺点。

 小案例 7-4

日本公司为了使产品能进入美国市场,专门查阅了美国的有关法律和美国进出口贸易法律条款。阅后得知,美国为了限制进口、保护本国工业,在进出口贸易法律条款中规定美国政府收到外国公司商品报价单,一律无条件地提高50%。而美国法律中,本国商品的定义是"一件商品,美国制造的零件所含的价值,必须在这一商品总价值的50%以上",日本公司针对这些规定,思谋出一条对策:生产一种具有20种零件的商品,在本国生产19种零件,在美国市场上购买1种零件,这一零件价值最高,其价值比率在50%以上,在日本组装后再送到美国销售,就成了美国国内的商品,就可以直接和美国公司竞争。

思考:二手资料采集法的主要优点是什么?

分析提示:采集二手资料,可以帮助公司快速便捷地获取大量的市场信息资料,费用低,并利用节省下来的时间快速地做出经营决策。

(二) 二手资料的来源

二手资料可分内部资料来源和外部资料来源两个方面,其中外部资料来源是主要的。

1. 内部资料来源

内部资料来源指企业内部各部门、机构保存的各种经营活动的资料,如销售发票、应收账

款报告、销售活动报告、客户意见卡等。内部资料来源主要包括:

(1) 企业职能部门提供的资料,主要是会计账目,如会计、统计、计划部门的统计数字、报表、原始凭证、会计账目等。

(2) 企业经营机构提供的资料,主要是销售记录,如进货统计、销售报告、库存动态记录、合同签订执行情况、客户订货单、消费者意见反映等。

(3) 其他各类报告,如企业保存的各种会议记录和以往的市场调查报告等。

 小知识

百货商店的内部二手数据:
(1) 按产品线分类的销售额;
(2) 按部门分类的销售额;
(3) 各商店的销售额;
(4) 按地理区域划分的销售额;
(5) 按现金或信用卡支付方式分类的销售额;
(6) 特定时间段的销售额;
(7) 按购买规模分类的销售额。

2. 外部资料来源

外部资料来源指企业之外的机构、团体、媒介等所提供的资料,如期刊、名录或索引发布的数据资料,商业机构汇编的数据,网络和非网络数据库的数据等。常见的有以下一些:

(1) 国家统计部门定期发布的统计公报、各类统计年鉴等;
(2) 各种经济信息部门、行业协会和联合会提供的定期或不定期的信息公报;
(3) 国内外有关报纸、杂志、电视及其他大众传播媒介提供的各种形式多样的直接或者间接的市场信息资料;
(4) 各种国际组织、外国驻华使馆、国外商会等提供的定期或不定期的统计公告或交流信息;
(5) 各种数据库和电子出版物等,可分为4类:文献目录、数字、名录和全文;
(6) 国内外各种博览会、交易会、展销订货会等营销性会议以及专业性、学术性会议上发放的文件资料;
(7) 各级政府部门公布的有关市场的政策、法规、规章规定,以及执法部门的有关经济案例等。

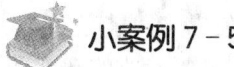 小案例7-5

KFC雇用IBM开发"Metacube"软件,用于从11 000个店中收集数据并建立数据库。运用该数据库,可以分析购买内容和时间,包括顾客在店内就餐、汽车快餐和外卖的比例。并且,KFC根据数据库储存的历史数据和该地区的经济趋势,可以预测每小时、一星期中每一天、一年中不同时期的销售。这些预测可以使员工安排效率最大化,存货数量最小化,从而帮助KFC改进服务,提高顾客满意度,实现利润最大化的目的。

思考:有人说,数据库的出现是现代信息时代企业进行二手资料采集的最主要的支撑技术,这种观点是否站得住脚?

分析提示：数据库是按照一定要求收集且具有内部相关性的数据的集合体。数据库包含着大量的信息，只有通过计算机进行编辑、分类和分析才能较为容易地运用它们。数据库营销能够产生十分复杂而目标明确的营销项目，而且在现代企业的客户关系管理领域发挥了重要的作用。

小思考：调查企业内部二手资料和外部二手资料的工作要求有什么差别？

（三）二手资料采集的主要方法

1. 文案调查法

文案调查法，是指调查人员从各种文献档案材料收集有关历史和现实的各种市场信息资料的调查方法，又称文献调查法、案头调查法、间接资料收集法等。文献档案材料，包括图书、期刊、报纸、杂志、调查报告、政府文件、统计数据、会议记录、专刊文献、学术论文、档案材料等。

文献资料收集法的优点是省时省力、成本低，不受被调查者主观因素的干扰，反映的信息内容较为客观；但是审核难度较大，一方面是由于文献资料主要是历史的记载，时间一长，中间经多人传抄引用，其客观性、可靠性就需要检验，由于资料繁多，审核工作量大；另一方面是文献资料都是前人有目的地加工、编写而成，不可能与正在进行的调查项目完全一致，需要再做加工处理；最后，历史文献档案资料的查阅需要调查人员要有较高的文化水平，如要有较高语言文字处理能力，某些领域的专业知识和查找文献的能力等，这在一定程度上限制了该方法的应用。

小思考：文献资料收集法的优缺点有哪些？

2. 网络调查法

随着互联网的发展和普及，传统调查在新的信息传播媒体上的应用已是社会经济领域的不可阻挡之势。与传统调查方法相似，利用互联网开展的网络调查技术既可采集原始资料，也有对二手资料的查找和收集。我们所讲的网络调查法，不再是前面所讲的网络直接调查，而是指网络间接调查，即我们通常所说的网络搜索查找法。

例如，通过百度搜索"关于 2014 年中国房地产价格"方面的信息，就在网页的地址栏输入"百度"，进入百度页面，输入关键词"2014""中国房地产""价格"就会搜索到"关于 2014 年中国房地产价格"方面的研究咨询报告，会看到如《中国房地产报》等相关资料，不过有些资料是通过购买或者付费的方式才能看到。

扫码查看更多内容

网络信息资料面多又广，不受时间和空间的限制，大大提高了二手资料收集的速度和范围，使得这一调查方法得到了调查公司和调查者的青睐。但是由于互联网的特殊性，网络信息的真实性无法鉴别，而其信息发布者可能是匿名，无法确定身份，致使信息来源不确定。所以，对资料的审核需要专业的知识和工具，这是非常重要的。

📓 小知识

在充满竞争的环境中，一个关键词就是"快"，要更快速地做出成果，宣传成果。因此，我们现在做营销调查就应优先考虑二手数据。为什么？因为它更快捷。

——罗伯特·本根（新秀丽公司营销调查部经理）

目前网络间接调查方式主要有四种:利用搜索引擎收集资料(WWW)、利用公告栏收集资料(BBS)、利用新闻组收集资料和利用相关的网上数据库收集资料。其中利用搜索引擎是最主要的二手资料收集方式。

(1) 搜索引擎收集资料。

国内外搜索引擎越来越多,目前使用较多的有百度、搜狐、雅虎、新浪、网易、谷歌、必应、BT搜索等。使用搜索引擎可以按照分类、网站和网页来搜索关键字,从大类到小类不断缩小选择。为提高查找效率和准确度,可以通过搜索引擎提供的搜索功能直接输入关键字进行查找。

百度并非万能,很多完整的有价值的报告通常都是需要购买或者进入专门的文献库才有可能获得。这样的报告往往是提供辛迪加服务的市调公司售卖,科研机构的研究成果,或者企业的内部机密,通过搜索获得的难度较大。网上充斥着所谓某某行业的分析报告,只能看目录具体内容要付费的那种,数据准确性有限,质量粗劣,如非正规知名公司出品的报告建议谨慎购买。

 小知识

辛迪加数据,又称辛迪加来源,是收集和出售共有数据的信息供应商,具有高度专业化,可以分摊信息的成本,而且保证信息需要者可以非常快地获得所需的信息。辛迪加数据的主要应用在于:测量消费者态度以及进行民意调查,确定不同的细分市场,进行长期的市场跟踪。

(2) 公告栏收集资料。

BBS,又称电子公告牌系统(Bulletin Board System,BBS),是通过在计算机上运行服务软件,允许用户使用终端程序通过 Internet 来进行连接,执行下载数据或程序、上传数据、阅读新闻、与其他用户交换消息等功能。利用公告栏搜集资料,它提供一块公共电子白板,每个用户都可以在上面书写,可以发布信息、留言、发表意见或回答问题;也可以查看其他人的留言,所以可以用于商业方面,如发布工商产品的求购信息等;另外还有一些网络服务机构在网站上开设了商务讨论区,如金桥信息网和中国黄页供求热线。

 小知识

BBS 具有以下几个特点。

① 信息量大。

在 Internet 上,人们可以查询到几乎涉及所有自然学科、社会学科的信息。大型电子图书馆、网上信息库的建立,连入网络数量的继续增加及信息种类的不断丰富。使 Internet 成为独一无二的、最大的共享信息源。BBS 同样也得益于 Internet 的信息优势,可以向网上用户提供极其丰富的信息资源。

② 信息更新快。

与 Internet 上其他部分的资源相比,BBS 是信息更新速度较快的一种。每个 BBS 站点的信息随时都处于不断更新中。BBS 的普通用户在获取信息的同时,也提供各种不同的信息。

③ 交互性强。

BBS 具有很强的实时交互操作功能,能够提供强大的站上实时交谈和交互游戏的功能。BBS 按不同的主题分成很多个布告栏。布告栏的设立依据是大多数 BBS 使用者的要求和喜好,使用者可以阅读他人关于某个主题的最新看法,也可以将自己的想法毫无保留地贴到公告

栏中。如果需要私下交流,也可以将想说的话直接发到某个人的电子信箱中。

目前国内的 BBS 已经十分普遍,大致可以分为 5 类:校园 BBS 站、商业 BBS 站、情感 BBS 站、个人 BBS 站和专业 BBS 站。

(3) 新闻组收集资料。

新闻组就像是一个可以离线浏览的 BBS,是个人向新闻服务器粘贴邮件的集合地,是个完全交互式的超级电子论坛,由成千上万个致力于不同主题的新闻组组成,所有的人都可以随意发表自己的观点,阅读别人的意见,补充修改别人的观点,甚至组织一次讨论,主持一个论坛,实现观点、信息的交流。

随着 Internet 的发展,一些商业机构或企业迅速进入 Usenet,使其逐渐丢失其非商业化的初衷,各种商业广告散布其中,纯商业性的讨论组也大量涌现,因此通过这类 Usenet 获取信息也是途径之一。目前国内人气较旺的新闻组包括新帆新闻组、微软中文新闻组、万千新闻组等。

(4) 相关的网站数据库收集资料。

网站数据库,就是动态网站存放网站数据的空间,也称数据库空间。现在大多网站都是由 ASP、PHP 开发的动态网站,网站数据是有专门的一个数据库来存放。网站数据可以通过网站后台,直接发布到网站数据库,网站则把这些数据进行调用。目前比较知名的网站数据库有阿里云数据库、百度云数据库、亚马逊 AWS 数据库,以及很多的在线百科等。作为网络的一个重要应用,数据库在网站建设与网络营销中发挥着重要的作用,与普通网站相对而言,具有数据库功能的网站网页我们通常称为动态页面,也就是说页面不是一成不变的,页面上内容(或部分内容)是动态生成的,它可以根据数据库中相应部分内容的调整而变化,使网站内容更灵活,维护更方便,更新更便捷。

课堂训练

各学习小组讨论市场调查方法的常见分类,各种调查方法的优缺点比较,并将比较结果形成总结汇报 PPT。要求:明确方法的含义、特点后,选取一个恰当的案例进行展现。

任务 7-2 一手资料调查法

◆ 任务目标描述

在任务 7-1 熟悉一手资料收集方法的特点的基础上,进一步掌握一手资料调查法(访问法、观察法和实验法)的操作要求和技巧。

◆ 任务知识介绍

一、街头拦截访问法

(一) 街头拦截访问的形式

街头拦截访问法,在操作时通常可以分为定点街访和流动街访两大类。其中,定点街坊就是选择适当的户外场地拦截符合条件的被访者进行(一对一)访问。这种调查方法相对简单,在超市、写字楼、街面、车站、停车场等公共场所均可以进行这样的访问。

定点街访又有两种形式。一是访问员在事先选定的若干地点,按一定程序和要求(如每隔几分钟拦截一位,或每隔几个行人拦截一位)选取访问对象,征得对方同意后,在现场进行简短的问卷调查。二是中心地调查或厅堂测试,是在事先选定的若干场所内,租借好访问专用的房间或厅堂,根据研究要求,可能还要摆放若干供被访者观看或试用的产品,按照一定程序和要求,拦截访问对象,征得其同意后,带到专用的房间和厅堂进行面访调查。

不同形式的街坊调查比较,如表7-3所示。

表7-3 比较不同形式的街坊调查

	定点街访特点	流动街访特点
时间	时间较长,且场地利用率高,一般需要2天	访问时间维持在10分钟之内
场地	场地固定,例如在某个宾馆、安静教室等	同一天内要更换3~4个地点
项目难度	适用于需要设备比较多、操作较难的项目	做简单的项目
访问用具	访问用具较多	用具较少、无太多样品出示
复核	具可操作性	难度较大、不具太大操作性
费用	费用较高	费用低(主要减少场租费)
样本分布	样本较集中	样本分布相对均匀
真实性	被访者相互影响较小	问卷的真实性、客观性比定点街访差(因访问员比较分散)
其他	时间利用率高	受外界情况影响较大(巡警干涉,天气原因等)

(二) 街头拦截访问法的特点

街头拦截访问法的优点是:街头定点拦截访问的费用低于入户访问,这是拦截访问的最大优势;除了费用低以外,在直接面对访问者进行启发和运用专门问卷等方面具有同入户访问一样的优势。街头定点拦截访问具有如下不足之处:受活动地域限制,访问地对访问样本的代表性有一定的局限性。街头拦截访问的拒访比例往往比较高。

(三) 街头拦截访问的操作要点

1. 项目前期

(1) 选点:访问区域(街访点)的选取,要选一个人流量比较大的地方且符合本次项目的街访点。

(2) 招募:招聘合格的访问员、拦截员、甄别员等。

(3) 培训:对所有参与项目的访问员、甄别员、拦截员、审卷员进行培训,对问卷中的逻辑性问题以及开放题要重点强调,详细告知访问员应如何自审问卷,如何深度追问和广度追问等。

(4) 试访:培训完毕后,开始进行试访,可以由督导充当被访者,每个访问员轮着问问题,根据督导的回答每个访问员各自填写各自的问卷,在被访过程中,如出现一些操作不规范等情况,可以第一时间纠正、指导。

(5) 小结:试访完成后,不合格的访问员将不能参与此项目。对于在试访中发生的一些情况进行总结归纳,提醒访问员不要再在现场访问中犯同类错误。

2. 项目进行时

各岗位工作人员各司其职。

(1) 甄别员:严格按照操作流程对被访者进行逐一询问,对于不符合条件的被访者,应及时终止访问,并致谢,送被访者离开;对于甄别通过的被访者,邀请其参加下面的访问。

(2) 拦截员:根据项目要求,拦截合格的被访者。同行之中,只能访问其中一个。不能对被访者进行洗脑。

(3) 访问员:对于问卷,要做到心中有数——什么地方该跳问,什么地方有逻辑问题,开放题该怎么问、该怎么作答。严格按照访问要求,原话读题,不能用自己的话语问,以免让被访者曲解问题。访问结束后,访问员应第一时间将问卷给到现场督导审核,审核没问题后,方可赠送礼品给被访者并致谢。对于漏问或者有问题的地方,应第一时间补问。

(4) 督导:巡视拦截区域及访问区域的情况,对不正确的操作或出现的问题进行及时纠正,并对配额进行统计,检查质量,对问卷进行审核。

(5) 对于需要录音的项目,甄别员和访问员在访问之前一定都要报问卷编号,以免后期对录音的统计和整理。

3. 项目结束后

(1) 配额统计:项目督导对问卷的配额再次进行统计,看是否有漏做的配额;

(2) 问卷的审核:对问卷进行二次审核;

(3) 电话复核:对所有问卷进行电话复核,对于有问题的问卷,及时废掉;

(4) 劳务费结算:项目结束后对兼职人员的费用进行统计、整理并提交给项目经理待审核。

拦截访问操作流程,如图7-2所示。

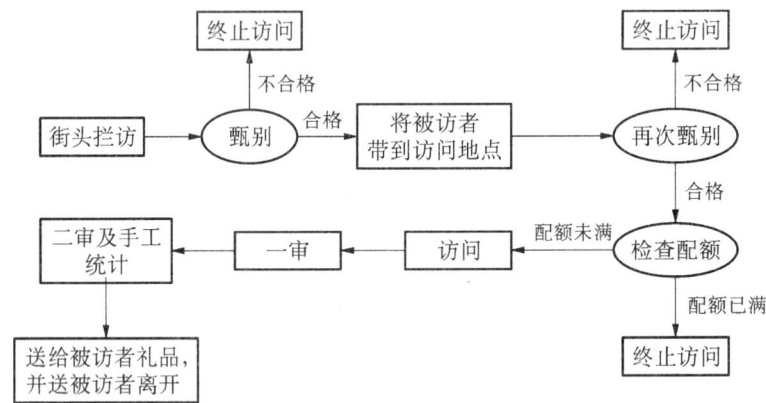

图7-2 拦截访问操作流程图

二、焦点小组访谈法

(一) 焦点小组访谈法的含义、特点

焦点小组访谈法(Focus Group Interview)是由一个经过训练的主持人,以一种无结构的自然的形式与一个小组的被调查者交谈,主持人负责组织讨论,从而获取对一些有关问题的深入了解。同时也可以利用单面玻璃及摄影机观察小组成员的表情及发言情形。小组成员应以具有同

样特征为佳。座谈的时间最好在 1.5～2 小时。一般每个小组由 8～12 人组成。

（二）焦点小组访谈法的步骤

（1）拟定小组访谈指南（计划）。企业在进行焦点访谈前必须明确调查的目的，以便在调查过程中做到有的放矢；确定要深入交流的问题和讨论的时间、地点等。

（2）征选参与者。焦点访谈的参与者一般都要经过甄别。先由研究人员定下标准，让访问员找到足够的符合条件的候选人，并且对参与者分组，一般以某个参数是否同质为准，同质同组。最好选择那些了解与调查问题相关的市场情况，敢于发表见解，语言表达能力较强的人参加会议，人数一般控制在 8～12 人。此外，参与者应该尽量"普通"些，如果没有必要，应该把有"专家"行为倾向的人排除在外，如一些特殊职业（律师、记者、讲师等）的消费者，因为他们很容易凭借自己的"健谈"过多占用发言时间，并且影响其他参与者，同时增加了主持人的控制难度。

（3）选择、培训主持人。合格主持人首先应该是训练有素的调查专家，他对调查背景、调查目的、调查程序、分组情况都应该了如指掌。如果要主持一个诊断性小组座谈会，主持人还要有良好的心理学和社会心理学的知识。主持人不但要把握会议主题，控制会议进程，还要对小组成员进行有效的激励和快速记录，所以要对选拔出来的主持人进行与座谈会活动相关的培训，改进谈话技巧，丰富组织管理经验和应变能力。

（4）会场布置。会场环境也很重要，不同的调查项目会需要不同的现场布置，比如广告效果座谈就需要投影仪和屏幕，概念测试需要制作概念板。宽敞明亮、气氛温馨的会议室会使人觉得放松，利于与会成员发表评论和看法。把参与者的名字写在桌牌上预先放置妥当，这样做既可以使参与者能够按设定的次序就座，大大方便记录和数据分析处理；还可以方便主持人在座谈过程中直接称呼参与者，促进沟通关系的建立。

（5）讨论过程控制（访谈实施阶段）。介绍——会议要求说明——问题讨论——宣布结束。

（6）分析结果和撰写报告。几组焦点小组座谈实施完毕，参与者说的都是真心话吗，是不是还有不明确的信息，要不要再组织一次补充，是否需要用其他方法继续深入调查、观察、实验或者问卷访问，这些都需要对资料和数据分析之后才能得出结果。

一般要求主持人、参与座谈的工作人员、观察者（营销专家、调查人员）每人都递交一份分析报告，然后集中到调查人员手中，由调查人员召集项目组人员举行头脑风暴会议，对每个人独到的见解再次进行剖析和发散，最后由调查人员撰写正式报告。

小知识

焦点小组访谈主持人的素质及说明

素质要求	说　　明
坚定中的和善	为了促成必要的相互影响，主持人应将训练有素的（不偏不倚的）超脱的态度与理解对方并将感情投入这两者很好地结合起来
容许	主持人必须容许出现小组的兴奋点或目的不集中的情况，但必须保持警觉性
介入	主持人必须鼓励和促进热情的个人介入
不完全理解	主持人必须通过摆出自己对问题的不完全理解，进而鼓励参加者更具体地阐述其看法

续表

素质要求	说　　明
鼓励	主持人必须鼓励不发言的成员积极参与
灵活	在小组座谈过程出现混乱时,主持人必须能够随机应变并及时改动计划的座谈提纲
敏感	主持人应是足够敏感的,以便能够在既有感情又有理智的水平上去引导小组的讨论

(三) 焦点小组访谈法的操作要点

(1) 焦点访谈的目的决定了所需要的信息,从而也决定了需要的被访者和主持人。

(2) 曾经参加过焦点访谈的人,是不合适的参与者。参与者中应该避免亲友、同事关系,因为这种关系会影响发言和讨论,万一发生这种现象,应该要求他们退出。

(3) 吸引参与者参加座谈的措施:

① 报酬越高越能吸引人参与;

② 越枯燥的调查项目报酬越要高;

③ 座谈会要尽量安排在周末举行;

④ 向目标人选描述座谈会如何有趣、有意义;

⑤ 强调目标人选的参与对研究十分重要。

(4) 主持人在焦点小组座谈中要明确工作职责,其工作职责是:

① 与参与者建立友好的关系;

② 说明座谈会的沟通规则;

③ 告知调查的目的并根据讨论的发展灵活变通;

④ 探寻参与者的意见,激励他们围绕主题热烈讨论;

⑤ 总结参与者的意见,评判对各种参数的认同程度和分歧。

(5) 焦点访谈的数据和资料分析要求主持人和分析员共同参与。

他们必须重新观看录像,不仅要听取参与者的发言内容,而且要观察发言者的面部表情和肢体语言。企业在对产品的概念测试时特别要注意这一点,因为参与者往往不愿意对设计的"概念"提出激烈的反对意见,只有当企业自己观察到参与者不屑一顾的嘲讽表情时,才会认识到概念并不受欢迎。

(6) 主持人应把握会场气氛。

主持人在座谈开始时就应该亲切热情地感谢大家的参与,并向大家解释焦点小组座谈是怎么一回事,使参与者尽量放松。然后,真实坦诚地介绍自己,请参与者一一自我介绍,并诚恳地告诉参与者:

① 不存在不正确的意见,你怎么认为就怎么说,只要你说出真心话;

② 你的意见代表着其他很多像你一样的消费者的意见,所以很重要;

③ 应该认真听取别人意见,不允许嘲笑贬低;

④ 不要互相议论,应该依次大声说出;

⑤ 不要关心主持人的观点,主持人对这个调查课题跟大家一样,主持人不是专家;

⑥ 如果你对某个话题不了解,或没有见解,不必担心,也不必勉强地临时编撰;

⑦ 为了能在预定时间内完成所有问题,请原谅主持人可能会打断你的发言等。

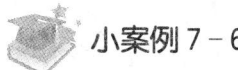

小案例 7-6

BC人民广播电台计划于2014年对现有频道进行改造。频道整体风格将按照名人"脱口秀"的传播风格进行整体改造。"名人脱口秀"对于已习惯了目前广播节目风格的中国广播听众来说是一件新事物,其接受的程度如何?对于新频道有怎样的内在需求?与之相关联的是新频道采取怎样的运作机制和节目风格等与中央电台都市频道竞争?这些都需要通过一定的调查手段加以明确,才能降低市场风险,在频道改造伊始便能够形成传播优势,在社会效益和经济效益两个方面形成比较强的竞争力,以及在内部栏目管理、资源整合、广告策略等重要方面旗开得胜。

一、调查方法

1. 定量调查(略)。

2. 定性调查——小组座谈会:

第一场:广告代理公司/媒介购买公司座谈会。

甄别条件:过去三个月在BC电台或中央电台购买过广告时段的广告代理公司或媒介购买公司的广告业务决策人或主管。

执行时间:2013年10月12日。

参会人数:10人。

第二场:广告主座谈会。

甄别条件:过去三个月在BC电台或中央电台投放过企业广告的企业广告业务决策人或主管。

执行时间:2013年10月13日。

参会人数:10人。

二、调查总体发现

1. BC电台改版势在必行——生与死的抉择

小组座谈会中,各广告代理商、广告主对广播都非常了解,对于BC电台目前在北京广播业中的形势都非常忧虑,节目收听率低、目标听众老年化、广告环境差、频道经营已经形成了恶性循环。不少广告客商甚至说:"如果BC电台再不改版,再过一两年,BC电台就要从北京的广播业中彻底消失了。"在这种形势下,BC电台改还有一线生机,不改就是坐以待毙。如何改?是小打小闹、缝缝补补,还是改头换面、焕然一新?广告代理商、广告主一致认为,小手术已经不足以救活BC电台,只有彻底摆脱过去BC电台的影子,完全纯粹地改变才能让BC电台有机会活起来。

BC电台改版为城市广播,定位为社会热点话题的名人脱口秀节目,这种整体的重新定位是非常正确的,只要定位准确有效,又可以实现定位,BC电台总会闯出一片新天空。

2. 目标受众——广告商、广告主的最爱

移动收听人群的加入,特别是私有车主加入到广播听众中来,使得广播业走出低谷,日益繁荣。交通台的成功,更是对移动收听人群中私有车主广告价值的市场认同。这一类人,年龄在25岁以上、有学历、收入不错、有思想、社会化程度高。BC电台定位的社会热点话题评论在他们所关注的节目中排名第四,相当有吸引力,新鲜的名人脱口秀风格会让这种节目更加与众不同,只需在话题的选择、谈话的风格上更适合这类人的需求,BC电台一定能锁定这批最有广告价值的收听人群作为目标受众。

另一方面,根据听众需求调查数据结果,我们发现移动人群中的私有车主的收听习惯很不固定,还不算是广播的忠实听众。但正因为如此,这部分人才存在着可开发的价值,BC电台正好可以用差异性定位来吸引这部分人。

当然定义目标受众的目的并不是只考虑这些人的需求,但事业有专攻,我们首先要满足的是目标受众的需求,其次才是其他受众。这种听众的主次层次的划分要体现在频道经营的各种环节上,从节目选题、节目风格、节目编排,到广告经营中所针对的行业。

三、附录

1. 广告代理公司、媒介购买公司座谈会笔录(略)
2. 广告主座谈会笔录(略)

思考: 1. 如何选择座谈会的对象?
2. 简述开好座谈会应注意的细节问题。

三、入户调查法

(一) 入户调查法的含义、特点

入户调查法是指调查员到被访问者家中(企业用户是在单位中),对被访者开展直接的、一对一的个人访问的一种调查方式。调查员按抽样方案的要求,到抽中的家庭或企业单位中,按照事先规定的方法,选取适当的被访者,依照问卷或调查提纲进行面对面的直接提问,问卷可为访问式问卷和自填式问卷,问题可以是封闭式的,也可以是开放式的。到目前为止,许多调查公司仍然认为这是一种十分有效的最佳访谈技术。在访问过程中,一个掌握高级技巧的调查员深入地访谈一个被访者,可以有效地揭示被访者对某一问题的潜在动机、信念、态度和感情。

入户调查法的优点是可以直接得到反馈,可以对复杂的问题进行面对面的解释;访问质量较高,所获得的信息真实可靠,客观性强。但也存在一些不足,主要是调查成本较高,拒访率也很高。

(二) 入户调查的操作要点

1. 有效接近被访者

有效地接近被访者,与被访者之间建立起信任合作的关系,打消其顾虑,使被访者展示真实的自我,愿意给出真实的回答,是访谈成功的第一步。

(1) 选择亲切恰当的称谓。

访员在接近被访者时,首先遇到的问题是为对方选择一个合乎常规的称谓。称谓对了,被访者觉得亲切自然,双方的心理距离会迅速拉近,访问便有个好的开头;称谓错了,不仅会闹笑话,甚至会引起被访者的反感和排斥心理,影响访问的顺利开始。选择称谓时应注意以下问题:要符合陌生人初次交往的心理距离。一般而言,访员与被访者是第一次接触,亲密程度较低,相互之间的称谓一般应突出对方的社会角色身份,以示客气、尊重。例如,可根据见面之前的了解或询问,称对方为"教授""老师""经理""主任"等正式身份头衔,或者用"先生""女士""阿姨""大爷"等尊称。要入乡随俗,亲切自然。地域不同,人们喜欢的称谓也不同。访员在与被访者打交道之前,首先要了解当地的风俗习惯,做到有的放矢,称谓上要灵活处理。

(2) 选择接近被访者的途径。

接近被访者是访谈的开始,入户访谈时,访员必须选择有效的途径,进得门,坐下来,让被访者了解自己不约而至的目的,消除疑虑,才有可能进行访谈。

① 正面接近,直入主题。访员与被访者接触后,直接表明身份和意图。即直接告诉被访者"我"是谁及"我"代表谁,并出示相应的身份证明,如调查工作证等;"我"来干什么及为什么要来;"我"需要您的合作;"我"会对调查结果保密。

② 积极接近,把握主动。在入户访问中,如果访员认为被访者有时间接受访问,比如在周末或傍晚休息时入户,访员可以直接说"我想进来跟您谈谈这事",而不是说"请问我可以进来吗?"或者说"请问你现在有时间吗?"等可能让被访者说"不"的问话。入户调查的开始都是在门口,有经验的访员会尽量缩短在门口的寒暄,并设法进入房屋内。因为一旦进门,被访者就不太可能拒绝访问了。

③ 求同接近,以退为进。接近被访者后,如发现被访者紧张或不自然,访员不宜直接切入正题开始访谈。可以主动挑起一些与访问无关,但能引发初次交谈兴趣的话题,如老人、孩子、健康、社会热点等问题来打破僵局,在共同的语言交流中接近对方。

2. 有效控制访问过程

访问过程从访员提出第一个问题开始,到被访者回答完最后一个问题结束。访问过程的控制,是指访员在访问过程中,通过提问、追问、插话、目光、表情、动作等控制来组织、引导访问的过程,包括语言控制和非语言控制。

(1) 语言控制。

访问过程中的语言控制主要指提问、追问和插话的控制。

① 提问。提问成功与否决定着访问能否顺利进行。提问的方式很多,有开门见山式、投石问路式、顺水推舟式、顺藤摸瓜式、借题发挥式、循循善诱式等。

② 追问。在提问过程中,为了帮助被访问者加深对问题的理解,访员还要善于对问题进行追问。追问不是引导,也不是提出新的问题,而是对已经谈过的问题中不清楚的地方进行再次询问,是对提问的延伸或补充,目的是使问题的答案更准确、更完整。访谈过程中如果发现被访问者的回答前后矛盾或含混不清时,访员就需要追问。

但对问题的追询要做到适时与适度。要把握好追问的时机和分寸,以不妨碍访谈的顺利进行和不伤害被访问者的感情为原则。

③ 插话。在访问过程中,因为访员或被访者的原因,可能产生偏离访谈主题,或者需要从一个主题转向另一个主题的情况。这时候,访员就要善于对问题进行引导,通过插话的方式转换话题,实现对访问过程的有效控制,掌握访问进度和访问时间。

(2) 非语言控制。

① 体态语。体态语是指访问双方的肢体语言,包括各种动作和姿势。访问过程中,访员除了要避免个人习惯性的小动作,比如挠耳朵、抖大腿、抓头发等,还要善于利用一些动作、姿态的变化向对方传达某种信息,起到言语所不能表达的作用。同时注意对方体态语的变化,体会把握对方的思想、意图等。比如,访员连连点头,表示对被访者的谈话很赞同;访员用笔记录,表示认为刚才的内容十分重要;被访者频繁看时间,说明他希望加快速度或者结束谈话;被访者东张西望,表示对刚才的内容不感兴趣或者注意力已经转移;被访者打哈欠或者做小动作,表示已经很累。

② 目光。人们常说"眼睛是心灵的窗户"。目光交流是访问中最主要的非语言交流方式。访问过程中,运用目光既能达到观察对方的感受,控制访问过程,又不至于引起对方的不快和反感。一般而言,访员目光要柔和、自然、放松,既不能一直直视被访者,导致其拘束不安,也不能目光犹疑,使被访者对访问意图产生怀疑。访谈时,访员要直面对方但不能盯着看,要不时地与对方目光做短暂接触,以几秒钟为宜。

③ 表情。访谈时,被访者总希望自己的话能够获得注意,引起重视。因此访问一旦开始,尤其是在被访者说话时,访员的表情就显得尤为重要。访员应时刻关注被访者的谈话,并通过表情传达出启发、鼓励的信息,激发被访者的谈话意愿,对访问过程进行有效控制。当被访者谈到成功的事时,访员要表示出高兴;当被访者谈到伤心的事时,访员要表示同情。

④ 外部形象。访员的外部形象控制包括衣着、服饰、打扮等方面。首先,访员穿戴要合体,看起来像一般人头脑中的典型访员形象,这样可以使得访员的社会角色认同有效完成。其次,访员穿戴要普通化,避免制服或任何标注群体或团体的符号,避免因为过于严肃或轻率的外表导致被访者产生偏见性回答。最后,访员的穿戴应避免引人注目,以便突出访问本身而不是访员的服装。

3. 灵活处理无回答问题

访问过程中出现的无回答情况分为两种:一种是访问对象不在场,如计划访问的对象不在家、不在单位或者出差;另一种是拒绝访问。碰到这两种情况,访员都不能轻易放弃,另选对象,而应该按照调查方案的要求,灵活处理,分类解决。

(1) 对于被访者不在家的处理。

入户访谈时,访员按照样本户的地址表上门,常会碰到调查户无人在家的情况,这时候就必须复访,而不能随便放弃。一般而言,对于不在场的被访者要做到三次甚至三次以上的复访才能放弃这个对象。如果被访者在第一次访问时不在家,就要做好详细的时间记录,以便在复访时改变时段。

(2) 对拒绝回答的处理。

访问中经常会碰到被访者拒绝回答的情况。被访者拒访的情况常见的有以下几种:被访者认为访问主题"无聊";被访者说自己正忙不想花费时间;被访者对访员不信任;被访者害怕透露个人信息;被访者认为访问主题过于敏感;被访者在以前类似访问中有过不愉快的经历等。无论碰到哪种形式的拒访,访员都不能灰心泄气,而是要耐心地找出被访者拒绝的原因,并有针对性地加以克服。比如,被访者如果对访员不信任或对访问目的表示怀疑,访员就要出示有效的身份证明;被访者如果不了解调查意义而认为"无聊",访员就要说明研究的价值等。当然,如果访员确定被访者愿意接受访问而只是目前没有时间,就不要勉强或过多纠缠,而是应该礼貌的表示歉意,同时约定等到被访者有空时再次上门完成访问。

总之,访员只要注重积累社会知识和工作经验,熟练应用访谈技巧,耐心、热情、礼貌地对待被访者,就一定能灵活处理访谈中的各种问题,出色地完成入户访谈的艰巨任务。

 小知识

保证入户访问的数据质量的关键在于以下五个方面:

(1) 规范的抽样控制。如果要求根据调查数据对总体作推论,则抽取完全代表总体的样本是非常重要的。这些规范包括抽样框确定原则、起点原则、家庭户抽取原则、敲门入户原则、

家庭成员甄选原则等。

（2）标准的问卷设计。入户访问时一般是由访问员独立外出访问，访问员对于问卷的理解不可能达到研究人员的水平，因此如何设计出一份问卷，能够帮助访问员尽可能有效地收集到足够数据与水平的数据，是非常不容易的。

（3）严格的实地访问控制与质量监控制度。包括陪访率、回访率、新旧访问员的抽检率、复核率等。

（4）完善的访问员培训制度。随机入户访问是最困难的访问方式，对访问的各个方面都是一个严格的考验，包括敲门入户、回应拒访、问卷跳问、开放题追问、回访约定等。因此，入户访问员的基础培训、访问技巧培训、项目培训等都要求是最好的。

（5）经验丰富的督导团队。

四、深度访谈法

（一）深度访谈法的含义、特点

深度访谈法是一种无结构的、直接的、一对一的个人访问，在访问过程中，一个掌握高级技巧的调查员深入地访谈一个被调查者，以揭示对某一问题的潜在动机、信念、态度和感情。与小组座谈会一样，深度访谈法主要也是用于获取对问题的理解和深度了解的探索性研究。不过，深度访谈法不如小组座谈会使用那么普遍。比如，为发掘目标顾客在某产品所引起的深层动机时，可采用深度访谈法。

深度访谈法的优点是比小组座谈法能更深入地探索被访者的内心思想与看法；而且深度访谈可将反应与被访者直接联系起来，不像小组座谈中难以确定哪个反应是来自哪个被调查者。深度访谈可以更自由地交换信息，而在小组座谈中也许做不到，因为有时会有社会压力不自觉地要求形成小组一致的意见。

深度访谈法的缺点在于：调查的无结构性使得调查质量更多地依赖调查人员的素质高低；结果的数据常常难以分析和解释，因此需要熟练的心理学家的服务来解决这个问题；占用的时间和所花的经费较多；样本的代表性差等。因而在一个调查项目中深层访谈的数量是十分有限的。

（二）深度访谈法的操作步骤

深度访谈法的操作步骤，如图 7-3 所示。

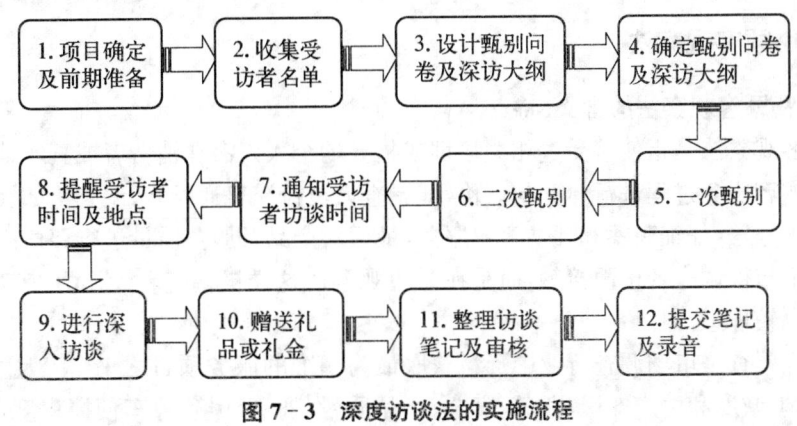

图 7-3　深度访谈法的实施流程

(三)深度访谈的操作要点

比较常用的深度访谈技术主要有阶梯前进法、隐蔽问题寻探法、象征性分析法三种。阶梯前进法是指顺着一定的问题线探索,如从产品的特点一直到使用者的特点。使得调查员有机会了解被访者思想的脉络。隐蔽问题寻探法是指通过一些通常的话题去发现或者推论得出深层次的市场信息,如从被访者有几个孩子、孩子的年龄和受教育情况等一般性问题,调查人员可以间接了解被访者的家庭年收入信息。象征性分析法则是指访谈中让被访者观看具象的物体、图片等,通过观察被访者的行为和听取被访者的感受反馈,调查人员有可能获得被访者消费偏好、行为习惯等更深层次的信息。

调查员的作用对深度访谈的成功与否是十分重要的。调查员应当做到:

(1) 避免表现自己的优越和高高在上,要让被访者放松;

(2) 超脱并客观,但又要有风度和人情味;

(3) 以提供信息的方式问话;

(4) 不要接受简单的"是""不是"回答;

(5) 刺探被访人的内心。

小知识

市场调查过程中,掌握恰当的访问技巧,是非常有必要的。

访问技巧 1:保持本身端正的仪容、用语得体、口齿伶俐、态度谦和礼貌,给人以亲切感,使被访人员较易放心地接受访问。访问员面对的是不同阶层、不同年龄的被访者,双方互不相识,被访者往往根据访问员的服饰、发型、性格、年龄、声调、口音等来决定是否采取合作态度。

访问技巧 2:掌握表达问题的艺术。比较好的建议是:用问卷中的用词来询问;慢慢地读出每个问题;按照问卷中问题的次序发问;重复可能被误解的问题。

访问技巧 3:适当追问。是否具有使用中性的刺激来鼓励被访者给出澄清或扩展他们回答的能力是判断访问人员是否有经验的标志。访问人员可根据情况选择以下不同的追问技巧:① 重复问题;② 观望性停顿;③ 重复应答者的回答;④ 提出中性问题,如"您的意思是——?"

最后,向被访者表示诚挚的谢意,并礼貌地离开是极其重要的,因为他们的合作值得我们这样做。

五、神秘顾客观察法

(一)神秘顾客观察法的含义、特点

神秘顾客观察法是指使接受过相关培训或指导的个人以潜在消费者或真实消费者的身份对任意一种顾客服务过程进行体验与评价,即调查人员扮演普通顾客,调查比如饭馆、商店、便利店和家居服务等,仔细观察和评估客户服务,最后对产品及服务质量进行评估。这种方法是指调查人员不与被调查者正面接触,而是在旁边观察。这样被调查者无压力,表现得自然,因此调查效果也较理想。

神秘顾客调查是市场调查行业中资料获取最为精准的服务项目之一,一般主要应用于客户服务、职员忠诚度和生产知识、业务、安全、产品质量、商店环境、停车便捷程度、商品购物等

方面的调查。

神秘顾客观察法的优点有：① 可以实地记录市场现象的发生，获得直接具体生动的材料；② 不要求被观察者具有配合调查的语言表达能力或者文字表达能力；③ 资料可靠性高、简便易行、灵活性强。神秘顾客的暗访监督，在与奖罚制度结合以后，带给服务人员无形的压力，引发他们主动提高自身的业务素质、服务技能和服务态度，促使其为顾客提供优质的服务，而且持续的时间较长；通过神秘顾客对竞争对手的检查，了解与竞争对手相比的服务优势和差距；通过神秘顾客发现的问题，系统地分析深层次的原因，能够提升管理方法，完善管理制度，从而增强企业竞争力。

神秘顾客观察法的缺点有：① 只能观察人的外部行为、无法了解其内部动机；② 观察活动受时空的限制；③ 被观察者可能会受到一定程度的干扰而不完全处于自然状态。

（二）神秘顾客观察法的步骤

（1）确定观察目标，制订观察计划。

（2）进入观察环境。事先确定好观察时间、地址，准备好设备，如手机、录音笔等电子设备，保证电源充足，温习观察的表格或观察项目，确保不会有遗漏。如果可以，邀请一些亲朋好友一起去观察现场，这样更加自然和放松。

（3）认真做好观察记录。应当完全以顾客的角度来看待观察现场或员工的服务，清晰地记忆，尽量多看几遍或者多问几遍，保证对现场有清晰的观察或能记住员工的每一句话和每一个动作。如果要用录音或照相设备，记得提前检查好设备，事先测试耳麦效果，调整最佳佩戴位置和距离，不要因为检查设备而暴露自己的身份。比如用手机录音，可以假装接听或拨打电话；手机拍照前关闭闪光灯和照相声音，设置手机拍照快捷键，以便快速启动等。

（4）分类整理、登记、存放观察记录。离开现场后，先整理思路，回忆整个检测过程，以及重要的检测点，填写观察记录表，整理录音和照片等资料，可以结合录音及填写的观察记录表来描述整个观察过程。

（5）进行分析，撰写观察报告。

（三）神秘顾客观察法的操作要点

第一，尽可能不要让被观察者察觉到你在记录他（她）的表现。

第二，不要先入为主，观察应具有客观性。不要掺杂个人的情绪或任何成见和偏见，观察的对象是什么反应就记录什么。这样观察所得到的材料才会具有真实性。为了增加客观性，可以利用仪器进行观察，或者采取几个人同时观察一个研究对象，同时记录，观察后相互核对记录的方法来提高客观性。

第三，在观察的过程中，需要观察者的思维和注意力保持高度的集中。

第四，冷静处理偶发情况。当观察出现预先没有估计到的特殊情况时，不要惊慌失措，应如实把发生的情况记录下来，在观察过程和观察结束以后予以适当的处理。

作为一种工作标杆，神秘顾客调查法可以识别出被调查公司的优势和薄弱环节，为业务培训和政策修订提供指导。"神秘顾客"不同于一般性调查的访问员，必须具有较高的综合素质和理解能力、良好的心理状态、端正的工作态度、敏锐的观察以及分辨能力，这是调查质量的有力保证。在调查时要遵循"眼看耳听、用心感受"八字方针，使硬件服务和软件服务均得到综合考察。"眼看"就是根据考核的服务质量指标，细心观察服务设置是否齐全、营业人员的服务形象等内容;"耳听"就是倾听营业人员服务过程中的服务用语、业务介绍;"用心感受"就是感受营业环境和设施,营业人员的服务态度、意识等。

小案例 7-7

麦当劳上海公司的一名普通员工向记者表示,他知道公司的神秘顾客制度,因此他在工作中非常小心,生怕一个不留神被神秘顾客抓到把柄,影响自己的绩效考评。

他对非市场调查人员评价的客观性表示怀疑,称调查问卷中很多为主管个人判定设计的问题,没有量化标准。假如神秘顾客不负责,"则倒霉的是该分店或者某店员本人"。他表示,在麦当劳百度贴吧里留言的多为麦当劳中国公司的普通员工,不少人跟帖表达了对神秘顾客制度的不满。在该吧中,有网友发帖表示,神秘顾客认为他没有说"感谢"并欢迎其下次光临。有网友跟帖说:"其实,我们并不会为真实的神秘访客成天叫骂,可是这种不负责任的神秘访客真是叫人生气……难道神秘访客可以来监督我们,公司就不能找人再监督神秘访客了吗?对神秘访客来说,他们是不是处在一种无监管的状态下呢?"另有人发帖称神秘顾客"标准不一、不了解标准、缺少培训、缺少公平"。一个网友留言教人如何分辨神秘顾客:"以后看见手里拿表、手机等可疑的东西,盯着你的胸牌看的人就要小心了。"

思考: 你认为在具体实施神秘顾客制度时应注意哪些问题?

六、网络问卷调查法

(一) 网络问卷调查法的含义、特点

网络问卷调查法是通过互联网、计算机通信和数字交互式媒体,发布调查问卷来收集、记录、整理、分析信息的调查方法,是传统问卷调查在网络上的应用和发展。网络问卷调查具有自愿性、定向性、及时性、互动性、经济性和匿名性的特点。

网络问卷调查法优点是:① 组织简单,费用低廉;② 具较高的保密性和客观性;③ 快速传播和多媒体问卷;④ 采集信息的质量可靠;⑤ 没有时间和空间的限制;⑥ 周期短。

网络问卷调查法缺点有:① 样本缺乏代表性;② 网上调查需要去伪存真;③ 回答率低;④ 不适宜开放性问题的调查。

(二) 网络问卷调查法的操作步骤

1. 选择问卷调查的方式

(1) 站点法,是将调查问卷的 HTML 文件附加在一个或几个网络网站的 Web 上,由浏览这些站点的网上用户自愿填写、提交问卷,调查者统计分析或直接利用网站完成统计分析的调查方法。这是目前出现的网上调查的基本方法,也将成为近期网上调查的主要方法。

(2) 电子邮件法,是通过给被调查者发送电子邮件的形式将调查问卷发给一些特定的网上用户,由用户填写后以电子邮件的形式再反馈给调查者的调查方法。电子邮件法属于主动调查法,与传统邮件法相似,优点是邮件传送的时效性大大提高了。

(3) 网上讨论法,是基于 Web 的计算机辅助访问(Computer Assisted Web Interviewing,CAWI)将分散在不同地域的被调查者通过互联网视讯会议功能、BBS(电子公告牌系统)、ICQ(聊天工具)、NEWSGROUP(新闻组)等方式虚拟地组织起来,在主持人的引导下讨论调查问题的调查方法,实际上就是互联网上的集体访谈法。

(4)网上测验法,是指测验者在互联网上利用网站或 E-mail 等途径,向网民或受测者发出有测验内容的问卷或信件,请网民或受测者做出回答后反馈给测验者,测验者对反馈信息进行统计分析,并做出结论的测验方法。一般情况下,受测者样本主要靠随机 IP 地址产生,其理论基础是随机抽样。利用该方法可以进行纯随机抽样,也可以依据一定的标志排队进行分层抽样和分段抽样。

2. 设计网络问卷

采用网上问卷调查时,问卷设计的质量直接影响到调查效果。设计不合理的网上调查问卷网民可能拒绝参与调查,更谈不上调查效果了。

3. 发送网络问卷

调查对象通过 Internet 完成问卷调查。网上问卷调查一般有两种途径:一种是将问卷放置在 WWW 站点上,等待访问者访问时填写问卷,如 CNNIC 每半年进行一次的"中国互联网络发展状况调查"就是采用这种方式。这种方式的好处是填写者一般是自愿性的,缺点是无法核对问卷填写者真实情况。为达到一定问卷数量,站点还必须进行适当宣传,以吸引大量访问者。

另一种是通过 E-mail 方式将问卷发送给被调查者,被调查者完成后将结果通过 E-mail 返回。这种方式的好处是,可以有选择性地控制被调查者;缺点是容易遭到被访问者的反感,有侵犯个人隐私之嫌。因此,用该方式时首先应争取被访问者的同意,或者估计被访问者不会反感,并向被访问者提供一定补偿,如有奖回答或赠送小件东西,以降低被访问者的敌意。

(三)网络问卷调查法的操作要点

(1)调查主题的选择。网络问卷调查的主题应该以主观状况为主,并适应网民的实际情况。

(2)网络问卷设计时除了遵循一般问卷设计中的一些要求外,要尽可能简短、简明、易懂,明示起止时间,并尽可能向参与者显示调查结果。此外还应该注意下面几点:① 在网上调查问卷中附加多媒体背景资料。② 注意特征标志的重要作用。③ 进行选择性调查。④ 注意问卷的合理性。在问卷中设置合理数量的问题和控制填写问卷时间,有助于提高问卷的完整性和有效性。⑤ 注意保护调查对象的个人隐私。

(3)进行有效控制。就同一问卷重复填答、多网站调查、后台数据库完整记录等问题进行审查和控制。

(4)问卷的发布。慎重选择网站,科学设置版面,并明确合理时限。目前适合学生课业网络问卷发布的免费调查网站有问卷星(https://www.sojump.com)、调查宝(http://www.diaoyanbao.com)、问卷网(https://www.wenjuan.com/survey)、91问问网(http://www.91wenwen.net)、调查派(https://www.diaochapai.com)、我要调查网(http://www.51diaocha.com);也可以选择百度贴吧中的问卷调查吧、腾讯公司开发的腾讯问卷网(http://wj.qq.com)、艾瑞调查社区(http://www.iclick.cn)等进行问卷发布。如果对网络用户样本要求高,或对数据处理有特殊要求,或对行业开展深度调查,就需要去选择更加专业的付费调查平台,代表性的网站比如中国行业研究网(简称中研网,http://www.chinairn.com)、益派调查网(http://www.epanel.com.cn)、态度8调查网(http://www.taidu8.com)等。

课堂训练

各学习小组在下列项目(校园文明行为观察、超市顾客行为观察、顾客购物偏好观察调查、

食堂服务质量调查)中任选一个,进入调查地点进行观察。

要求:先讨论并制订出本组的观察计划,确定观察目标,制作观察记录表等工具,然后实施观察并记录。整理观察记录,进行分析并报告。

任务7-3 二手资料调查法

◆ 任务目标描述

在任务7-2熟悉一手资料收集方法的特点基础上,进一步掌握二手资料调查法(文献调查法和网络调查法)的操作要求和技巧。

◆ 任务知识介绍

一、文献资料的采集

(一) 文献资料采集的基本步骤

文献资料有很多种类型,如年鉴、报告、文件、期刊、报纸、杂志、文集、数据库、报表等。每类资料中所包含的信息量很大,调查人员要从纷繁复杂的文献档案中查找出与调查课题和项目相关联的信息,往往需要遵循一个正规的查找步骤,否则将无从下手。以下是文献资料采集的一般步骤:

1. 辨别所需要的信息

这是指调查人员根据调查的目的对繁复的文案资料进行辨别,确定符合特定需要的信息资料的过程。辨别资料的标准大致如下:

(1) 内容:资料是否符合调查的需要。

(2) 水平:资料的专业深度是否符合要求。

(3) 重点:资料的针对性是否强。

(4) 准确:资料是否可信,与第一手资料的接近程度如何。

(5) 方便:资料能否既迅速又省钱地获得。

2. 寻找信息源

一旦辨别出所需要的信息,具体的查找工作就可以开始了。开始查找时要假设在某个信息源里已经有很多所需要的信息。尽管调查人员不可能发现所有与调查主题有关的资料,但应当使用各种检索工具,如索引、指南、摘要等,以减少查找时间,并扩大信息量,提高信息价值。

3. 搜集二手资料

确定信息源后就可以开始搜集所需资料。在记录这些资料时,一定要记录下这些资料的详细来源(作者、文献名、刊号、出版时间、页码等),以便以后检查资料的正确性时,调查人员或其他人能准确地查到其来源。

4. 筛选二手资料

对搜集来的零乱资料进行分类整理,必要时可制成图表来分析比较、检验资料的真伪。对同一数据资料存在两个以上的出处时,更要做比较和筛选,剔除与调查目的无关的资料和不完整的资料。

5. 资料储存和管理

通过搜集所获得的资料中有许多资料是可供长期使用的,对这部分资料就需要加以合理的储存与保管。文献调查资料储存和管理方式主要有两种:

(1) 经济档案式的储存和管理方式。正像每个人都有自己的个人档案那样,为反映市场发展变化过程,便于企业科学积累资料,企业可针对各自的特点为资料建立经济档案。

(2) 电脑储存和管理方式。电脑储存和管理方式是把与企业经营有关的各种信息资料输入或用代码储存到电脑中,利用电脑对资料进行储存、查找、排序、累加和计算,这种方式不仅可以大大节省储存时间和空间,而且还可以提高数据资料处理的效率和精度。

二手资料储存和管理要点是:首先,应先根据实际情况编好基本资料目录,按因地制宜、先易后难、逐步完善的原则,有计划、有重点地收集积累资料,使市场资料的收集和储存做到经常化、制度化;其次,应根据资料性质和企业现有条件选择储存工具,如资料袋、文件夹、录音机、录像机、电脑等,对资料加以妥善保管;最后,要注意资料的时效性,要定期检查分析,对过时的资料要果断销毁,以提高储存资料的质量。

6. 提出调查报告

即将整个资料采集的过程和所获得的信息资料结果形成报告文案。

(二) 文献资料采集的方式

内部资料的收集相对较容易,调查费用低,调查的各种障碍少,能够正确把握资料的来源和收集过程。因此,一般来说应尽量利用内部资料。而外部资料的收集,可以依不同情况采取不同方式:

(1) 对于一些公开发行的资料,或具有商业广告信息的资料,如产品目录、使用说明书、图册、会议资料等,可以无偿取得。

(2) 对于公开出版发行的资料,一般可以通过订购、邮购、交换、索取等有偿方式获取。

(3) 参考文献查找法,是利用有关著作、论文的末尾所开列的参考文献目录,或者是文中所提到的某些文献资料,以此为线索追踪、查找有关文献资料的方法。采用这种方法,可以提高查找效率。

(4) 检索工具查找法。检索工具查找法是利用已有的检索工具查找文献资料的方法。依据检查工具的不同,检索方法主要有手工检索和计算机检索两种;主要的检索工具有目录、索引和文摘三种。

 小案例 7-8

项目经理:大家是不是已经意识到二手资料采集的重要性了呢?

调查员 A:是的,二手资料采集是我们这次休闲服饰市场调查工作需要采用的资料搜集方法之一。

项目经理:那我们现在商量一下,要检索和搜集哪些文案资料吧。

调查员 B:委托方的资料,也就是休闲服饰厂商的经营资料,我认为可以查阅企业近几年的统计报表、历年销售记录、企业的库存量、产品的规格和成本、利润等,从中获取企业经营状况的信息资料。问题是企业外部的资料,如何快速、有效地采集呢?

调查员 A:相关地区的统计年鉴、国家的统计年鉴等,可以方便地查阅各地区的人口状况、居民收入水平等资料,但是涉及竞争对手的一些资料搜集可能要困难一些,我们可以查阅行业统计报表、委托方积存的一些竞争对手的经营资料、媒体的一些报道数据等。但是,估计大量的资料还要依赖于网络途径来获取,我们尽量地搜集涉及企业外部环境的文献资料就可以了。

二、网络资料的采集

(一) 选择搜索引擎

搜索引擎能阅读、分析并且储存从该搜索网站数据库中网页上获得的信息。这些信息可以借助一系列的关键词和其他参数识别,如调查开始和结束的日期。通过以下途径可以搜索到信息:

(1) 资料名途径,它是将有关资料的名称按照一定顺序排列起来的检索系统;

(2) 著者途径,指将信息资料的个人著者、团体著者、信息提供单位等按一定顺序排列起来;

(3) 资料顺序号途径,每一篇资料都可能有一个序号,用序号便可组成一个检索系统以方便查找。

(二) 确定搜索方法

搜索引擎的使用方法有多种多样,搜索引擎检索信息主要有目录检索和关键词查询两种方法。

目录检索也称为分类检索,是因特网上最早提供WWW资源查询的服务,主要通过搜集和整理因特网的资源,根据搜集到的网页的内容,将其网址分配到相关分类主题目录的不同层次的类目之下,形成像图书馆目录一样的分类树形结构索引。目录检索无须输入任何文字,只要根据网站提供的主要分类目录,层层点击进入,便可查找到所需要的网络信息资源。当前国内具有代表性的提供目录检索服务的网站有雅虎中国(http://search.cn.yahoo.com)、搜狗(http://www.sogou.com)、新浪(https://www.sina.com.cn)等。

关键词搜索是网络搜索索引主要方法之一,就是访问者希望了解的产品、服务和公司等的具体名称用语。选择关键词的基本思路是选择符合自己实力的关键词,不选择流量太低的关键词。例如,想了解某行业的概况,通过详细解剖关键词分析的过程,按照确定行业关键词集合、关键词竞争性分析、关键词发展规划和流量预计,最后确定目标关键词。

(三) 进行搜索查询

(1) 简单查询。在搜索引擎中输入关键词,然后点击"搜索"就行了,系统很快会返回查询结果,这是最简单的查询方法,使用方便,但是查询的结果却不准确,可能包含着许多无用的信息。

(2) 使用双引号("")。给要查询的关键词加上双引号(半角,以下要加的其他符号同此),可以实现精确的查询,这种方法要求查询结果要精确匹配,不包括演变形式。例如,在搜索引擎的文字框中输入"电传",它就会返回网页中有"电传"这个关键字的网址,而不会返回诸如"电话传真"之类的网页。

(3) 使用加号(+)。在关键词的前面使用加号,也就等于告诉搜索引擎该单词必须出现在搜索结果中的网页上。例如,在搜索引擎中输入"+电脑+电话+传真"就表示要查找的内容必须要同时包含"电脑、电话、传真"这三个关键词。

(4) 使用减号(-)。在关键词的前面使用减号,也就意味着在查询结果中不能出现该关键词。例如,在搜索引擎中输入"电视台-中央电视台"它就表示最后的查询结果中一定不包含"中央电视台"。

(5) 使用通配符(＊和?)。通配符包括星号(＊)和问号(?),前者表示匹配的数量不受限制,后者匹配的字符数要受到限制,主要用在英文搜索引擎中。

(6) 使用空格。在搜索关键词中加入"空格"进行信息搜索是最为常见的搜索技巧应用,空格起到的作用是"与"的意思。比方说我们在搜索中国的长城方面的信息时,只需输入"中国 长城"就可以了。这个空格加上后,它的搜索范围既可能是"中国的长城",也可能是"中国和长城",还可能是"中国长城"或是"中国北京的长城"等信息,这样一来信息的范围无疑将会大大增加。在使用空格组成关键词时,要注意词与词之间要有一定的可联系性,切勿将一些毫无瓜葛的词放在一起。

(7) 限定文件类型。在搜索过程中限定文件类型,可以直接找到所需要的固定格式文件。文件格式通常为对应文件类型的后缀名,如 doc、ppt、pdf、txt、mp3、jpg 等。在关键词后添加参数"filetype:文件后缀名"即可限定搜索文件的格式。

搜索引擎的使用技巧有很多,只要我们不断学习和总结经验,对搜索技巧有所掌握,才能更快、更好地搜索到想寻找的资源。

三、二手资料的评估

由于二手数据是为其他目的不是为手边的问题而收集的,因此,二手数据对当前问题的帮助在一些重要方面是有缺陷的,资料的相关性和准确性都不够;收集二手数据的目的、性质和方法不一定适合当前的情况。而且,二手数据也可能缺乏准确性,或者有些过时了。在使用二手数据之前,有必要先对二手数据进行评估。

(1) 资料收集目的:评估资料的相关性;

(2) 资料的收集方法:是否和调查设计相吻合;

(3) 资料的精确度:评估资料的准确性;

(4) 资料的有效性:评估资料的时效性;

(5) 资料的可信度:评估资料本身的真实程度。

课堂训练

各学习小组利用不同的二手资料搜集方法,找到广西南宁市的人口统计数据和重要的社会经济数据,整理后进行有条理的口头报告。比如,上网找到南宁市政府部门的官网,或者去南宁市图书馆查找档案资料等。

要求:根据调查项目的要求,各学习小组先讨论出本组的二手资料采集方案,然后在学校图书馆各层去采集所需要的文献资料,最后利用不同的工具完成信息收集,并将搜集的文献资料整理、筛选后提交一份简要报告。

项目总结

● 知识重点

二手资料　一手资料　访问法　观察法　文献调查法　网络调查法

● **技能重点**

访问调查法的应用　观察调查法的应用　文献调查法的应用　网络调查法的应用

● **思考与训练**

1. 选择题

(1) 市场调查中的实地调查法有访问法、观察法和(　　)。
　A. 面谈调查法　　　　　　　　　　B. 座谈法
　C. 邮寄调查法　　　　　　　　　　D. 实验法

(2) 在市场调查的访问法中,适用范围最广的具体方法是(　　)。
　A. 面谈调查　　　　　　　　　　　B. 邮寄调查
　C. 电话调查　　　　　　　　　　　D. 留置调查

(3) 电话调查的特点是(　　)。
　A. 时效快,费用低　　　　　　　　B. 可用于较敏感的问题
　C. 不需要设计调查问卷　　　　　D. 调查的资料较为准确

(4) 下列关于观察法的特点说法不正确的是(　　)。
　A. 观察的行为必须是重复出现的　　B. 能较好控制被调查对象
　C. 可以避免调查结果受调查人员的影响　D. 准确性较高

2. 判断题

(1) 二手资料收集是对一手资料收集的填漏补缺。　　　　　　　　　　(　　)
(2) 内容项目较多,比较复杂,需要深入探求的调查内容,则以面谈访问或留置问卷的调查方式进行调查为好。　　　　　　　　　　　　　　　　　　　　　　　(　　)
(3) 原始资料是研究者基于某个特别的研究项目而亲自收集的资料。　　(　　)
(4) 留置调查相比较邮寄调查来看可信度较高,但费用较高。　　　　　(　　)
(5) 入户访谈仅限于调查人员进入被调查者家中访问。　　　　　　　　(　　)

3. 思考题

(1) 比较实地调查的各种方法(可以从调查范围、时间、费用、回收率、可控程度等,以及其他多种角度展开比较)。
(2) 简述文案调查法的优缺点。
(3) 简述神秘顾客观察法的操作步骤和注意事项。

4. 案例分析题

银行营业厅服务规范(连续性)暗访监测项目

为了有效评估银行营业厅柜面服务质量,保证各营业厅执行统一的服务标准,同时进一步提高营业厅的服务水平。盖洛特市场研究公司受ZX银行福建省分行的委托,将对福建省所属的营业厅进行一次服务质量的监测评价。

(1) 研究类型:满意度研究、神秘顾客暗访等。
(2) 归属行业:金融业。

(3) 研究目的：

① 营业窗口既是服务行业为顾客提供服务的平台,同时也是向外界展示形象的窗口。窗口服务的好坏不仅直接影响顾客的满意度,而且也直接影响企业的公众形象。

② 商业银行是为社会公众和团体提供金融服务的服务型企业,其营业窗口更是银行与客户之间交易、交流的主要平台和渠道,因而对银行窗口服务实施监测评价具有十分重要的作用和意义。

(4) 研究内容：

① 通过对银行营业厅窗口服务进行适时的监测评价,全面、客观地了解银行营业厅窗口规范化服务的执行情况,及时发现存在的问题和可挖掘的潜能,为银行不断完善服务标准、改进服务质量,提高服务水平提供决策建议,同时也为 ZX 银行评价工作和考核绩效提供客观依据。

② 为了评估银行各营业厅的环境卫生、设施设备的齐全、规范及正常使用情况、营业人员(包括大堂经理)的仪容仪表、办理业务时的表现、业务熟练程度,以便分析在各营业厅横向比较柜面服务的质量和各营业厅服务的优劣势,提出营业厅服务的改进方向和措施。

本次研究的结果是对 ZX 银行营业厅柜面服务的一次摸底,帮助商业银行在规范、维持及提升其柜面服务质量,并为以后的持续研究建立比较基准。

思考：(1) 结合案例讨论神秘顾客调查法适用于什么调查项目？
(2) 以神秘顾客身份开展调查时应注意什么要求？

知识框架图

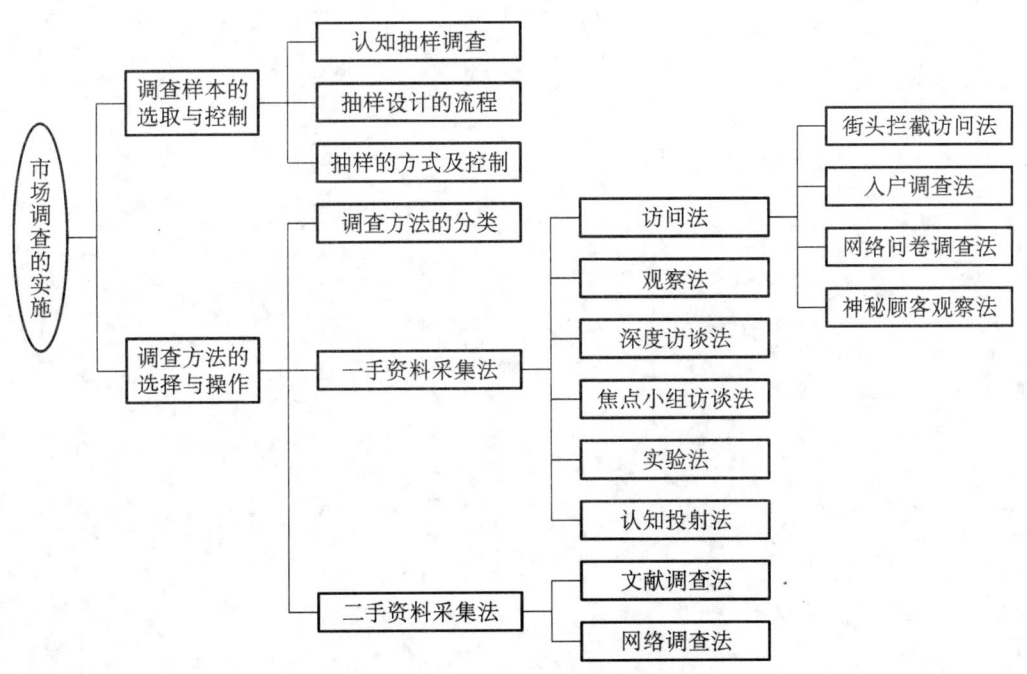

综合实训任务

1. 实训目标

通过本次实训,学生掌握市场调查方法的特点、操作步骤和操作要点,亲身感受选择正确的市场调查方法对于提高资料信息采集效率的重要性。

2. 实训内容

以项目小组为单位,应用焦点小组访谈法(或观察法、入户访问法等),就"大学生对动漫产品消费观念"等课题开展调查,并在课堂上完成场景模拟。

其他参考课题:大学生的网络消费观念调查、大学生对传统节日(春节、中秋节、端午节)消费观念的调查等。

3. 实训要求

(1) 学生分组,6~8人一组,每组选择一个调查课题,各组就该调查课题展开讨论,确定焦点小组访谈法操作要求。

(2) 实训完成时间:任务下达后2天。

(3) 制定出访谈提纲,选定主持人并培训,确定小组参与成员并邀请,然后布置访谈现场,实施访谈并记录。

(4) 整理访谈记录,进行分析并报告。将访谈过程的视频在课堂上进行展示,并提交一份方法应用的总结PPT。

(5) 指导老师应及时检查项目小组的任务完成情况,提供必要的指导和建议,组织学生进行经验交流,并针对共性问题在课堂上组织讨论和专门的讲解。

4 市场调查的总结

情境导入

位于广西工业重镇城市柳州的知名企业——柳州两面针股份有限公司起源于1941年；1956年改组成"柳州市肥皂厂"，后又更名为"柳州市日用化工厂"；1978年其牙膏车间分离，单独组建"柳州市牙膏厂"；1994年改制为股份公司；2004年在上海证券交易所挂牌上市。公司现有大日化、生活用纸、甜味剂、医药、房地产等五大产业板块，主要产品有口腔护理用品、洗涤护肤用品、生活纸品、卫生纸制品、药品、制浆造纸产品、酒店用品和精细化工产品。产品畅销各省、自治区、直辖市及港澳特别行政区，并远销北美、西欧、南亚、非洲等国家。

公司的品牌战略定位是以大日化为核心的大消费大健康产业圈，品牌核心价值描述为：传承、健康、时尚，即从产品研发到品牌传播等，两面针始终坚持传承中药国粹；提倡天然绿色健康，作为生活必需品，健康是两面针产品的核心，也是两面针建立品牌生态圈的立足点；在产品开发层面，不断追求技术创新，从产品内涵到外观，开发符合生活美学的产品，引领消费趋势；在市场营销广告宣传等环节，紧紧把握互联网趋势，不断增强创意创新，激发品牌的活力。

公司拥有年产牙膏20亿支、香皂1.5亿块、药片（胶囊）15亿片（粒）、竹浆纸17万吨、妇女卫生巾5亿片、三氯蔗糖1 500吨的生产能力，生产工艺处于世界或行业先进水平。公司主导产品"两面针中药牙膏"为中国名牌产品，是行业内最早拥有临床数据证实有效减少牙龈出血的中药牙膏，连续多年在国内同类产品中产销量第一，被认定为"国家质量标准示范产品"和"全国用户满意产品"。"两面针"商标为中国驰名商标，并被评为"中国最受公众喜爱的十大民族品牌"。

为了实现专注提供天然、健康和安全植物为原料的牙膏产品和服务，公司在广西地区对主打品牌两面针牙膏进行了一次用户满意度调查。

工作任务

新派调查团队的同学们接受此次任务，设计了一份《两面针牙膏用户满意度调查问卷（量表）》，开展了抽样调查，获取了用户关于两面针牙膏的评价意见。现在小覃和团队成员面临一个新的问题，那就是此次用户满意度调查获取的各类数据资料应如何进行有效的整理、分析？处理数据后又如何来撰写一份用户满意度市场调查报告？报告的结构和内容应该包括哪些？

工作成果

学生作品成果展示（查看完整内容请微信扫描右侧二维码）。

两面针牙膏用户满意度调查问卷
两面针牙膏用户满意度调查报告

目 录

一、两面针牙膏的总体满意度为 77.50 分
二、两面针牙膏的外观(包装)满意度为 75.42 分
三、两面针牙膏的质量满意度为 73.75 分
四、两面针牙膏的知名度满意度为 75.42 分
五、柳州日用牙膏股份有限公司的信誉满意度为 78.26 分
六、柳州日用牙膏股份有限公司的服务态度满意度为 80.87 分
七、两面针牙膏的价格满意度为 77.92 分
八、25%的用户表示今后肯定继续购买两面针牙膏
九、用户对两面针牙膏的改进建议

学习目标

- **知识目标**

了解市场调查资料整理的含义,掌握市场调查资料整理和分析的程序及方法;
了解市场预测的含义和作用,掌握市场预测的几种常用方法;
了解市场调查报告的作用和分类,掌握市场调查报告的格式和内容。

- **技能目标**

能够识别有效问卷,处理无效问题或问卷,能够实施统计运算;
能够根据数据资料编制统计表和绘制统计图;
熟悉市场调查报告的结构、内容与撰写技巧。

- **实训目标**

能够引导学生参加市场调查资料整理业务胜任能力的实践,提升操作技能。
能够根据市场调查报告撰写的内容与格式要求,撰写出一份较高水平的市场调查报告。

项目 8　市场调查资料的整理与分析

> **导入案例**

广西是我国第 10 个推广使用乙醇汽油的省区,同时也是我国第一个以非粮(木薯)为原料生产乙醇燃料的试点省区,所以,广西推广使用乙醇汽油顺利与否,对我国实施替代能源发展战略意义重大。南宁市作为广西的首府城市,自 2008 年 4 月 1 日起已逐步推广使用乙醇汽油。为了了解乙醇汽油的市场前景,调查小组开展了调查。调查的对象是 20~60 岁的车主。已经确定样本量 120 人进行问卷调查,我们将选择人流量大的路口进行拦截样本发放调查问卷,还在指定的路段采取方便抽样方式抽取 4 家加油站进行访谈。发放 120 份问卷,回收 120 份问卷,回收率 100%;访谈表 4 份,结果 3 份,成功率 75%。对资料整理分析如下。

1. 访谈资料整理

白沙高棠路口中国石化	每天有 500~600 辆车来加油,每辆平均 350 元左右,有一半以上车辆加 E93 号汽油。通过统计预算该加油站 E93 号汽油每天的销售额是 105 000 元
大学青川路口中国石化	每天有 300~400 辆车来加油,每辆平均 100~300 元左右,约有 100 辆加 E93 号汽油。通过统计预算该加油站 E93 号汽油每天的销售额是 30 000 元
大学大岭路口中国石化	每天有 400 辆车来加油,每辆平均 100~200 元左右,全部车辆加 E93 号汽油。通过统计预算该加油站 E93 号汽油每天的销售额是 80 000 元
据访问计算得知,平均每家加油站每天乙醇汽油的销售量是 8 750 升,根据二手资料得知南宁市大约有 150 家加油站,南宁市每天销售乙醇汽油大约 1 312 500 升。乙醇汽油和非乙醇汽油的销售总量是 2 531 250 升,乙醇汽油销售份额占南宁市场的 51.9%	

2. 问卷资料整理

(1) 消费者是否认知乙醇汽油的环保性。

答　案	减少汽油净消耗	减少有害气体	原料储存丰富	CO_2 排放少
百分比	14.1%	53.3%	25%	7.5%

(2) 消费者使用乙醇汽油后的消费反馈。

反馈项目	比重(%)	累积(%)
动力增强	9.1%	9.1%
动力减弱	32.5%	41.6%
油耗增多	34.1%	75.7%

续 表

反馈项目	比重(%)	累积(%)
支出增加	1.6%	77.3%
安全性增强	12.5%	89.8%
其他	10.2%	100%

调查总结：

(1) 根据访谈记录，我们得知南宁市每天销售乙醇汽油大约1 312 500升。根据二手资料分析，目前中国大多数推广省市中乙醇汽油占汽油的销售使用量比例都较高，且还在进一步提高。可是因为原料、成本和技术问题，中国在乙醇汽油的推广中也遇到一些阻碍，后因政策支持、技术进步等原因，使得乙醇汽油的推广得以顺利进行，所以在南宁市乙醇汽油也占有一定的市场。据数据统计得知，乙醇汽油占南宁市场的51.9%。

(2) 人们对乙醇汽油了解不深，在问卷调查中只有50.8%的人认为乙醇汽油是乙醇掺入汽油使用。调查显示有77.5%的人认为乙醇汽油不是浪费粮食，乙醇是可再生能源，同时也需要大量的植物和粮食来代替汽油的使用量。根据二手资料显示，乙醇汽油并非"清洁能源"，制造乙醇所涉及的农机、肥料、运输、乙醇加工等一系列环节所消耗的化石能源能量比乙醇本身所能提供的能量还要高出29%，所以乙醇汽油并不能算作清洁能源，也不能减少碳排放。

(3) 在调查中显示有20%的人不看好乙醇汽油发展前景，66.6%的人觉得一般看好，只有3.3%的人觉得乙醇汽油有很好的发展前景。根据乙醇汽油现在占的市场份额，还有80%可能会关注乙醇汽油，也就是说乙醇汽油在未来的市场也还会占据一定地位，在这能源短缺的时代乙醇汽油还是会有很好的市场前景。

思考：
1. 本案中针对不同的资料做了怎样的处理和分析？
2. 市场资料整理的一般步骤是什么？

任务8-1 调查资料的接收与审核

◆ 任务目标描述

明确市场调查资料整理的含义和步骤，了解资料的接收和录入工作，掌握资料审核方式和主要内容。

◆ 任务知识介绍

一、资料整理的含义与步骤

(一) 资料整理的含义

所谓资料整理，是指运用科学的方法，将调查所得的原始资料按调查目的进行审核、汇总与初步加工,运用列表、作图等方法,使之系统化和条理化,并以集中、简明的方式反映调查对象总体情况的过程。尤其对量化的数据资料,整理后可以清晰地研究经济现象的特征和规律。

资料整理是市场调查与预测中十分必要的步骤,通过资料整理可以提高调查资料的价值,激发新信息的产生;而且资料整理可以对前期工作起到纠偏作用。

(二) 资料整理的步骤

第一步:设计和编制资料整理方案。这是保证统计资料的整理有计划、有组织地进行的重要一步。资料的整理往往不是整理一个或两个指标,而是整理多个有联系的指标所组成的指标体系。这一方案往往不是独立的方案,而是市场调查总方案中的一个内容,但如果在设计调查总体方案时并未考虑到,也可以在调查后另编制资料整理方案。

第二步:对原始资料(如问卷)进行登记、审核及控制。

第三步:综合汇总调查项目,对原始资料进行分组、编码、汇总。

第四步:把汇总好的资料录入计算机系统中,如 Excel、Access,并利用计算机软件自带的函数进行计算。

第五步:把整理好的资料再进行一次审核,拟订分析计划。

第六步:制表和统计分析,即将按照分析方法进行统计运算,并把运算结果生成统计图表,以表示社会经济现象在数量上的联系。

二、资料的接收、录入

(一) 资料的接收

包括对资料进行简单的接收、登记和分类,处理问卷,发现问卷数量问题或者是问卷未作答等情况及时向调查人员进行信息反馈。在调查问卷接收工作中,一般要事先需要专门设计登记表格(将调查地区及编号,调查员姓名及编号;调查实施的时间,问卷交付的日期;问卷编号;实发问卷数、上交问卷数、未答或拒答问卷数、丢失问卷数等信息进行一一对应),特别注意问卷不能接收的几种情况:

(1) 严重不全的问卷资料,包括问卷出现缺页、整体上回答不全、几个部分不全、只答开头等情况;

(2) 被调查者没按要求完成的资料,如要求逐日填写的问卷而没有进行;

(3) 答案几乎无变化的问卷,如在态度测量表中 5 级量表全选 3;

(4) 问卷的内容是在截止日期之后;

(5) 不是合适的或事先选定的调查对象,如在调查中对对象有筛选,不符合要求的对象的资料是无价值的。

(6) 关键变量的回答缺失。

(二) 资料的录入

就是将全部的资料,包括一手资料和二手资料全部录入电脑中,建立起本次调查原始数据的资料库和资料编码表。

资料库和编码表的创建,可在同一张表或在不同表中。如在同一表中,编码表在上,资料库在下,两者的标题行要保持一致。除了第 1 列,在编码表中是"代码",而在资料表中是问卷编号。

(1) 问卷编号可以用填充命令中的"序列"快速填充。

(2) 性别等更多资料的快速填充，先选中需填写的数据列，点击"数据—有效性"，打开"数据有效性"对话框，在"允许"命令下选"序列"，然后再"来源"处填写"男,女"命令，点击"确定"。

(3) 性别等资料填充也可以选中，填写列后，单击右键设置单元格格式，选择自定义，在类型一栏中输入[＝1]"男"；[＝2]"女"命令，确定即可。（注意，输入命令的标点符号都必须是英文符号）。

表8-1 编码表

问题序号及内容	数据所在列	编码及说明
问卷编号	第1列	按份数从01～05号
1. 年龄段	第2列	A. 20～30；B. 31～40；C. 41～50；D. 51以上
2. 月收入	第3列	A. 1 000以下；B. 1 000～3 000；C. 3 000～5 000；D. 5 000以上
3. 居住条件	第4列	A. 出租房；B. 自购商品房；C. 经济适用房；D. 单位福利房
4. 信息来源	第5列	A. 网络；B. 报刊；C. 熟人介绍；D. 房产中介；E. 其他(电视；杂志等)
5. 买房估时	第6列	A. 半年；C. 2年；D. 3～5年
6. 所需户型	第7列	A. 三室一厅；B. 两室一厅；C. 一室一厅；D. 其他
7. 考虑因素	第8列	A. 户型；B. 价格；C. 付款方式；D. 地段区域；E. 其他
8. 买房用途	第9列	A. 改善居住条件；B. 用于结婚；C. 用于出租；D. 为子女购置
9. 担心问题	第10列	A. 质量问题；B. 产权纠纷；C. 物业管理问题；D. 其他
10. 交易方式	第11列	A. 全权委托中介公司；B. 自己找好房屋，委托中介公司办理手续；C. 私下交易
11. 付款方式	第12列	A. 一次付清；B. 分期付款；C. 按揭
12. 价格走势	第13列	A. 跌；B. 不变；C. 升

表8-2 资料库(部分)

列1	列2	列3	列4	列5	列6	列7	列8	列9	列10	列11	列12	列13
WJBH	NLD	YSL	JZTJ	XXLY	MFGS	SXHX	LVYS	MFYT	DXWT	JYFS	FKFS	JGZS
01	A	A	A	D	D	C	A	B	AB	A	C	C
02	A	B	A	A	C	B	BD	B	B	B	B	C
03	A	B	A	D	C	C	ABCD	A	AB	B	B	C
04	A	B	B	D	D	D	E	C	C	B	A	C
05	B	C	C	AC	B	B	CD	C	B	B	A	C
06	A	A	C	ABD	D	A	ABD	B	B	B	B	C
07	C	C	C	B	B	A	D	A	B	C	A	C
08	B	B	A	BD	C	A	ABC	B	B	C	C	B
09	A	A	A	AD	C	A	BC	A	AB	B	C	C
10	C	D	D	B	B	A	D	D	D	B	C	C

续 表

列1 WJBH	列2 NLD	列3 YSL	列4 JZTJ	列5 XXLY	列6 MFGS	列7 SXHX	列8 LVYS	列9 MFYT	列10 DXWT	列11 JYFS	列12 FKFS	列13 JGZS
11	A	A	A	AD	C	C	AC	A	AB	B	C	B
12	D	D	C	C	A	A	D	D	BD	C	A	C
13	C	C	B	BCD	B	B	B	D	AC	B	B	B
14	C	A	C	D	B	B	A	B	A	A	A	C
15	A	B	C	D	B	A	CD	A	D	B	A	C
16	B	C	B	B	D	A	A	A	C	A	A	C
17	D	C	C	C	B	B	BD	C	A	C	B	C
18	A	B	B	A	C	B	B	B	A	B	B	C
19	A	B	A	A	B	B	BD	C	B	B	C	C
20	B	B	D	BC	C	B	BC	A	C	A	B	B
21	C	C	C	D	B	B	A	D	C	A	C	C
22	A	C	A	C	C	D	ABCD	A	AB	A	C	C
23	C	B	C	ABD	C	B	D	D	A	B	B	B
24	C	B	DB	D	B	A	BD	A	B	B	C	A
25	C	C	D	BCD	A	A	AD	AD	AB	B	B	B
26	A	B	A	A	D	A	ABD	AB	AC	B	B	A
27	A	A	A	B	C	C	B	A	B	C	B	A
28	B	C	C	C	D	D	BD	C	B	B	C	B
29	A	C	A	ABC	B	A	A	A	B	A	C	A
30	B	B	A	A	D	D	ABD	A	ABCD	A	BC	C

三、资料的审核

(一) 市场调查资料审核的意义

在资料收集过程中和收集后,首先要做的工作就是好好检查验收这些资料能不能用。即对所调查的资料进行审核验收。造成调查资料出现问题的原因有很多,包括问卷设计的问题、调查的方法问题、被调查者的配合态度问题等,但作为审核验收人员的任务不是追究造成问题的原因,而是发现大的问题和处理问题。所以,资料审核是对所调查的资料进行总体的检查,发现资料中是否出现重大问题以决定是否采纳该份资料的过程。

(二) 市场调查资料的审核方式

审核的方式可以采用手工与自动审核两种方式。手工的方式是调查者特别是指检查人员对每一份资料进行检查。自动审核的方式是借助计算机等工具进行检查。人工审核的方法通常是电话回访。

(三) 资料审核的原则

资料审核的原则应该把握三点:真实性、准确性和完整性。

(1) 资料的真实性。这是调查资料来源的客观性问题,来源必须是客观的。调查资料本身的真实性问题,要辨别出资料的真伪,把那些违背常理的、前后矛盾的资料舍去。

(2) 资料的准确性。准确的审核要着重检查那些含糊不清的、笼统的以及互相矛盾的资料。

(3) 资料的完整性。既指调查资料总体的完整性,也指每份调查资料的完整性。

(四) 资料审核的主要内容

验收人员应审核检查资料的一些主要方面,规定应达到的完整程度,包括:

(1) 被调查者的资格是否符合要求,即被调查者是否属于规定的抽样范围,如在调查中,一些舆论的制造者往往不作为被调查对象。

(2) 资料是否完整清楚。

(3) 资料是否真实可靠。

(4) 资料中的关键问题是否有回答。

(5) 资料是否存在明显的错误或疏漏。

(6) 调查人员的工作是否认真负责,工作质量是否比较高。

(7) 所收集的有效资料的份数是否达到要求比例和份数。

 小知识

检查验收人员对所检查验收的资料,应针对不同的情况加以不同的处理。

(1) 接受正确的和基本正确的资料。虽然可能有些资料没有完全理想,但只要不是涉及关键的一些问题的资料是可以接受的,况且还可以补救。

(2) 对于问题较多的资料则做作废处理。

(3) 对于问题少的资料尽量补救。

 课堂训练

各小组开展讨论,针对调查所得的原始资料,需要进行哪些工作以完成市场调查资料的整理工作?在整理的过程中应该注意哪些问题?

任务 8-2　调查资料的编辑与分组

◆ 任务目标描述

明确资料编辑需要处理的各种问题,了解资料编码的基本知识和制作图表的要求,掌握资料编码、分组的方法。

◆ 任务知识介绍

一、资料的编辑

(一) 编辑人员要解决的主要问题

(1) 有无出现错误的回答。

(2) 是否有疏漏的回答。
(3) 是否有前后不一致的回答。
(4) 是否出现答非所问的答案。
(5) 是否出现不确切的、不充分的回答。

(二) 调查资料编辑中发现问题的处理

编辑的方法有返还现场、实地回访、找出遗漏值、排除不合格的调查对象等。如果发现问题，要针对不同的情况进行不同的处理：

(1) 对于答错问题的，应将该回答做作废处理。
(2) 对于漏答的，应使用统一的符号标记遗漏的回答，如用 0 或空白或 999 表示。
(3) 对于某个问题在全部问卷中出现很多错答或多漏答的，应将该问题做作废处理。
(4) 对于整份资料都比较差的问卷，应将整份资料做作废处理。

(三) 对于不满意问卷的处理

对于整份问卷无大的问题但不满意的问卷，整份问卷可先做接受处理，然后再做细致的检查，再针对不同情况进行处理。

(1) 漏答、错答的问卷，可补的则补或按缺失值（缺失数据）处理。
(2) 对于缺而无法补的问卷，可将该份问卷的该回答做作废处理或按缺失值（缺失数据）处理。
(3) 对于整份资料差的问卷，可将该份问卷做作废处理。

(四) 问卷作废的条件

作废问卷是在不得已的情况下才能这样处理，如每份不满意问卷中不满意答案的比例很大，关键变量的答案是缺失的。还要注意两种情况：一是不满意问卷占总体比例小，小于 10% 的情况时；二是样本容量很大。在样本容量可能变小时，还应向客户加以说明清楚。

(五) 资料编辑中要注意的几个要求

(1) 去粗存精。要注意从众多的资料中获得有价值的资料。即应从大量的调查资料中选择有关的或有重要参考价值的资料，剔除与调查目的无关的、没有参考价值的资料。
(2) 去伪存真。要注意剔除虚假编造以及错误的资料，保证资料的真实有效。
(3) 不要改变资料的原像和原始数据，因为资料是调查分析的原始依据。
(4) 不要轻易否定资料。调查资料是通过一定的成本获得的，资料中一般都或多或少有一点价值。要注意资料中蕴含的有用价值。
(5) 切忌自己杜撰资料。

二、资料的编码

(一) 编码

资料的编码，就是指将资料转化为统一的、计算机可以识别的符号或数字，主要是将问卷中的信息数字化。编码的过程主要是在问卷设计时就完成了。

问卷的代码主要包括地区代码、街道代码、居委会代码、调查员代码以及问卷代码等。

例如，某问卷的代码为"1041508"，第一位数字"1"表示北京市，后面两位数字"04"表示调查员代号，再后面两位数字"15"为居委会代号，最后两位数代码"08"表示该调查员在这个居委会成功调查的第八份问卷。

问卷中的答案主要是用文字表达的，为了利用计算机进行统计分析处理的方便，把文字信息转化为统一的、计算机可以识别的符号或数字。例如：

对某商品的态度评价有：好、一般、差三种，可以用3、2、1分别加以表示。

(二) 编码的类型

资料编码开展的方式主要有事前和事后的编码。

(1) 事前编码。问卷设计时就给每题的每一答案分配一个代码，通常是一个数字。封闭性问卷通常事前编码。例如：

调查时被调查者的性别，男性用1代表；女性用2代表。

广州市天河城是最好的购物中心：同意—可以—不同意。用2代表同意，1代表可以，0代表不同意。

(2) 事后编码。问卷完成后给某个没事先编码的答案分配一个编码，主要针对开放式问答题或访谈、观察记录等资料。

(三) 编码原则

(1) 准确性原则。设计的代码要能准确有效地替代原信息。

(2) 完整性原则。在转换信息形式的同时尽量不丢失信息，减少信息的损失和浪费。编码时一般需预留足够位置，以适应调整代码或插入新的号码的需要。

(3) 效率性原则。易于操作，节约人力、物力。

(4) 标准化原则。一般每一个代码只代表一个数据，代码的设计要避免混淆和误解。

(5) 兼容性原则。即通用性原则，以便与其他系统接轨，增加调查资料的使用范围。

(四) 编码过程

1. 对问卷中提问的问题进行编码

问卷中的问题本身就有序号，可用该序号作为问题的代码；也可以为了统计处理上的方便，将问卷中每一个问题作为一个变量，在数据输入PC前规定好问题变量的代码。在规定变量代码时，可以直接用英文单词、单词的第一个字母或前几个字母来命名。例如，性别问题，可用sex命名；年龄问题，可用age命名；收入问题，可用income命名。再如，可以用B(Background)代表"背景"部分，BI代表背景部分的第一个问题；Q(Question)，代表"主体问题"，QI代表第一个主体问题；S(Sink)代表问卷的"筛选问题"，SI代表第一个筛选问题，以此类推。

2. 对答案进行编码

(1) 封闭式答案的编码。

① 单选答案的编码。可直接用答案的选项号。例如：

您上个星期日有没有到过天河城？

答案：1 有；2 没有。

用回答的1或2代表答案。

② 多选答案的编码。

一是全选并排序，可以直接用选中号码作答案的代码。例如：

您购买电脑依次看重的是（　　）。

1 价格；2 品牌；3 服务；4 配置。

如某被调查者的答案为2431，直接用该答案作为代码。

二是部分选。

此时无论排序还是不排序都可以直接用所选的代码代表。例如：

a. 用1代表所选,0代表没选。

您常在哪里购物?

1 超市;2 购物中心;3 商品街;4 就近的小商店。

假设某人的答案是超市、商品街、就近的小商店,则编码是1034。

b. 您常在哪里购买运动品?

1 大超市;2 购物中心;3 就近街市;4 百货商店;5 专门店。

某人答是135(无序);某人答是514(有序),直接用所选就可以了。

(2) 开放式答案的编码。

先将意思相近答案归为一类,然后给所分类定一个编码,但要注意不要分太多的类别。

另外,属数字型开放题,可直接用回答的数字作为代码,如估计的经济增长率为12%,就用12%作为代码。在编码过程中要尽量使用原有的数据作为编码。

(3) 对没有答案和无须回答的问题的编码。

对于没有答案的问卷即漏答无答案的问卷,可用9或99或999作为代码。

对于无须回答的问卷,可用8或98或998作为代码。例如,因被调查者未结婚,无须回答子女教育开支的几个问题。

(4) 编制编码簿。

编制编码簿,又称对照表,目的是说明每一编码的代表意义,使资料的处理和使用者能明了。

在较为复杂的市场调查中,编写编码簿是一项必要的程序。编码簿的编写通常包含几个主要项目:变量序号、变量含义、相应问卷题号、变量名称、是否跳问、数据宽度和数据说明。

三、资料的分组汇总

(一) 统计分组的含义和作用

统计分组,是指根据社会调查的目的和要求,按照一定标志,将所研究的事物或现象区分为不同的类型或组的一种整理资料的方法。

统计分组的作用:

(1) 可以找出总体内部各个部分之间的差异;

(2) 可以深入了解现象总体的内部结构;

(3) 可以显示社会现象之间的依存关系。

(二) 统计分组标志的选择

(1) 根据分组标志的数量有简单分组和复合分组。

(2) 根据所使用分组标志的性质有品质标志分组和数量标志分组。

按品质标志分组,就是选择反映事物属性差异的标志作为分组标志,如消费者按性别、职业等分组,商品按主要用途分组,商店按经济类型分组,设备按种类分组等。

按数量标志分组,就是选择反映事物数量差异的标志作为分组标志。比如消费者按年龄分组,商店按销售额分组,企业按规模分组等。

(3) 正确分组必须遵守以下原则:

① 根据调查研究的目的和任务选择分组标志。

② 选择能够反映被研究对象本质的标志。

③ 应从多角度选择分组标志,并不是唯一性的。

(三) 确定分组界限

分组界限是组与组之间划分的界限,分组标志确定后,就需要确定分组界限。选择等距分组或是不等距分组,主要根据研究的目的和观察值的特点决定。如果研究目的是要从数量上区分不同性质的类别,就必须根据被研究现象各类别在数量上的特点确定各组组距;如果所收集的原始数据中有极端值存在,为避免组数太多,分布特征无翔实的情况,也可能采用不等距分组,在数据分布密集的地方用较短组距,在数据分布疏散的地方采用较长组距。最后,根据统计分析计划要求,对计算机下指令,让计算机输出结果。

小案例 8-1

某次进行某地青年的身高调查,调查的 100 个人身高分布为(已排序,单位:mm)1 680、1 700、1 770、1 730、1 750、1 760、1 840、1 710、1 780、1 979 不等,假设每一种身高有 10 个人(实际上 100 个人的身高参差不齐)需要进行分组整理。

经分组整理后,得出下表。

分组(mm)	频 数	频率(%)
1 680~1 740	40	40
1 740~1 800	30	30
1 800~1 860	20	20
1 860~1 920	0	0
1 920~1 980	10	10
合 计	99	99

思考: 分组是否一定要遵循等距?

小案例 8-2:不等距分组示例

某地区个人年收入额分配

按年收入额分组(元)	各组所占百分比
0~5 000	23.9
5 000~10 000	34.8
10 000~15 000	20.1
15 000~45 000	17.28
45 000~75 000	1.74
75 000~105 000	0.88
105 000~135 000	0.81
135 000 以上	0.48
合 计	100.00

(四) 分组时的注意事项

(1) 在分组前,看是否有一定量的回答存在,如某地劳动力的主要职业分布的调查,当地的人如果都无从事高科技的,在分组时就不必设置这一组别。

(2) 分出的组别之间是简洁互斥的,每个样本只能归为一个组。

(3) 分出的组别应能包容所有可能的回答。为了减少组别,常用"其他"项来包括所有没有专门列出的组别。

(4) 必要时进行复合分组。所谓复合分组,就是采用两种或两种以上的标志进行分组。这样的分组,在分析的时候可以比较深入地进行。但是,这并不是说标志越多越好,因为标志太多会造成表格太复杂。

(五) 分类汇总函数使用

除了进行人工分组处理外,也可以直接借助统计软件中的分类汇总函数对原始数据进行快速分组(分类)处理。分类汇总函数(SUBTOTAL)不仅仅是一个求和函数,还能够对给定区域内的数值进行其他计算,它的语法结构为:SUBTOTAL(Function_num,ref1)。

其中的"Function_num"是计算类型编号,为一个 1 到 11 的数字,它规定所要进行的计算类型,表 8-3 为计算类型编号及具体含义;"ref1"为进行汇总数据的单元格区域。

表 8-3 计算类型编号及具体含义

Function num(包含隐藏值)	函数(具体含义)	用途
1	AVERAGE	算数平均值
2	COUNT	计算包含数字的单元格的个数
3	COUNTA	计算非空单元格的个数
4	MAX	最大值
5	MIN	最小值
6	PRODUCT	计算乘积
7	STDEV	估算基于给定样本的标准偏差
8	STDEVP	计算基于给定样本总体的标准偏差
9	SUM	求和
10	VAR	估算基本给定样本的方差
11	VARP	计算基于给定的样本总体的方差

这个函数与"数据"菜单中"分类汇总"命令的差别是:如果应用菜单中的分类汇总命令,往往是对于有标题的某个区域而进行的分类汇总,这样的应用有时缺乏必要的灵活性,不利于实际中的灵活运用,所以应该学会利用分类汇总函数进行分类汇总。

四、资料的统计图表

(一) 统计表

统计表由标题、横标目、纵标目、数字几部分组成。

表的种类:简单分组表、复合分组表。

制作原则:制作应遵循科学、实用、简练、美观原则。

制表应注意以下问题:

(1) 标题简单明了。

(2) 如表格栏数多，应对栏数加以编号。
(3) 数字要填写整齐，对准数位。
(4) 凡需说明的文字一律写入表注。

 小知识

统计表模版

总标题⇨2012.6 中国分类域名数

分类域名	数量(个)	占域名总数比例
CN	3 984 188	45.6%
COM	3 758 855	43.1%
NET	482 704	5.5%
中国	311 399	3.6%
ORG	108 071	1.2%
其他	85 866	1.0%
合计	8 731 083	100.0%

（横行标题／纵栏标题／指标标题）

（资料来源：http://www.cnnic.com.cn/，中国互联网信息中心，中国互联网络发展状况统计报告，2012年7月）

婚姻、性别与时装购买选择分布表

时装购买选择	男 性			女 性		
	小计	已婚	未婚	小计	已婚	未婚
高档时装	171	125	46	169	75	94
中档时装	219	164	55	203	135	68
低档时装	130	101	29	108	90	18
被调查者人数	520	390	130	480	300	180

(二) 制图

统计图由标题、标目、点线条面、刻度和图例几部分组成。

统计图的种类：直方图、条形图或称柱状图、圆形图、曲线图、象形图。

统计图的作用：

(1) 表明事物总体结构。
(2) 表明统计指标不同条件下的对比关系。
(3) 反映事物发展变化的过程和趋势。
(4) 说明总体单位按某一标志的分布情况。
(5) 显示现象之间的相互依存关系。

 小知识

直方图、条形图、饼形图、折线图示例如下：

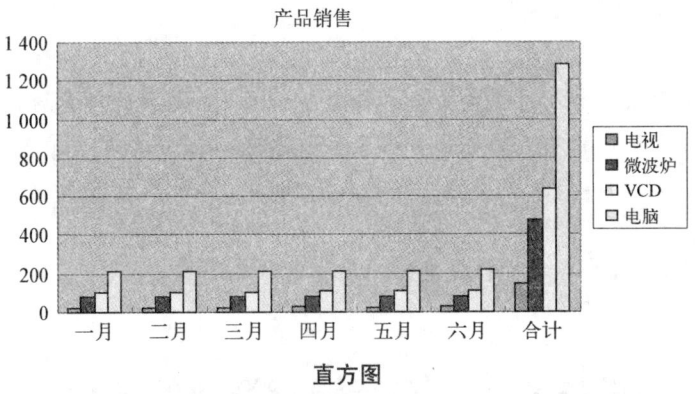

直方图

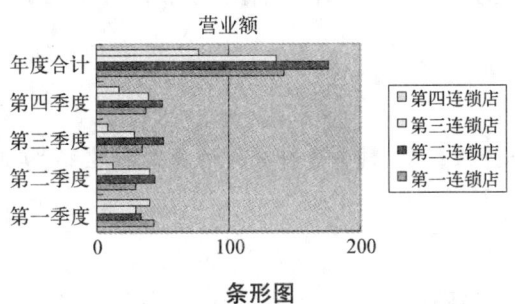

条形图

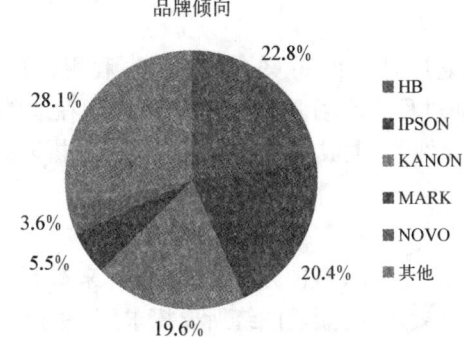

品牌支持率的频率比分布图

饼形图

折线图

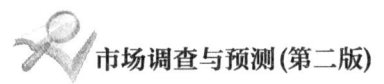

某公司的一位市场调查人员正在某地进行实地调查,主要了解巧克力糖果在当地的销售情况。他了解到当地销售的巧克力糖果共有几十个品牌,某个品牌的销售数量正在增长,但有些品牌的销售量不断下降,而且变化速度彼此大不相同。他考虑可能与各种巧克力糖果的销售方式有关。

请同学们进行分组,并思考资料分类(组)应注意哪些事项。

任务 8-3 市场调查资料的分析

◆ 任务目标描述

了解市场调查资料分析的含义,熟悉资料分析的原则和过程,掌握资料分析常用方法。

◆ 任务知识介绍

一、资料分析的含义和原则

(一) 资料分析的含义

市场调查资料分析就是通过对已处理好的调查资料,利用各种分析方法揭示资料中有价值的信息,并加以反映的活动过程。市场调查资料的分析,现在通常都是借助常见的电脑软件(如 Excel 或 FoxPro、SPSS 软件等)生成统计分析图或统计分析表。

(二) 资料分析的原则

1. 针对性

调查所得的资料可以从多个角度、多种方法、多项指标来进行分析。所以,调查资料如何分析主要取决于分析的目的和要求,要紧紧围绕所要探求解决的问题来开展。

2. 完整性

市场现象是由多个因素作用决定的。在分析时要把资料的总体特征反映出来,而不是就某个方面的局部分析。

3. 客观性

资料的分析必须以客观事实和调查资料为依据,绝对不能杜撰。否则,所分析的结论是根本没有价值的,也会是误导决策的。

4. 变动性

市场是变动的,要分析市场的变动和发展,因为分析得出调查结论的根本目的是为了决策服务。而事实上,所有的市场现象都是在不断变动的,所以要通过分析得出所调查现象的变动趋势。

二、资料分析的方法

在资料的整理过程中,可以根据资料的特征,采取两大类方法对资料进行分析。

(一) 定性分析方法

定性分析方法是指对不能量化的现象进行系统化理性认识的分析,其方法依据是科学的哲学观点、逻辑判断及推理,其结论是对事物的本质、趋势及规律的性质方面的认识。定性分析方法又可以分为归纳分析法、演绎分析法、比较分析法、结构分析法和对比分析法。

定性分析的特点是:

(1) 多靠经验和专门知识判断,易受研究者和被研究者以及背景的影响。

(2) 注重对调查对象整体发展的分析,即通过分析把握调查对象的质的发展。将调查对象作为一个完整的整体,分析整体内部各子系统之间的关系,最终所形成的整体的状况和发展。

(3) 针对模糊的、不能量化的现象,主要分析借助的资料,往往是利用调查对象的一些文字表述的资料,带有很大程度的模糊性和不完全的确定性。

(4) 分析的方法是对搜集的资料进行归纳逻辑分析。

(二) 定量分析方法

定量分析方法指从事物的数量特征方面入手,运用一定的数据处理技术进行数量分析,从而挖掘出数量中所包含的事物本身的特性及规律性的分析方法。

定量分析的特点是:

(1) 通过分析可以得出清晰精确的数理化描述。

(2) 可以对未来市场变化进行科学预测。所以,定量分析方法也是市场预测方法。

(3) 可以推论总体发展的水平。所以,定量分析方法和随机抽样方法数理逻辑是一样的。

除了上述两类方法外,市场营销调查分析中还有描述性统计分析、推理性统计分析、相关性统计分析、差别性统计分析和预测性统计分析等几类方法描述。其中,最常用的是描述性统计分析,主要包括对调查数据的分组分析、集中趋势分析、离散程度分析和相对程度分析、指数分析。

所谓描述性统计分析(见表8-4),指对被调查总体所有单位的有关数据进行整理和计算综合指标等的加工处理,是用来描述总体特征的统计分析方法。

表 8-4 市场营销调查分析中常用的统计分析类型

类 型	说 明	例 子	统计概念
描述性	数据压缩	描述典型的被访问者,描述回答类似程度	均值、中值、众数、频率分布、标准差
推理性	决定总体参数,检验假设	估计总体值	标准误差,零假设
差别性	确定组与组之间是否存在差异	估计一个样本中两组均值的差异的统计重要性	差别的 t 检验,方差分析
相关性	确定联系	确定两个变量是否在系统状态下相关	简单相关系数,交叉表,单因素方差分析,回归分析
预测性	预测以统计模型为基础	给出 x 的数量估计 y 的水平	时间序列,回归分析

例如,数据的集中趋势分析通常对以下指标进行研究:① 对调查数据公布的数量规律性中集中特征进行分析,是对被调查总体的特征进行准确描述的重要前提。数据集中趋势分析

的对象,包括数据的均值(各类平均数)、中位数和众数。② 均值是数据偶然性和随机性的一个特征值,反映了一些数据必然性的特点。③ 众数是总体中出现次数最多单位的标志值,也是测定数据集中趋势的一种方法,克服了平均数指标会受数据中极端值影响的缺陷。④ 中位数的确定可以以未分组资料为基础,也可由分组资料得到。它同样不受到资料中少数极端值大小的影响。在某些情况下,用中位数反映现象的一般水平比算术平均数更具有代表性,尤其对于两极分化严重的数据,更是如此。

三、资料分析的常见操作

(一) 第一种资料分析处理方法

以性别结构分析为例,操作步骤如下:

(1) 在当前工作簿中插入一个新的工作表,在工作表中创建一个表格,如图 8-1 所示。

1. 性别结构分析		
性别	人数	比例
男	25	
女		
合计		

图 8-1 创建表格

在空白的单元格中填写函数:＝COUNTIF(B2:B42,"A"),可以在函数公式中直接选中要计算的列,也会形成此函数。记住,必须用 COUNTIF 函数。可计算出男性数,将函数再复制到下列女性人数中,修改后面＝COUNTIF(B2:B42,"B"),可计算出女性数。比例的函数很简单,输入 B3/B5,可求得男性比例。同理可求女性比例。

(2) 插入菜单→图表→弹出"图表类型"→选中饼型图中某类子图,点击"下一步"。要求选择数据源,这时将性别和人数这部分选中,直接在图表中显示了,然后单击"下一步",更改图表标题为"性别结构",单击"下一步",选择图表的位置,可以另生成一个独立的新表(chart1),也可以在本位置生成一张图片,如图 8-2 所示,点击"完成"。

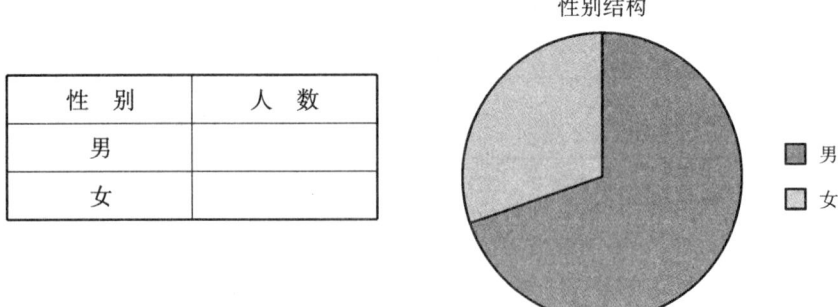

图 8-2 生成新表和图

(二) 第二种资料分析处理方法

以年龄结构分析为例,操作步骤如下:

(1) 先选中要处理的列项,单击数据→数据透视表,直接点"下一步",选中位置是"现有工作表"的某行,点击"完成"。生成数据透视表。

(2) 将列表添加到列,列表添加到数据区域,就可以看到一个表格形成(见图8-3)。

年龄	人数
<20	11
21~30	14
31~40	11
41~50	1
>50	3
总计	40

图8-3 生成表格

名称是可以在单元格中直接修改的。之前显示的可能不是这些表头名称。将年龄各段的字母ABCDE等修改为实际的调查问卷的答案选项。如果之前对"资料库"创建了列表,可以自动分类汇总,人数可以直接统计不需分组了。

(3) 为了显示百分比,再次将列表拉近数据区域,多出同样的一列,将这列改为百分比的表头,然后单击右键,出现菜单中的"字段设置",汇总方式是"计数",数据显示方式是"占总和的百分比",点击"确定"后马上生成如图8-4所示表格,也可以生成如图8-5所示图片。

年龄	数据	
	人数	百分比
<20	11	27.50%
21~30	14	35.00%
31~40	11	27.50%
41~50	1	2.50%
>50	3	7.50%
总计	40	100.00%

图8-4 显示百分比

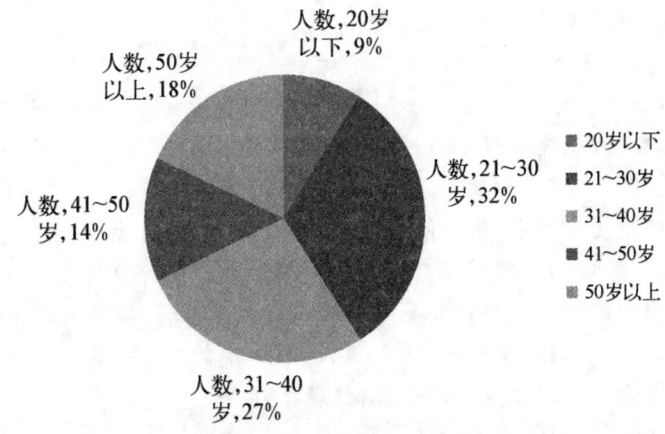

图8-5 样本年龄分布状态

其他题都可以按照上面两种方式之一来完成分析,可以选用的图或表的类型很多。

(三)频数分布表的制作

Data_array 是计算频数的数据区域,Bins_array 为数据接收区间,即指各分组的组上限值。首先要对一大堆数据进行浏览,确定组数、组限和组中值等。组数不宜太多,通常在5~15组之间,组距可以相等,也可以不等,依据数据的特点而定。组限是各区间的上下限值,上限包含在内。

最后在要输入的频数的空白单元格中将函数公式输入(选中方式拖拉即可),然后按住Ctrl+Shift 键不放,再回车,系统即输出各组的频数分布数据。

注意:FREQUENCY 是数组命令,不要用鼠标点击函数参数命令中的"确定",那样只能生成一栏结果。

(四)数值的分析函数

如果调查问卷收集有丰富的数值,可以进一步求取一组数值中的众数、平均值、样本标准差、样本方差、中位数等。

在空白单元格处直接点击"插入函数",找到相应函数,选中要分析的数据区域即可得到计算结果。众数 MODE 函数、平均值 AVERAGE 函数、样本标准差 STDEV 函数、样本方差 VAR 函数、样本中位数 MEDIAN 函数。

课堂训练

各个小组根据老师提供100份娃哈哈饮料市场调查问卷原始材料,进行资料的录入、编码、分组和图表制作等工作。

要求:① 建立准确无误的资料数据库;② 使用 Excel 软件对数据进行汇总、分组处理;③ 对处理后的数据进行制图分析和制表分析。

项目总结

- **知识重点**

资料审核　资料编码　资料分析方法

- **技能重点**

市场调查资料整理的步骤

- **思考与训练**

1. 选择题

(1) 调查资料的细致检查过程是通过(　　)完成的。

A. 审核　　　　　B. 编辑　　　　　C. 编码　　　　　D. 分类汇总

(2) 在商业性的市场研究中,最常使用的统计分析方法不包括(　　)。

A. 频数分析　　　B. 交叉频数分析　C. 描述统计分析　D. 回归分析

(3) 频数分析用于统计一个变量的不同值的出现频率,统计结果显示为(　　)。

A. 平均数　　　　B. 标准差　　　　C. 次数和百分数　D. 变异数

(4) 研究者一般只想了解单一或若干事物(现象)的状况,这被称为(　　)问题。

A. 定性　　　　　B. 定量　　　　　C. 描述性　　　　D. 关系性

(5) 研究者想要探讨两个变量之间有无关系及其关系的程度,这被称为(　　)问题。

A. 定性　　　　　B. 定量　　　　　C. 描述性　　　　D. 关系性

2. 判断题
(1) 资料的整理处理就是使资料变成易于理解和解释的形式。 （ ）
(2) 资料编码的设计应当是在问卷设计之前完成。 （ ）
(3) 出现不完整的问卷一般可以作废。 （ ）
(4) 描述性问题的研究在资料的统计处理时,常常采用频数分析方法。 （ ）
(5) 市场调查成果不需要通过数据分析、图表等形式将调查结果表现出来。 （ ）

3. 思考题
(1) 简述资料整理处理和分析的程序。
(2) 列举资料审核时不能接收的问卷的情形。

4. 案例分析

南宁百货超市调查的数据分析

对南宁百货超市海光寺店的满意度进行调查,初始量表中设计了11个调查问题,根据选项设置了打分标准,模拟了12份调查数据,根据汇总的数据应用统计软件进行分析。

一、模拟数据整理

对象问题	1	2	3	4	5	6	7	8	9	10	11	总计
A	5	5	4	4	5	4	4	5	4	4	5	49
B	4	4	4	4	4	2	3	4	3	2	4	38
C	4	3	2	2	2	1	3	3	2	1	2	25
D	3	2	2	3	4	2	3	4	2	2	2	29
E	4	4	3	4	4	4	2	4	3	3	4	39
F	5	4	4	2	5	4	4	4	4	4	5	45
H	4	3	2	3	3	2	2	3	4	3	3	32
I	2	2	2	2	2	2	3	3	3	3	2	26
J	5	4	4	4	4	4	4	5	4	4	5	45
K	3	2	3	4	3	2	3	4	4	5	4	37
L	2	3	2	2	4	3	3	3	3	3	3	30

二、数据分析
（一）描述性统计分析

描述统计量					
	N	极小值	极大值	均 值	标准差
商品价格	12	2	5	3.75	1.055
商品种类	12	2	5	3.25	.965

续 表

描述统计量					
	N	极小值	极大值	均 值	标准差
蔬菜质量	12	2	4	2.92	.900
货品摆放不合理	12	2	4	3.17	.937
购物环境舒适	12	2	5	3.58	.996
服务质量	12	1	4	2.58	.996
结账等候时间长	12	2	4	3.08	.669
促销活动多	12	3	5	3.92	.669
购物停车不方便	12	2	4	3.25	.754
购物班车不方便	12	1	5	3.00	1.128
喜爱程度	12	2	5	3.58	1.165
有效的 N(列表状态)	12				

从统计结果来看,该超市在商品价格、种类、购物环境舒适程度、促销活动多等方面做得比较令人满意,顾客满意度不高的是服务质量比较差,大部分人还是比较喜欢在该超市购物的。

（二）信度分析

可靠性统计量		
Cronbach's Alpha	基于标准化项的 Cronbachs Alpha	项　数
.923	.927	11

因为信度系数为 0.923＞0.9,所以认为该量表的信度甚佳。在对比剔除某题之后得到的信度系数,发现基本变化不大,所以认为该表不用修改,可直接使用。

（三）效度分析

KMO 和 Bartlett 的检验		
取足够度的 Kaiser-Meyer-Olkin 度量		.372
Bartlett 的球形度检验	近似卡方	107.434
	df	55
	Sig.	.000

效度分析结果显示的 KMO 值为 0.372＜0.6,未通过检验,说明该表设计的效度不太好。Bartlett 的球形度检验的 P 值为 0＜0.05,通过检验。

讨论:（1）此案例中对资料做了怎样的处理？

（2）此案例运用了什么资料分析方法？

项目 9　认知市场预测

导入案例

我国生物高技术产业发展的预测

对"我国生物高技术产业发展"(以下简称"生物产业")进行预测,首先要确定预测目标。这一工作可以由预测组织者自行分析确定预测目标,也可编制信函问卷请专家就预测对象进行分解,然后由预测所归纳确定预测目标。

其次是确定预测内容,编制第一轮预测事件调查表,函发专家。预测所确定以信函问卷调查方式就我国生物高技术研究开发现状、相关支撑环境、基础条件及产业发展前景进行综合评价和预测。例如,时间预测、结构预测、择优预测和重要性预测等。对在表格中无法得到满意答复的预测目标及其相关因素应设计问题请专家们回答。例如:

(1) 请列举我国生物产业发展基础条件,并做评价。

(2) 请列举我国生物产业发展的相关工业支撑环境,并做评价。

(3) 请说明我国生物产业产品的国际竞争能力,包括理论研究、实验室试验、中试阶段、批量生产等方面。

收回第一轮问卷调查表,进行统计处理和观点归纳,编制第二轮问卷调查表,函发专家。统计处理包括计算中位数、百分数、算术平均数、标准差系数和画直方图。

(1) 年份中位数的计算。据所收回的调查表对产业形成年份分别升序排列,再根据每一发展方向所拥有的年份数数列计算中位数。凡是奇数,计算公式为$(n+1)/2$,所得商,即中位数所在位置,该位置上的年份即中位数;凡是偶数,计算公式为$n/2$,所得商,及其随后一位置上的两个年份的平均数即中位数。并将所有年份中位数编列成表,准备反馈给专家。

(2) 结构直方图的绘制。根据收回的调查表分别累计落在各结构相对数区间内的"√",并除以各自所得总"√"数,得结构预测的专家百分数,据此画出直方图。

(3) 算术平均数和标准差系数的计算。根据收回的表,分别计算预测事件得分的算术平均数、标准差和标准差系数。假设算术平均数分别为 68、54、89 分,标准差系数分别为 12%、8%、25%。计算结果说明平均分为 89 分的变量对国民经济发展最为重要,但专家意见不协调,应在下一轮调查中作为重点调查项目。

然后,进行第二轮至第四轮问卷调查。将第一轮调查的统计结果和归纳出的不同观点。例如,第 i 个问题:经上一轮调查对平均分为 89 分变量的重要性有不同见解,请各位专家重新打分并说明依据。

第 $i+1$ 个问题:……

第 $i+j$ 个问题:对于生物产业的发展策略分歧的焦点是优先支持基础研究力争国际领先,还是优先支持已接近商业开发的研究成果。

以上在第二轮调查中进行调查。随后的第三、第四轮调查均在前一轮基础上进一步深入，使预测结果明朗化。

最后，预测组织者需将前述预测及过程和结果编制预测报告。例如，本案例的预测报告包括如下几个方面：① 预测过程概述；② 对我国生物高技术研究开发现状的评估；③ 我国生物高技术产业发展的相关支撑环境及基础条件；④ 我国生物高技术产业发展的前景预测，形成产业的时间预测，市场竞争能力预测；⑤ 我国生物高技术产业发展策略研究；⑥ 结束语。

(资料来源：联发文库-销售营销，《市场调查与预测相关案例》，2016年3月11日)

思考：
1. 市场预测的基本原理是什么？
2. 市场预测通常有哪些类型和基本的方法？
3. 市场预测工作的一般过程是怎么样的？

任务 9-1　市场预测概述

◆ **任务目标描述**

了解市场预测的含义、作用、基本原理，明确市场预测的内容和类型，掌握市场预测的一般步骤。

◆ **任务知识介绍**

一、市场预测的含义

预测是根据调查所获得的经过整理的信息、数据、资料，以及过去的经验，运用经验、软件程序和决策模型对事物未来的发展趋势做出客观的估计和科学的判断的过程。市场预测是指企业在通过市场调查获得一定资料的基础上，针对企业的实际需要以及相关的现实环境因素，运用已有的知识、经验和科学方法，对企业和市场未来发展变化的趋势做出适当的分析与判断，为企业营销活动和经营决策等提供可靠依据的一种活动。

市场预测是从19世纪下半叶开始的。一方面，资本主义经济中的市场变化极其复杂，要想获取利润，减少经营风险，就要把握经济周期的变化规律；另一方面，数理经济学对现象数量关系的研究已经逐步深入，各国统计资料的积累也日益丰富，适用于处理经济问题，包括市场预测的统计方法也逐步完善。学术界关于市场预测的里程碑是从奥地利经济学家兼统计学家斯帕拉特·尼曼算起的。他运用指数分析方法研究了金、银、煤、铁、咖啡和棉花的生产情况，有关铁路、航运、电信和国际贸易方面的问题，以及1866—1873年的进出口价值数据。

作为现代经营管理活动的重要组成部分和一门完整的现代管理科学，市场预测具有倾向性、关联性、近似性、局限性等特征。对于企业而言，市场预测是企业制订经营决策、经营计划的前提条件与重要依据，有利于企业更好地满足市场需要，有利于企业提高竞争能力与应变能力。

二、市场预测的基本原理

市场预测的基本原理是通过对现有的资料、数据、情报等进行提炼、归纳、演绎，从已知的

情状去推断未来可能的情状,规律、趋势、逻辑、经验、实质是分析问题的能力和手段。开展市场预测要遵循以下原理:

(1) 连续性原理。任何事物的发展在时间上都具有连续性,表现为特有的过去、现在和未来这样一个过程。惯性原理是时间序列分析法的主要依据。

(2) 因果原理。任何事物都不可能孤立存在,都是与周围的各种事物相互制约、相互促进。

(3) 相关原理。建立在"分类"的思维高度,关注事物(类别)之间的关联性,当了解(或假设)到已知的某个事物发生变化,再推知另一个事物的变化趋势。

(4) 类推原理。许多事物相互之间在结构、模式、性质发展趋势等方面客观上存在相似性。这种相似性,人们可以在已知某一事物发展变化情况的基础上,通过类推的方法推演出相似事物未来可能的发展趋势。

(5) 惯性原则。任何事物的发展都具有一定的惯性,即在一定时间、一定条件下保持原来的趋势和状态,这也是大多数传统预测方法的理论基础。比如"线性回归""趋势外推"等。

(6) 概率原理。通过对市场发展偶然性的分析,揭示其内部隐藏着的必然性,可以凭此推测市场发展的未来。根据经验和历史,很多时候能大致预估一个事物发生的大致概率,根据这种可能性,采取对应措施。抽样调查就是概率原理的实际应用。

 小知识

类推原理,也是建立在"分类"的思维高度,关注事物之间的关联性。

(1) 由小见大——从某个现象推知事物发展的大趋势。例如,现在有人开始购买私家汽车,您预见到了什么? 运用这一思路要防止以点代面、以偏概全。

(2) 由表及里——从表面现象推实质。例如,"统一食品"在昆山兴建,无锡的"中萃面"应意识到什么? 一次性液体打火机的出现,真的就有火柴厂没有意识到巨大威胁的来临。

(3) 由此及彼——引进国外先进的管理和技术也可以由这一思路解释。发达地区被淘汰的东西,在落后地区可能有市场。

(4) 由过去、现在推以后——几年以前,谁想过共享自行车? 那么站在现在,城市马路上共享汽车是不是也可行? 这种推理对商家是颇具启发的。

(5) 由远及近——比如国外的产品、技术、管理模式、营销经验、方法,因为可能比较进步,就代表先进的方向,可能就是"明天要走的路"。

(6) 自下而上——从典型的局部推知全局,一个规模适中的乡镇,需要3台收割机,这个县有50个类似的乡镇,可以初步估计这个县的收割机可能的市场容量为150台。

(7) 自上而下——从全局细分,以便认识和推知某个局部。例如,我们想知道一个40万人口的城市女士自行车市场容量,40万人口中有20万女性,去掉12岁以下50岁以上的,还有10万,调查一下千人女性骑自行车比率(假设60%),那么可能的市场容量为6万。这种思路对大致了解一个市场是很有帮助的。

三、市场预测的内容

(一) 市场环境预测

市场环境预测是在市场环境调查的基础上,运用因果性原理和定性与定量分析相结合的方法,预测国际国内的社会、经济、政治、法律、政策、文化、人口、科技、自然等环境因素的变化对特定的市场或企业的生产经营活动会带来什么样的影响(包括威胁和机会),并寻找适应环境的对策。

(二) 市场需求预测

市场需求预测是指通过对消费者(顾客)的购买心理和消费习惯的分析,以及对国民收入水平、收入分配政策的研究,推断出社会的市场总消费水平。市场需求预测是市场研究中最重要的一部分,也是最复杂的一部分。需求预测一般包括:① 对某一种或几种产品潜在需求的预测;② 对潜在供应的估计;③ 对拟设中的产品市场渗透程度的估计;④ 某段时间内潜在需求的定量和定性特征。除了全部和大部分供出口的产品以外,对产品的潜在需求主要以国内市场为基础进行预测。

预测某企业产品顾客需求特征及其变化趋势

(1) 现有顾客数量、潜在顾客数量、地区分布、顾客消费心理活动及购买动机。
(2) 顾客对产品质量、性能、用途、品牌、服务等方面的意见及要求。
(3) 顾客收入、支出构成比例。
(4) 消费结构变化。

(三) 市场供给预测

市场供给预测是指对一定时期和一定范围的市场供应量、供应结构、供应变动因素等进行分析预测。由于市场供给的大小能够反映市场供应能力的大小,因而,它是决定市场供求状态的重要变量。市场供给预测也是市场预测的重要内容。市场供应量和供应结构的分析预测,也有消费品与生产资料之分,也有全部商品、某类商品和某种商品三个层次。一般来说,应在市场供给调查的基础上,运用合适的预测方法对商品的生产量、国外进口和其他供应量等决定供应总量的变量进行因素分析、趋势分析和相关分析,在此基础上,再对市场供应量和供应结构的变化前景做出预测推断。

预测某企业产品生产的发展及其变化趋势

(1) 要收集历史资料,了解有关产品历年的产值、产量、成本和销售情况。
(2) 了解同类产品现有的生产企业的数量、生产能力、原材料供应、生产设备、生产技术和产品质量的现状、各项经济指标在同行业达到的水平。
(3) 了解生产企业的设备更新、技术引进。

(四) 市场供求状态预测

市场供求状态预测又称市场供求关系变动预测,它是在市场需求预测与市场供给预测的基础上,将两者结合起来,用以判断市场运行的走向和市场供求总量是否存在总量失衡,总量失衡是属于供不应求,还是属于供大于求;市场供求结构是否存在结构性失衡,哪些商品供大于求,哪些商品供不应求;市场供大于求,是生产能力过剩,还是有效需求不足;市场供不应求,是生产能力不足,还是货币投放过多,或投资过大等。市场供求状态预测的核心在于把握市场运行的供求态势,以便从中寻找对策。

(五) 消费者购买行为预测

消费者购买行为预测是在消费者调查研究的基础上,对消费者的消费能力、消费水平和消费结构进行预测分析,揭示不同消费群体的消费特点和需求差异,判断消费者的购买习惯、消费倾向、消费嗜好等有何变化,研究消费者购买什么、购买多少、何时购买、何处购买、由谁购买、如何购买等购买行为及其变化。消费者购买行为预测的目的在于为市场潜力测定、目标市场选择、产品研发和营销策略的制定提供依据。

(六) 产品市场预测

产品市场预测是利用市场调查资料和现成的资料,对产品的生产能力、生产成本、价格水平、市场占有率、市场覆盖率、技术趋势、竞争格局、产品要素、产品组合、品牌价值等进行预测分析。产品市场预测的目的在于揭示产品的市场发展趋势、市场潜力和竞争能力,为企业产品市场前景分析及制定有效的营销策略提供依据。

(七) 产品销售预测

产品销售预测是指对未来特定时间内,全部产品或特定产品的销售数量与销售金额的估计。销售预测是在充分考虑未来各种影响因素的基础上,结合本企业的销售实绩,通过一定的分析方法提出切实可行的销售目标。

(八) 市场行情预测

市场行情预测是对整个市场或某类商品的市场形势和运行状态进行预测分析,揭示市场的景气状态是处于扩张阶段,还是处于紧缩或疲软阶段;或揭示某类市场是否具有周期波动规律,以及当前和未来周期波动的走向;或揭示某种商品因供求变动而导致价格是上涨,还是下降;等等。市场行情预测的目的在于掌握市场周期波动的规律,判别市场的景气状态和走势,分析价格水平的变动趋向,为企业经营决策提供依据。

(九) 市场竞争格局预测

市场竞争格局预测是对产品的同类企业的竞争状况进行预测分析,包括对产品产量的分布格局,产品销售量的分布格局,产品行销区域格局,以及产品质量、成本、价格、品牌知名度和满意度、新产品开发、市场开拓等要素构成的竞争格局及其变化态势进行分析、评估和预测。

(十) 企业经营状况预测

企业经营状况预测是利用企业内部的统计数据、财务数据和有关的市场调查资料,对企业的资产、负债、权益、收入、成本、费用、利润等方面,以及经营效率、偿债能力、盈利能力的变化趋势进行预测分析。企业经营状况预测的目的在于正确把握企业的资产配置和经济效益的变化趋势,寻求资源优化配置和提高经济效益的途径。

四、市场预测的类型

市场预测的种类很多,大致可以分为以下几类:

(1) 按预测的范围不同,可分为宏观市场预测和微观市场预测。

① 宏观市场预测。对整个市场的预测分析,研究总量指标、相对数指标以及平均数指标

之间的联系与发展变化趋势。宏观市场预测对企业确定发展方向和制定营销战略具有重要的指导意义。

② 微观市场预测。一个生产部门、公司或企业的营销活动范围内的各种预测。微观市场预测是企业制定正确的营销战略的前提条件。微观市场预测是宏观市场预测的基础和前提,宏观市场预测是微观市场预测的综合与扩大。

(2) 按时间长短不同,可分为长期预测、中期预测和短期预测。

① 长期预测。时间在5年以上的市场变化及其趋势的预测。为企业制定总体发展规划和重大营销决策提供科学依据。

② 中期预测。时间在1~5年之间的预测。帮助企业确定营销战略。

③ 短期预测。时间在1季度~1年之间的预测。帮助企业适时调整营销策略,实现企业经营管理的目标。

(3) 按预测方法的性质不同,可分为定性预测和定量预测。

① 定性预测。研究和探讨预测对象在未来市场所表现的性质。主要通过对历史资料的分析和对未来条件的研究,凭借预测者的主观经验、业务水平和逻辑推理能力,对未来市场的发展趋势做出推测与判断。定性预测简单易行,在预测精度要求不高时较为可行。

② 定量预测。确定预测对象在未来市场的可能数量。以准确、全面、系统、及时的资料为依据,运用数学或其他分析手段,建立科学合理的数学模型,对市场发展趋势做出数量分析。定量预测主要包括时间序列预测与因果关系预测两大类。

(4) 按市场预测地域的大小,可以分为国际市场预测和国内市场预测。

(5) 按市场预测内容的繁简,可分为专题市场预测和综合性市场预测。

小思考:比较一下,定性预测法和定量预测法各有什么特点?

五、市场预测的程序

市场预测工作应该遵循一定的程序和步骤以使工作有序化、统筹规划和协作。市场预测的过程大致包含以下的几个步骤(见图9-1)。

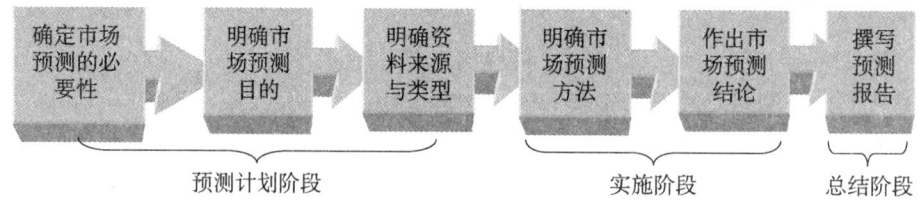

图9-1 市场预测的程序

(1) 明确市场预测的必要性。

(2) 明确市场预测目的。

明确目的,是开展市场预测工作的第一步,因为预测的目的不同,预测的内容和项目、所需要的资料和所运用的方法都会有所不同。明确预测目标,就是根据经营活动存在的问题,拟定预测的项目,制订预测工作计划,编制预算,调配力量,组织实施,以保证市场预测工作有计划、有节奏地进行。

(3) 明确资料来源和类型。

进行市场预测必须占有充分的资料。有了充分的资料,才能为市场预测提供分析、判断的可靠依据。在制订预测计划前,要先确定预测需要哪些资料,以及这些资料可以如何获取。

(4) 明确市场预测方法。

根据预测的目标以及各种预测方法的适用条件和性能,选择出合适的预测方法。有时可以运用多种预测方法来预测同一目标。预测方法的选用是否恰当,将直接影响到预测的精确性和可靠性。运用预测方法的核心是建立描述、概括研究对象特征和变化规律的模型,根据模型进行计算或者处理,即可得到预测结果。

(5) 对预测所得的结果进行处理和评估。

对调查搜集的资料进行综合分析,并通过判断、推理,使感性认识上升为理性认识,从事物的现象深入事物的本质,从而预计市场未来的发展变化趋势。在分析评判的基础上,通常还要根据最新信息对原预测结果进行评估和修正。

(6) 撰写市场预测报告。

预测报告应该概括预测研究的主要活动过程,包括预测目标、预测对象及有关因素的分析结论、主要资料和数据,预测方法的选择和模型的建立,以及对预测结论的评估、分析和修正等。

扫码查看更多内容

阅读下列案例,讨论并报告本案中企业是按照什么步骤开展市场预测工作的。

2012年5月,在国产中档家用轿车的需求量迅速上升且有不断发展趋势的情况下,为了充分把握市场的需求状况,广西北海市某汽车销售公司对国产中档B级家用轿车市场需求量进行预测,其过程如下:

第一步,确定市场预测目的。该公司围绕以下目标开展市场预测:

(1) 调查本市国产中档家用轿车销售的基本情况,分析本公司经营产品的市场地位和竞争能力;

(2) 做好国产中档家用轿车省内市场需求量的定量预测,为公司近期安排进货与合理库存提供数据;

(3) 了解各类型用户使用中档家用轿车的情况和需要确定推出新产品的方向。

第二步,搜集并整理信息资料。根据确定的预测目标,他们着重搜集了下列资料:

(1) 本公司历年的品种、销售量、成本、盈利率指标等资料;

(2) 同行业销售资料及国内同类产品的技术性能、价格、成本、产量等情报;

(3) 全市中档家用轿车历年社会保有量及各类产品市场占有率资料;

(4) 全市历年的汽车进口资料;

(5) 汽车行业研究所的有关报告、文章和研究成果;

(6) 有关发展家用汽车工业技术经济政策的文件、社论文章等材料。

第三步,运用多种方法开展调查。

为了补充二手资料的不足,他们还采取多种方法开展市场调查,以便进一步掌握有关情况,主要有:① 重点调查;② 访问会谈;③ 发信征询;④ 专题调查。例如,为了摸清国产中档轿车消费者最低的心理价位,他们走访了许多中高收入者,获得了消费者对家用轿车的外观、内在质量、价格、售后服务等各方面的详细资料,并将资料经计算机处理,掌握了本市家用汽车市场的翔实的资料。

第四步,回归预测方法的运用。根据调查整理前5年间的国产中档家用轿车的年销售量资料推算出了全市每年的需求量。从分析中可以看到,市场需求量和年份这两个变量之间为直线趋势,对它们的相关关系可配以直线方程 $y=a+bt$,进而用最小二乘法求得 a,b 两个参数,并计算相关系数 r 及标准离差。最后测得本市全年国产中档家用轿车的需求量为 6 000 辆左右。根据本公司的市场占有率,计算出本公司的预测值。

第五步,市场预测结果的运用。

(1) 为企业的经营决策提供了依据。通过预测,看到了近期中档家用轿车供求趋势,做出了大力促销国产家用中档汽车的决策。确定了三年的销售计划,设想逐年递增30%。

(2) 促进新产品开发。通过预测,看到了汽车工业的重点向环保化、小型化的发展趋势,将市场的调查与预测的信息反馈给生产企业,最大限度地满足消费者的需求。

任务 9-2 市场预测的方法

◆ 任务目标描述

了解市场预测方法的基本分类,掌握经验判断分析法、时间序列分析法和回归分析法的含义、特征和基本的操作步骤,能够运用经验判断分析法分析市场调查数据资料。

◆ 任务知识介绍

市场预测的方法很多,一般可以分为两大类:定性预测方法和定量预测方法。

定性预测方法,是指预测者根据已经掌握的部分历史和直观的资料,运用个人的经验和主观判断能力对事物的未来发展做出性质和程度上的预测。常用的定性预测法有个人经验判断法、集体经验判断法和专家预测法。其中专家预测法又分为专家意见集合法、专家意见汇总法、德尔菲法。

定量预测法是根据比较完备的历史和现状统计资料,运用数学方法对资料进行科学的分析、处理,找出预测目标与其他因素的规律性联系,对事物的发展变化进行量化推断的预测方法。定量预测方法包括两大类——时间序列预测法和因果分析法。常见的时间序列预测法有简单平均法、加权平均法、移动平均法、指数平滑法、季节变动法等;因果分析法,又称回归预测法,包括一元回归法、多元回归法。

一、经验判断分析预测法

经验判断分析预测法简称经验判断法,是市场预测方法中常用的一种方法。该方法是依赖于预测人员丰富的经验和知识以及综合分析能力,对预测对象的未来发展前景做出性质和程度上的估计和推测的一种预测方法。具体操作有以下三种情形。

(一) 集合意见法

它是指企业内部经营管理人员、业务人员凭自己的经验判断,对市场未来需求趋势提出个人的预测意见,再集合大家的意见做出市场预测的方法。集合意见法是短期或近期的市场预测中常用的方法。集合意见法的主要操作步骤如下:

第一步,预测组织者根据企业经营管理的要求,向参加预测的有关人员提出预测项目和预测期限的要求,并尽可能提供有关背景资料。

第二步,预测。有关人员根据预测要求及掌握的背景资料,凭个人经验和分析判断能力,提出各自的预测方案。在此过程中,预测人员应进行必要的定性分析和定量分析。

第三步,预测组织者计算有关人员预测方案的方案期望值。方案期望值等于各种可能状态主观概率与状态值乘积之和。

第四步,将参与预测的有关人员分类,如厂长(经理)类、管理职能科室类、业务人员类等,计算各类综合期望值。综合方法一般是采用平均数、加权平均数或中位数统计法。

第五步,确定最后的预测值。预测组织者将各类人员的综合期望值通过加权平均法等计算出最后的预测值。

(二) 专家会议法

这是指一种邀请有关方面的专家,通过会议的形式,对市场未来需求趋势或企业某个产品的发展前景做出判断,并在专家分析判断的基础上综合专家的意见,进行市场分析预测的方法。根据会议组织和风格的不同,可以细分为交锋式会议法、非交锋式会议法和混合式会议法三类。

 小知识

专家会议法的类型

(1) 交锋式会议法。要求参加会议的专家各抒己见,互相争论来预测问题。

(2) 非交锋式会议法(头脑风暴法)。与会的每位专家都可以独立地、任意地发表意见,但不相互争论,不批评他人意见,也不带发言稿,以便充分发挥灵感,鼓励创造性思维。

(3) 混合式会议法(质疑式头脑风暴法)。在第一阶段实施头脑风暴法,在第二阶段进行质疑、争论、批评,不断交换意见、互相启发,最后取得一致的结论。

1. 专家会议法操作步骤

(1) 选择专家。

专家会议法预测能否取得成功,在很大程度上取决于专家的选择。专家选择应依据以下要求:一是专家要有丰富经验和广博知识。专家一般应具有较高学历,有丰富的与预测课题相关的工作经验,思维判断能力敏锐,语言表达能力较强。二是专家要有代表性。要有各个方面的专家,如市场营销专家、管理专家、财务专家、生产技术专家等,不能局限于一个部门。三是专家要有一定的市场调查和市场预测方面的知识和经验。

(2) 召集专家会议。

第一步,做好会议的准备工作。包括确定会议的主题,确定合适的主持人,选好会议的场所和时间,确定会议的次数,准备会议的记录分析工具。

第二步,邀请专家参加会议。邀请出席会议的专家人数不宜太多,一般 8~12 人最好,要尽量包括各个方面的专家,要独立思考,不受某个权威意见所左右。

第三步,控制好会议的进程。会议主持人提出预测题目,要求大家充分发表意见,提出各种各样的方案。主持人不要谈自己有什么设想、看法或方案,以免影响与会专家的思路。对专家所提出的各种方案和意见,不应持否定态度,均应表示肯定和欢迎。

2. 专家会议法的优缺点

优点是:它将一些专家集合成一个小组,由主持人对他们同时进行访谈,这会比个人的访谈产生更多、更全面的信息和观点;与会专家能自由发表意见,各种观点能互相启发、借鉴,有利于集思广益,有利于预测意见得到修改、补充和完善。同时,专家会议法节省时间,节省费用,应用灵活方便。

缺点是:会议上与会人员的意见易被个别权威专家的意见所左右;由于与会人员的个性和心理状态,与会者有时不愿发表与众不同的意见,或出于自尊心不愿当场修改已发表过的意见。因此,会议最后的综合意见,可能并不完全反映与会专家的全部正确意见。但是,在难以进行量的分析的情况下,专家会议法仍不失为一种很有价值的预测方法。

(三) 德尔菲法

采用背对背的通信方式征询专家小组成员的预测意见,经过几轮征询,使专家小组的预测意见趋于集中,最后做出符合市场未来发展趋势的预测结论。德尔菲法是为了克服专家会议法的缺点而产生的一种专家预测方法。在预测过程中,专家彼此互不相知、互不往来,这就克服了在专家会议法中经常发生的专家们不能充分发表意见、权威人物的意见左右其他人的意见等弊病。各位专家能真正充分地发表自己的预测意见。

 小知识

德尔菲法同常见的召集专家开会、通过集体讨论、得出一致预测意见的专家会议法既有联系又有区别。德尔菲法能发挥专家会议法的优点,即:

(1) 能充分发挥各位专家的作用,集思广益,准确性高;
(2) 能把各位专家意见的分歧点表达出来,取各家之长,避各家之短;
(3) 同时,德尔菲法又能避免专家会议法的缺点;
(4) 权威人士的意见影响他人的意见;
(5) 有些专家碍于情面,不愿意发表与其他人不同的意见;
(6) 出于自尊心而不愿意修改自己原来不全面的意见;

德尔菲法的主要缺点是:缺少思想沟通交流,可能存在一定的主观片面性;易忽视少数人的意见,可能导致预测的结果偏离实际;存在组织者主观影响。

1. 德尔菲法的一般操作步骤

第一步,确定预测题目,选定专家小组。

确定预测题目即明确预测的目的和对象,选定专家小组则是决定向谁做有关的调查。这两点是有机地联系在一起的,即被选定的专家,必须是对确定的预测对象具有丰富知识的人,既包括理论方面的专家,也包括具有丰富实际工作经验的专家,这样组成的专家小组,才能对预测对象提出可信的预测值。专家人数一般 10~20 人。

第二步,制定征询表,准备有关材料。

预测组织者要将预测对象的调查项目,按次序排列绘制成征询表,准备向有关专家发送。同时还应将填写要求、说明一并设计好,使各专家能够按统一要求做出预测值。

制定意见征询表时应当注意以下几个要点:征询的问题要简单明确,使人容易回答;问题数量不宜过多;问题的回答要尽量接近专家熟悉的领域,以便充分利用专家的经验;意见征询表中还要提供较详细的背景材料,供专家进行判断时参考。

第三步,采用匿名方式进行多轮函询。

第1轮:预测组织者将预测课题、征询表和背景材料,邮寄给每位专家,要求专家一一作答,提出个人的初步预测结果。

第2轮:预测组织者将第一轮汇总整理的意见、预测组的要求和补充的背景材料,反馈给各位专家,进行第二轮征询意见。专家们在接到第二轮资料后,可以了解其他专家的意见,并由此做出新的预测判断。他既可以修改自己原有的意见,也可以仍然坚持第一轮的意见,并将第二轮预测意见按期寄给预测组织者。

第3轮:预测组织者将第二轮汇总整理的意见、补充材料和预测组的要求,反馈给各位专家进行第三轮征询意见。要求每位专家根据收到的资料再发表第三轮的预测意见。专家们将第三轮意见(修改的或不修改的)再次按期寄回。这样,经过几次反馈后,各位专家对预测问题的意见会逐步趋于一致。

第四步,运用数学统计分析方法对专家最后一轮预测意见加以处理,做出最后的预测结论。

2. 德尔菲法的预测方法

用德尔菲法征询专家意见一般要求在三轮以上,只有经过多次的征询,专家们的看法才能更加成熟,并使预测意见趋于集中。用数学统计分析方法处理专家们的预测数据,得出最终预测值。一般采用平均数法和中位数法。

(1) 平均数法,就是用专家所有预测值的平均数作为综合的预测值。公式为:

$$y = \frac{\sum x_i}{n}$$

式中,x——各位专家的预测值;

n——专家人数。

(2) 中位数法,是用所有预测值的中位数作为最终的预测值。将最后一轮专家的预测值从小到大排列,碰到重复的数值舍去,那么中位数所处的位置$\left(第\frac{n+1}{2}位\right)$的数据,就是中位数。

 小案例 9-1

某公司研制出一种新兴产品,市场上还没有相似产品出现,因此没有历史数据可以获得。公司需要对可能的销售量做出预测,以决定产量。于是该公司成立专家小组,并聘请公司里的业务经理、市场专家和销售人员等岗位上的八位人员组成专家小组,预测全年可能的销售量。八位专家提出个人判断,经过三次反馈得到结果如下表所示(单位:万件)。

专家编号	第一次最低销售量	第一次最可能销售量	第一次最高销售量	第二次最低销售量	第二次最可能销售量	第二次最高销售量	第三次最低销售量	第三次最可能销售量	第三次最高销售量
1	500	750	900	600	750	900	550	750	900
2	200	450	600	300	500	650	400	500	650
3	400	600	800	500	700	800	500	700	800
4	750	900	1 500	600	750	1 500	500	600	1 250
5	100	200	350	220	400	500	300	500	600
6	300	500	750	300	500	750	300	600	750
7	250	300	400	250	400	500	400	500	600
8	260	300	500	350	400	600	370	410	610
平均数	345	500	725	390	550	775	415	570	770

从上表不难看出,专家们在发表第二轮预测意见时,就最低销售量,大部分专家都修改了自己的第一轮预测意见,只有编号为6和编号为7的专家坚持自己第一轮的预测意见。就最可能销售量,也只有1号和6号专家没有修改预测意见。而对于最高销售量,却有1号、3号、4号、6号保持了原有意见。专家们发表第三轮预测意见也是发生了一些微调。经过三轮征询后,专家们预测值的差距在逐步缩小,在第一轮征询中,专家的最大预测值1 500与最小预测值350相差1 150万件;第二轮征询中,专家最大预测值1 500与最小预测值500相差为1 000万件;第三轮征询中,专家最大预测值1 250与最小预测值600仅相差650万件。

在公司能实现的最可能销售量预测,第一轮时专家的最大预测值900与最小预测值200相差700万件;第二轮专家最大预测值750与最小预测值400相差只有350万件;最后一轮中,专家最大预测值750与最小预测值410再次缩小了。

$$y = \frac{\sum x_i}{n} = \frac{750+500+700+600+500+600+500+410}{8} = 570(万件)$$

即预测公司新产品明年最可能的销售量为570万件。

若用中位数法确定最可能销售的最终预测值,首先,将上表的专家第三轮预测值,按其数值从小到大排列:750、700、600、500、410(有两个600和三个500,只取一个)。其次,确定中位数所在的位置:第3个数据为中位数。即预测产品明年的销售量为600万件。不论用哪种方法,结论比较接近。

二、定量预测法

(一) 时间序列预测法

时间系列预测法是一种历史资料延伸预测,又称历史延伸法或趋势外推法,是根据市场现象的历史资料,运用科学的数学方法建立预测模型,以此来预测市场现象未来的发展变化趋势,或预计市场现象未来表现的数量。

1. 简单平均法

简单平均数法也称算术平均法,是以一定观察期内预测变量的算术平均数作为下期预测值的预测方法。

该法是把若干历史时期的实际销售量的平均值作为下期预测值。这种方法基于下列假设:"过去这样,今后也将会是这样",把近期和远期数据平均化,因此这个方法只适用于没有明显波动或较大增减变化的事件的预测。如果事物呈现某种上升或下降的趋势,就不宜采用此法。简单平均法计算公式为:

$$X=\frac{\sum x_i}{n} \quad (i=1,2,3,\cdots,n)$$

小案例 9-2

某巧克力厂 2014 年 1—12 月销售额如下表,利用简单算术平均法预测 2015 年 1 月份巧克力的销售额(单位:万元)。

月 份	1	2	3	4	5	6	7	8	9	10	11	12
销售额	80	116	75	61	70	76	72	68	82	85	60	109

根据简单算数平均法计算公式可得,

$$X=\frac{80+116+75+61+70+76+72+68+82+85+60+109}{12}=79.5(万元)$$

即可预测该厂 2015 年 1 月份巧克力的销售额为 79.5 万元。

2. 加权平均法

加权平均数法就是把各个时期的历史数据按近期和远期影响程度进行加权,求出平均值,作为下期预测值。该方法的基本思想是:一个时间序列中各数据的重要程度并不一样,因此对每个样本值的重要性都赋予一个权数。

运用这一方法的关键是合理确定权数,附近的值权重大,远期的值权重小。各个权重的级差一般是根据预测者的经验来判断的。公式为:

$$X=\frac{\sum x_i f}{\sum f_i}=\frac{x_1 f_1+x_2 f_2+\cdots+x_n f_n}{f_1+f_2+\cdots+f_n} \quad (i=1,2,3,\cdots,n)$$

式中,f——根据经验判断赋予的权数。

小案例 9-3

南宁市百货公司某一化妆品柜台 2019 年上半年 1—6 月的销售额分别为 28、27、29、20、17、29 万元,试预测 2020 年 7 月份该柜台的销售额。

用简单算术平均法计算的平均数为:

$$X=\frac{28+27+29+20+17+29}{6}=25(万元)$$

即预测值为 25 万元。假设已知 1—6 月份的权数为 1、1.5、2、0.5、1、2,则用加权平均数法计算预测值。

$$X = \frac{\sum x_i f_i}{\sum f_i} = \frac{1 \times 28 + 1.5 \times 27 + 2 \times 29 + 0.5 \times 20 + 1.5 \times 17 + 2 \times 29}{1 + 1.5 + 2 + 0.5 + 1.5 + 2} = 24.7(万元)$$

3. 移动平均法

移动平均法是指将观察期的统计数据,由远而近地按照一定跨越期逐一求平均值,并将最后一个平均值作为预测值的方法。移动平均法包括一次和多次移动平均法。这里介绍最简单的一次移动平均法。

一次移动平均法就是对时间数列按一定的观察期连续计算平均值,取最后一个平均值作为预测值的方法。如果是直接以简单平均值数列中的最后一个数值作为预测值,这是简单移动;如果考虑在移动跨越期内,对距离预测期较远的数据给予较小的权数,反之则给较大的权重,计算出加权移动平均值数列,并以最后一个加权平均值作为预测值,这是加权移动。

一次移动平均法,又称简单平均移动法,对于呈水平不规则波动的时间序列数据的预测,是一种简易可行的预测方法。公式如下:

$$\hat{X}_{t+1} = M_t^{[1]} = \frac{x_t + x_{t-1} + \cdots + x_{t-n+1}}{n}$$

式中,$\hat{X}_{t+1}$——下一期的预测值;

M_t——第 t 期的一次移动平均值;

x_i——观察期的实际发生值;

n——移动跨期。

小案例 9-4

某市 2002—2011 年的人均粮食需求量资料如下表的第 2 栏,试用移动平均法预测 2012 年的人均粮食需求量。下表为某市 2002—2011 年的人均粮食需求量资料(单位:公斤)。

年份 t	粮食需求量 x_t	$M_t^{(1)}(n=3)$	$M_t^{(1)}(n=5)$
2002	206	—	—
2003	214	—	—
2004	208	209.33	—
2005	220	214.00	—
2006	230	219.33	215.6
2007	212	220.67	216.8
2008	202	214.67	214.4
2009	210	208.00	214.8
2010	218	27.00	214.4
2011	206	211.33	209.6

从表中第 2 栏各年粮食需求量资料可见,该市人均粮食需求量在 10 年中升降趋势不明显,可用移动平均法预测。

分别取 $n=3$ 和 $n=5$，计算移动平均数（如表的第 3 栏和第 4 栏）。

据 $\hat{X}_{t+1}=M_t^{[1]}$ 的模型预测：

当 $n=3$ 时，2012 年人均粮食需求为 211.33 公斤。

当 $n=5$ 时，2012 年人均粮食需求为 209.6 公斤。

应该取哪个值呢？一般选取标准差较小的对应预测值。可以计算出当 $n=3$ 时标准差为 4.31，而当 $n=5$ 时标准差为 3.65。所以预测值为 $n=5$ 时的 209.33 公斤为好。

 小知识

移动跨期 n 的取值原则

在资料期数较多时，n 值可适当取大些；而资料期数较少时，n 值只能取小些。

在历史资料具有比较明显的季节性变化或循环周期性变化时，跨期 n 应等于季节周期或循环周期。

如果希望反映历史资料的长期变化趋势时，则 n 应取大些；如果要求反映近期数据的变化趋势时，则 n 应取小些。

4. 指数平滑预测法

指数平滑法即是以本期的实际发生数和上期的预测值为基数，用指数加权的办法进行预测的方法，实际上也是一种特殊的加权移动平均法。按照时间数列资料被平滑的次数，分为：一次指数平滑、二次指数平滑和二次以上指数平滑。指数平滑法中的 α 值，是一个可调节的权数值（用经验常数即平滑系数进行修正），其大小在 0～1 之间。

（1）一次指数平滑法只适用于观察期数据变化呈现平稳趋势的预测对象。其预测公式：

$$\hat{X}_{t+1}=S_t^{[1]}=\alpha X_t+(1-\alpha)S_{t-1}^{[1]}$$

式中，$S_t^{[1]}$——时间 t 的平滑值；

x_t——时间 t 的实际值；

$S_{t-1}^{[1]}$——时间 $t-1$ 的平滑值；

α——平滑常数，其取值范围为 $[0,1]$。

 小案例 9-5

某企业 2019 年四个季度销售量（件）见下表。

季　度	1	2	3	4
销售量/件	30 000	35 000	40 000	45 000

用指数平滑法预测 2020 年第一季度的销售量（且平滑系数为 0.1）

$S_2^{[1]}=0.1\times 35\ 000+(1-0.1)\times 30\ 000=30\ 500$

$S_3^{[1]}=0.1\times 40\ 000+(1-0.1)\times 30\ 500=31\ 450$

$S_4^{[1]}=0.1\times 45\ 000+(1-0.1)\times 31\ 450=32\ 805$

因此，2020 年第一季度的销售量的预测值为 32 805 件。

小知识

平滑系数 α 的取值原则

如果时间序列具有不规则的起伏变化,但长期趋势接近一个稳定常数,必须选择较小的 α 值(取 0.05~0.20 之间)。

如果时间序列具有迅速明显的变化倾向,则 α 应取较大值(取 0.3~0.6)。

如果时间序列变化缓慢,亦应选较小的值(一般在 0.1~0.4 之间)。

而初始值 $S_1^{[1]}$ 的确定:当实际数据多于 10 个时,$S_1^{[1]} = x_1$。

当少于 10 个时,用最早几期实际值的平均值作为初始值。

(2) 一次指数平滑法只适用于时间序列有一定波动但没有明显的长期递增或递减的短期预测,若进行中长期预测,则会造成显著的时间滞后,产生较大的预测误差。为弥补这一缺陷,可采用二次指数平滑法:$S_t^{[2]} = \alpha S_t^{[1]} + (1-\alpha) S_{t-1}^{[2]}$。

二次指数平滑法的预测模型:

$$\hat{y}_{t+T} = a_t + b_t T$$
$$a_t = 2S_t^{[1]} - S_t^{[2]}$$
$$b_t = \alpha/(1-\alpha) \times (S_t^{[1]} - S_t^{[2]})$$

小案例 9-6

已知某企业 2014—2019 年的销售额资料如下表,试计算各年份销售额的一、二次指数平滑值,并预测该企业 2020 年的销售额。取 $\alpha = 0.5$,初始值 $S_1^{[2]} = S_1^{[1]} = 140$。

单位:万元

年 份	序 号	实际销售额	一次指数平滑值 ($\alpha=0.5$)	二次指数平滑值 ($\alpha=0.5$)
2014	1	140	140	140.0
2015	2	160	150	145.0
2016	3	150	150	147.5
2017	4	182	166	156.8
2018	5	160	163	159.9
2019	6	175	169	164.4

计算如下:

$a_t = 2S_t^{[1]} - S_t^{[2]} = 2 \times 169 - 164.4 = 173.56$

$b_t = \dfrac{\alpha}{1-\alpha}[S_t^{[1]} - S_t^{[2]}] = \dfrac{0.5}{1-0.5}[169 - 164.4] = 4.56$

二次指数平滑法的预测模型:

$y_{t+T} = 173.56 + 4.56 \times T$,因此预测值为:

$y_{2005}=y_{t+1}=173.56+4.56\times1=178.125(万元)$

则该企业 2020 年销售额的预测值为 178.125 万元。

5. 季节指数法

季节指数法,是根据预测目标各年按月编制的时间数列资料,以统计方法测定出反映季节变动规律的季节指数,并利用季节指数进行预测的预测方法。

这一方法的前提是市场现象的季节变动。所谓季节变动,指一再发生于每年特定时期内的周期波动,即每年重复出现的循环变动。在市场经济现象中,确实存在某些现象由于受自然气候、生产条件、生活习惯等因素的影响,在一定时间中随季节的变化而呈现出周期性的变化规律。季节指数法的应用,一般要取三年或者三年以上周期性变动的时间数列资料。

运用季节变动指数进行市场预测的步骤如下:

第一步,根据各年按月(季)的动态数列资料计算出各年同月(季)的平均水平。

第二步,计算各年所有月(季)的总平均水平。

第三步,将各年同月(季)的平均水平与总平均水平进行对比,即得出季节变动比率(季节指数)。其计算公式为:

$$季节比率=\frac{同月份平均水平}{总平均月份水平}\times100\%$$

第四步,用季节比率进行预测未来月(季)的水平。为了预测以后各年不同月(或季)发展趋势和状况,通常假定按过去资料测定的季节变动模型能够适用于未来。因此,按月(或季)平均预测法的计算公式为:

$$各月(或季)预测值=上年各月(或季)的平均值\times各月(或季)的季节比率$$

小案例 9-7

某地区 2014—2019 年各季度的农业生产资料零售额数据如下表所示。试用按季平均法计算各季的季节指数,并预测 2020 年 1、2、3、4 四个季度零售额。

2014—2019 年各季度农业生产资料零售数据

年 份	销售额(万元)			
	一季度	二季度	三季度	四季度
2014	62.6	88.0	79.1	64.0
2015	71.5	95.3	88.5	68.7
2016	74.8	106.3	96.4	68.5
2017	75.9	106.0	95.7	69.9
2018	85.2	117.6	107.3	78.4
2019	86.5	131.1	115.4	90.3

第一步,计算同一季度平均水平:

$$第一季度零售额平均水平=\frac{62.6+71.5+74.8+75.9+85.2+86.5}{6}=76.08(万元)$$

依次可计算出第二、第三、第四季度零售额的平均水平分别为：107.38 万元、97.07 万元和 73.30 万元（见下表）。

第二步，求总平均季度水平。

$$总平均季度水平 = \frac{76.08 + 107.38 + 97.07 + 73.30}{4} = 88.46（万元）$$

第三步，计算季度比率（季节指数）。

$$第一季度比率 = \frac{76.08}{88.46} = 86.00\%$$，依次可计算出第二、第三、第四季度比率（见下表）。

农业生产资料零售额季节指数计算表

年 份	销售额（万元）				
	一季度	二季度	三季度	四季度	全年合计
2014	62.6	88.0	79.1	64.0	293.7
2015	71.5	95.3	88.5	68.7	324.0
2016	74.8	106.3	96.4	68.5	346.0
2017	75.9	106.0	95.7	69.9	347.5
2018	85.2	117.6	107.3	78.4	388.5
2019	86.5	131.1	115.4	90.3	423.3
合计	456.5	644.3	582.4	439.8	2 123.0
同季平均	76.08	107.38	97.07	73.30	88.46
季节指数（%）	86.00	121.39	109.73	82.86	100.00

第四步，预测 2020 年 1、2、3、4 季度零售额，计算如下：

$$上年度即2019年各季平均值 = \frac{423.3}{4} = 105.83（万元）$$

2020 年第一季度 = 105.83 × 86.00% = 91.01（万元）

2020 年第二季度 = 105.83 × 121.39% = 128.47（万元）

2020 年第三季度 = 105.83 × 109.73% = 116.13（万元）

2020 年第四季度 = 105.83 × 82.86% = 87.69（万元）

（二）回归预测法

在经济活动中，许多经济现象都有一定的相互关系，如商品销售量的多少与消费者的购买力、商品价格等有关，研究者可以根据事物因果关系，找出变化的原因，对未来市场做出预测。回归预测法，就是通过对两个以上变量之间的因果关系，找出事物变化的原因，用数学的模型来预测事物未来发展变化的方法。

这种方法是在掌握大量观察数据的基础上，利用数理统计方法建立因变量与自变量之间的回归关系函数表达式（称回归方程）来完成的，因此，回归预测法是定量预测常用方法之一。由于它依据的是事物内部的发展规律，因此这种方法比较精确。

1. 一元回归分析法的含义

一元回归分析法，是在考虑预测对象发展变化本质基础上，分析因变量随一个自变量变化而变化的关联形态,借助回归分析建立它们因果关系的回归方程式,描述它们之间的平均变化数量关系,据此进行预测或控制。

一元回归分析法包括线性与非线性两种。通常线性回归分析法是最基本的分析方法,一元线性回归是指事物发展的自变量与因变量之间是单因素间的简单线性关系。假设预测目标因变量为 Y,影响它变化的一个自变量为 X,因变量随自变量的增(减)方向变化。一元线性回归分析就是要依据一定数量的观察样本 $(X_i, Y_i) i=1,2,\cdots,n$,找出回归直线方程:$(Y=a+bX)$。对应于每一个 X_i,根据回归直线方程可以计算出一个因变量估计值 Y_i。通常在预测总成本时,可以以产量作为自变量,而以总成本作为因变量。

我们假设:y 为产品总成本;a 为固定成本总额;b 为单位产品的变动成本;x 为产品产量。则产品总成本和产品产量之间的关系,可以用 $y=a+bx$ 的方程式来表示。利用多个相关数据的均值回归,得出 a 和 b 的值,即可进行预测。

小案例 9-8

假设某企业车间预测下个月生产成本,经调查确定固定成本为 570 元,单位变动成本元是 55 元,用回归分析法建立数学模型为:

$$Y=570+55X$$

式中,Y——该车间月生产总成本(元);X——月产量(件)。

那么,该车间月产品达到 50 件时的生产总成本计算值为 3 320 元。

2. 一元回归分析预测的步骤

第一步,确定预测目标和影响因素。

这是回归分析的基础,只有当各因素存在相关关系时,才可用回归分析法进行预测。

第二步,收集整理因变量和自变量,观察样本资料。

第三步,建立数学模型。

根据已知的数据资料,找出变量之间相关关系的类型,并选择与其最为吻合的数学模型。通过一元回归分析法含义的介绍,我们可以明确,一元线性回归预测的模型是:

$$y_i = a + bx_i$$

式中,x_i——自变量;

y_i——因变量;

a——回归系数;

b——回归系数。

模型中的系数 b,反映了 x 变化一个单位对 y 的影响程度。即反映了影响因素 x 对预测对象 y 的影响大小和方向。

第四步,检验和评价数学模型。

用数理统计方法检验数学模型,进行相关分析、方差分析与显著性检验,并测量其误差大小和精确程度。

第五步,运用模型进行预测。

数学模型经检验后如果正确,即可用来进行预测和控制了。

小案例 9-9

为了了解农村农民存款的现状,以及影响农民存款额度、期长的因素,制订切实可行的存、贷款计划,搞好资金的综合平衡,我们对泰华地区 1982—1985 年年末的农民存款进行预测,供研究农民存款发展趋势和制订计划时参考。

一、历史数据及分析

全区农民存款历年年末数据见下表。

全区农民存款历年年末数据表　　　单位:亿元

年　份	存款额
1970	0.371 4
1971	0.372 8
1972	0.487 1
1973	0.968 1
1974	1.005 3
1975	1.480 7
1976	1.151 6
1977	1.466 0
1978	1.970 2
1979	2.673 4
1980	3.882 1
1981	5.961 5

从历史的存款情况看:

(1) 全区农民存款是按照稳定增加的规律向前发展的。在 1970—1981 年的 12 年中,农民的存款有 11 年增加,只有 1976 年是下降的。

(2) 农民存款从 1978 年开始发生转折。特别是在十一届三中全会以后,农村经济发展很快,农民收入不断增加,扩大了农民的存款渠道,增加了存款。三中全会以后 3 年的年平均存款为 4.172 3 亿元,比三中全会以前 3 年的年平均存款 1.529 3 亿元增加了 1.7 倍。

(3) 1981 年,全区虽然遭到比较严重的洪涝灾害,农业减产歉收,农村人均收入仍达到 248.09 元(包括家庭副业收入),农民存款达到 5.961 5 亿元,比 1980 年增加 53.6%。

由于我国农业目前尚不能摆脱自然因素的影响,我区今后农民存款的发展趋势不外乎以下三种情况:

第一,农业连年丰收,农民收入显著增加,农民存款大幅度增长;

第二,遭受毁灭性的自然灾害,农民收入锐减,农民存款下降;

第三,在正常年景下(包括一般灾年),农民收入会继续稳定增加,农民存款也将保持稳定上升趋势,相应地增加。

二、预测

采用时间回归、移动平均、二次指数平滑三种方法进行预测。

(1) 采用时间回归方法求得的预测模型为:

$$Y = 4.016\ 7 + 0.400\ 1T$$

预测结果列入下表。

(2) 采用移动平均法,取 $N = 6$,求得预测模型为:

$$Y = 4.047\ 7 + 0.478\ 7T$$

预测结果列入下表。

(3) 采用二次指数平滑法,取初始值 $S_0^{[1]} = S_0^{[2]} = 5.499$,$\alpha = 0.30$,求得预测模型为:

$$Y = 5.236\ 9 + 0.802\ 4T$$

预测结果列入下表。

泰华地区农民存款预测值(亿元)

年 份	1982	1983	1984	1985
时间回归法	4.416 8	4.817 0	5.217 1	5.617 2
移动平均法	4.526 4	5.005 1	5.483 8	5.962 5
二次平滑法	6.039 3	6.841 7	7.644 1	8.446 5

三、预测分析

(1) 前面已经提到,由于农业生产受自然条件影响,全区农民存款趋势会有三种可能。但是,我们制订计划,进行经济预测,既不能毫无根据地把预测建立在年年风调雨顺的基础上,也不能肯定未来必定会发生毁灭性的自然灾害。因此,参照历史发展规律,在正常情况下,今后全区农民存款将会稳定地增加。

(2) 1982年,全区农业在上年遭受洪涝灾害的情况下,又遭受旱、虫灾害,由于连续两年受灾,减少了农民部分收入,使存款受到一定影响,预计1982年年末虽比上年有所增加,但幅度不会太大。

(3) 由于农民家庭副业的发展,一些农民收入增加,有储币选购高档耐用消费品、生产资料和建材产品的趋势,具有存款潜力,扩大了储源,可望增加部分存款。

综上所述,在本文采用的三种预测方法中,采用时间回归和平均移动的预测方法所求得的预测值,不符合常规和发展的趋势,而用二次平滑法预测所求得的预测值,则既符合全区农民存款的历史发展规律,又与目前农村经济发展的形式相吻合,以此作为制订1982—1985年全区农民存款计划的参考依据,将是可行的。

课堂训练

阅读本案例,小组讨论德尔菲法的优缺点、适用范围和操作步骤。

某单位在1980年10月至1981年8月经过四轮作业对我国墙体材料发展做了一次预测,选择了137位专家,历经380多人次征询,才顺利完成任务。墙体材料是多工种工程学科,其课题设计面广,预测组从与建材有关的科研、设计、生产、管理、施工、大专院校、情报及用户等有关方面选择专家。专家选择的具体情况是:① 从报纸杂志上所选专家占此次预测专家总数的1%;② 专家之间互相推荐,用此法选择的专家占专家总数的39%;③ 组织推荐,用此种方法所推荐的专家占专家总数的60%。选择专家所涉及的面非常广泛,除技术专家外,还包括了行政干部、社会工作者和普通群众。

专家的组成及同函率表

专家所在部门		科研	设计	生产	管理	施工	院校	合计
第一轮	邀请专家人数	54	19	25	35	17	7	157
	回函专家人数	38	8	17	31	12	4	110
	回函率	70.4%	42.1%	68%	88.6%	70.6%	57.1%	70%
第二轮	邀请专家人数	43	11	20	37	16	5	133
	回函专家人数	37	12	18	24	11	4	105
	回函率	86.5%	91.7%	90%	64.9%	68.7%	80%	79%
第三轮	邀请专家人数	39	11	17	24	11	4	106
	回函专家人数	35	10	13	14	6	3	81
	回函率	89.7%	90.9%	76.5%	58.3%	54.5%	75%	76.4%
第四轮	邀请专家人数	39	11	17	24	11	4	106
	回函专家人数	35	11	13	20	10	3	92
	回函率	89.7%	100%	76.5%	83.3%	90.9%	75%	86.8%

项目总结

- **知识重点**

经验判断分析法　德尔菲法　时间序列分析法　回归分析法

- **技能重点**

德尔菲法的操作步骤和结果分析运算

- **思考与训练**

1. 选择题

(1) 不属于定性预测的方法是(　　)。

A. 头脑风暴法　　　　　　　　　B. 经验判断法

C. 德尔菲法　　　　　　　　　　D. 移动平均法

(2) 决定德尔菲法成败的关键性一步是(　　)。

A. 成立预测工作小组　　　　　　B. 选好专家

C. 制定征询表　　　　　　　　　D. 结果的汇总和整理

(3) 时间序列中的发展水平(　　)。

A. 只能是绝对数　　　　　　　　B. 只能是相对数

C. 只能是平均数　　　　　　　　D. 上述三种指标均可以

(4) 通过对消费者的购买心理和消费习惯的分析,以及对国民收入水平、收入分配政策的研究,推断出社会的市场总消费水平,这是属于什么市场预测?(　　)

A. 市场需求预测　　　　　　　　B. 市场供给预测

C. 市场供需预测　　　　　　　　D. 消费者行为预测

(5) 时间在 1~5 年之间的预测被称为哪种预测？（　　）
A. 近期预测　　　　B. 短期预测　　　　C. 中期预测　　　　D. 长期预测

2. 计算题

(1) 某企业 2016—2020 年产品产量资料如下表，请用移动平均法预测 2021 年该企业的产品产量值，并填入表格括号内。

单位：件

年　份	2012	2013	2014	2015	2016	2017
产　量	580	659	548	580	629	（　）

(2) 某公司 2012 年上半年各月销售收入分别为：500 万元、550 万元、520 万元、490 万元、510 万元、580 万元。试用一次指数平滑法预测，求：取 $a=0.3$ 时，预测 7 月份的销售额。

(3) 对 9 位青少年的身高 Y 与体重 X 进行观测，并已得出以下数据：

$$\sum Y_i = 13.54, \sum Y_i^2 = 22.978\,8, \sum X_i = 472, \sum X_i^2 = 28\,158,$$
$$\sum X_i Y_i = 803.02$$

要求：(1) 以身高为因变量，体重为自变量，建立线性回归方程；
　　　(2) 计算决定系数。

3. 思考题

(1) 专家意见集合法的预测效果的好坏在很大程度上取决于专家选择的适当与否，简述专家选择时应该注意的要点。
(2) 德尔菲法的操作步骤有哪些？
(3) 如何理解市场预测的六个基本原理？

4. 案例分析

某县地处沿海，是东北的一个苹果生产区。1981 年年底全县共有苹果树 355 万株，在农商配合下，对 1982 年的苹果产量及今后五年的产量和收购量做一个预测。具体的做法如下：

1. 1981 年基本情况的分析

(1) 1981 年产量分析：在全县 355 万株果树中有九年生长期以上的结果树 170 万株，占 48%。1981 年总产量 4.93 万吨，平均每株单产 58 斤。
(2) 历年产量分析如下表。

年　份	株数（万株）	结果株数（万株）	单产（斤）	总产（万吨）
1970	220	90	30	1.35
1975	270	120	40	2.40
1980	340	160	55	4.40
1981	355	170	58	4.93

以上列数据,求平均发展速度,公式为:

$$\bar{x}=\sqrt[n]{\frac{a_n}{a_0}}$$

$$\lg \bar{x}=\frac{1}{n}\times(\lg a_n-\lg a_0)$$

式中,$\bar{x}$——平均发展速度;

n——年数;

a_n——期末数;

a_0——期初数。

根据以上公式计算1970—1980年苹果树株数的平均增长速度为:

$\lg \bar{x}=(1/10)\times(\lg 340-\lg 220)=0.018\ 91$

$\bar{x}=104.4\%$

1970—1980年平均增长速度为:

$104.4\%-100\%=4.4\%$

1981年比1980年增长速度为:

$(355-340)\div 340=4.4\%$

根据以上计算方法,计算各个时期各项指标的增长速度并列表如下:

年　份	株　数	结果株数	单　产	总产量
1970—1980 平均	4.4%	5.9%	6.2%	12.5%
1981 比 1980	4.4%	6.3%	5.5%	12%
1970—1981 平均	4.5%	6.0%	6.2%	12.5%

2. 对1982年苹果产量预测

根据调查,1982年结果树株数为180万株,比1981年增加5.9%;如果单产按1970—1980年平均增长速度6.2%计算,单产应为61.6斤,总产5.54万吨。但通过典型调查追踪预测,第一阶段在头年十一月份"查花芽"时初步分析,长势不好。当年入春以来,这个县严重干旱,树叶脱落,部分果树干枯,因此当年六月第二阶段"看作果"时,情况急转直下,至八月末第三阶段"测产量"时,县农、商部门通过分设分类,选择典型调查,采取取样过秤的方法,预测每株产量和等级。推算结果,每株平均产量只有50斤,比1981年减产13.8%,总产量只有4.5万吨。比1981年减产8.7%。

3. 对1983—1985年苹果产量预测

为了预测1983年至1985年的苹果产量,这个县农、商部门在预测1982年产量的基础上,邀请各方面专家进行测算。取得统一的意见如下:

(1) 1982年苹果减产,主要是受气候的影响,如果1983年气候正常,无大灾害,苹果单位产量可以恢复到1981年的水平。

(2) 由于这个县1~7年生长期果树数量很大,转入8年以上结果期的果树增加很快,因此结果株树发展的水平将会高于6.2%的水平,达到6.5%,1983年后单产增长水平,预计只能平均增长6%左右。1982—1985年的总产量预测如下：

年　份	结果株数(万株)	单产(斤)	总产量(万吨)
1981	170	58	4.93
1982	180	50	4.50
1983	190	58	5.51
1984	202	61	6.16
1985	215	65	6.99

从上表可以看出，1985年苹果总产量可达到6.99万吨，比1981年增长41.8%。

4. 苹果收购量预测

苹果是二类物资，国家规定实行派购政策，同时留一部分给农民自食。这个县每人规定自食50斤，以30万农业人口计算，自留15万担，合0.75万吨。派购任务为3万吨，从1981年起三年不变，多余部分可由国家议价收购或由社、队自行出售。根据1981年情况，产量4.93万吨，除去自食0.75万吨，商品量为4.18万吨，派购3万吨，并由商业部门议价收购0.5万吨，因此收购量为3.5万吨，占总产量71%。今后几年随着人口的增长和农民生活水平的提高，自食量将逐步提高，1983年前派购任务不变，但从1984年开始随着产量的提高，派购任务会有一定增加。逐年收购量的预测如下表：

年　份	产量（万吨）	自食（万吨）	商品量（万吨）	商品量占产量%	派购（万吨）	议购（万吨）	收购总额（万吨）	收购额占产量%
1981	4.93	0.75	4.18	85	3	0.5	3.5	71
1982	4.50	0.75	3.75	83	3	0.3	3.3	73
1983	5.51	0.80	4.71	85	3	0.9	3.9	71
1984	6.16	0.90	5.26	85	3.5	1.2	4.7	76
1985	6.99	1.00	5.99	86	3.5	1.6	5.1	73

根据以上预测，1985年收购量达到5.1万吨，比1981年增长45.7%，增长的速度比产量快4%，这主要是由于派购数量增加0.5万吨，上升近17%的缘故。

(资料来源：梅汝和,余名岳.市场调查和预测的应用.)

讨论：(1)本案例运用了什么预测方法？

(2)该预测方法的优点是什么？缺点是什么？

项目 10　市场调查报告的撰写

> **导入案例**

　　吉列公司在 1974 年，公司提出了面向妇女的专用"刮毛刀"。这一决策看似荒谬，却是建立在坚实可靠的市场调查的基础之上的。吉列公司先用一年的时间进行了周密的市场调查，调查结果发现在美国 30 岁以上的妇女中，有 65% 的人为保持美好形象，要定期刮除腿毛和腋毛。这些妇女之中，除使用电动刮胡刀和脱毛剂之外，主要靠购买各种男用刮胡刀来满足此项需要，一年在这方面的花费高达 7 500 万美元。相比之下，美国妇女一年花在眉笔和眼影上的钱仅有 6 300 万美元，染发剂 5 500 万美元。毫无疑问，这是一个极有潜力的市场。

　　根据市场调查结果，吉列公司精心设计了新产品，它的刀头部分和男用刮胡刀并无两样，采用一次性使用的双层刀片，但是刀架则选用了色彩鲜艳的塑料，并将握柄改为弧形以利于妇女使用，握柄上还印压了一朵雏菊图案。这样一来，新产品立即显示了女性的特点。为了使雏菊刮毛刀迅速占领市场，吉列公司还拟定几种不同的"定位观念"到消费者之中征求意见。这些定位观念包括突出刮毛刀的"双刀刮毛"；突出其创造性的"完全适合女性需求"；强调价格的"不到 50 美分"；表明产品使用安全的"不伤玉腿"等。最后，公司根据多数妇女的意见，选择了"不伤玉腿"作为推销时突出的重点，刊登广告进行刻意宣传。结果，雏菊刮毛刀一炮打响，迅速畅销全球。

　　吉列公司市场调查成功案例说明，企业正确的经营决策是建立在详细周密的市场调查研究基础上，而市场调查研究的成果往往表现为一份完整、科学的市场调查报告。市场调查报告是紧紧围绕企业市场经营管理中的问题开展项目调查，并运用科学的分析和预测方法对调查的数据资料进行研究，从而得出一系列的调查结论和建议。

　　（资料来源：《吉列公司市场调查的成功案例》，http://fanwen.wenku1.com/article/24660220.html）

思考：

1. 市场调查活动的总结和成果要如何展示出来？
2. 市场调查报告的结构是怎么样的？一般包括哪些内容？
3. 如何撰写一份具备商业价值的市场调查报告？

任务 10 – 1　市场调查报告概述

◆ **任务目标描述**

　　了解市场调查调查报告的含义、特点、类型，明确市场调查报告写作的原则；掌握市场调查报告写作的一般思路。

◆ 任务知识介绍

一、市场调查报告的含义和特点

(一) 市场调查报告的含义

市场调查报告是经过在实践中对某一产品客观实际情况的调查了解,将调查了解到的全部情况和材料进行分析研究,揭示出本质,寻找出规律,总结出经验,最后以书面形式陈述出来,这就是市场调查报告。市场调查报告是市场调查研究成果的集中体现。市场调查报告应坚持用事实说话,切忌主观臆断。条理要清楚,文字要简明通俗。市场调查报告应在规定时间内写出,否则,会使调查报告失去时效性。

市场调查报告是市场调查工作的成果,具有重要的意义:

(1) 报告的撰写是市场调查工作必要一环,是调查过程的历史记录。

(2) 调查报告是调查工作成果的集中体现,能为企业经营管理决策提供直接的依据。

(3) 调查报告形成后会便于委托人或管理者阅读和理解,也是用户评价调查活动的关键指标。

(4) 市场调查报告是企业了解市场动态的窗口。企业要想在市场竞争中站稳脚跟,并且在保持原有市场份额的情况下进一步扩大份额,或者开拓新的市场,就必须全面了解市场供求情况、市场最新趋势、消费者的要求以及本企业产品的销售情况等方面的市场动态。

(二) 市场调查报告的特点

(1) 针对性。市场十分广阔,信息错综复杂,而市场调查报告的写作要有明确的目的性,要针对实际工作的需要。实践证明,调查报告的针对性越强,其指导意义、参考价值和社会作用就越大。

(2) 真实性。市场调查报告讲求实事求是。它通过调查得来的事实材料说明问题,用事实材料阐明观点,揭示出规律性的东西,引出符合客观实际的结论。调查报告的基础是客观事实,一切分析研究都必须建立在事实基础之上,确凿的事实是调查报告的价值所在。因此,尊重客观事实,用事实说话,是调查报告的特点。写入调查报告的材料都必须真实无误,调查报告中涉及的时间、地点、事件经过、背景介绍、资料引用等都要求准确真实。一切材料均出之有据,不能听信道听途说。只有用事实说话,才能提供解决问题的经验和方法,研究的结论才能有说服力。

(3) 时效性。市场时刻在变化。市场调查报告只有及时、迅速和准确地发现和反映市场的新情况、新问题才能让经营决策者及时掌握情况,不失时机地做出相应的决策,调整经营方向,提高企业的应变能力和竞争能力,确保产销对路,避免和减少风险。过时的市场调查报告是没有任何价值的。

(4) 新颖性。调查报告的语言讲究简洁明快,这种文体是充足的材料加少量议论的,不要求细腻的描述,只要有简明朴素的语言报告客观情况。但由于调查报告也涉及可读性问题,需要运用新颖的观点和表现手法吸引读者去研读。所以,语言上,有时可以适当采用生动而形象的表达方式;内容呈现上,可以采用图文并茂结合的方法。

小思考:市场调查报告与市场调查报告的区别和联系是什么？

市场调查报告的使用范围很广,制订企业战略、策略或计划,解决企业各种实际问题,弄清市场经济现象,培育新市场,推广新产品,都离不开市场调查报告。市场调查报告反映具有普遍意义或带有关键性问题的市场情况,内容比较复杂,深度广度的要求比较高。广义上说,所有的市场调查报告都或多或少带有某种研究性质,都是市场调查报告。而狭义的市场调查报告指的是以研究为目的写出的市场调查报告,它不包括反映市场特定情况、介绍市场工作经验、揭露市场特殊问题的专题报告,但它又包含这几方面的内容。

二、市场调查报告的分类

(1) 按服务对象可分为市场需求者调查报告(消费者调查报告)、市场供应者调查报告(生产者调查报告)。

(2) 按照调查的内容可分为一般性报告、专题报告、研究性报告、说明性报告等。

(3) 按调查范围可分为全国性市场调查报告、区域性市场调查报告、国际性市场调查报告。

(4) 按调查频率可分为经常性市场调查报告、定期性市场调查报告、临时性市场调查报告。

(5) 按调查对象可分为商品市场调查报告、房地产市场调查报告、金融市场调查报告等。

三、撰写市场调查报告的原则

(1) 易于理解和阅读。这主要包括逻辑严密,结构层次清楚。为了易于理解,还应当尽量使用非专业性语言。内容明确是评价报告的一个重要的质量指标。

(2) 语言简练流畅。首先应尽量使语句简洁,少使用长而晦涩的语句;其次应使语句尽量活泼流畅,以引起阅读兴趣。

(3) 简要。报告的篇幅一般不宜过长,报告的长短应以能达到研究目的为准;把要点放在前面,并可用大号黑体字表示强调;然后,针对论点简要阐述,既要具体又不能啰唆。

(4) 实用。实用原则是很重要的。它主要强调调查报告应有很强的针对性和目的性,可帮助决策者研究问题和解决问题。因此它无须使用华丽的辞藻和进行过多的理论分析。

(5) 形式多样化。调查报告的编排形式不是唯一的。相反,灵活多样的编排形式更有利于引起读者的注意,避免呆板,方便阅读。

四、撰写市场调查报告的思路

(一) 明确调查的目的、方法和实施情况

这是撰写市场调查报告的基本准备工作。每一个市场调查报告都有明确的撰写目的和针对性,即反映情况、指出原因、提出建议,从而为社会或企业的决策部门制定或调整某项决策服务。

除了明确市场调查目的外,一份完整的市场调查报告还必须交代该项市场调查所采用的方法,比如选样、资料收集、统计整理是怎样进行的等;还必须陈述该项市场调查具体的实施情况,比如有效样本数量及分布、操作进程等。

(二) 确定报告的类型和报告阅读对象

如前所述,市场调查报告有多种类型,如一般性报告、专题报告、研究性报告、说明性报告

等。一般性报告就是对一般调查所写的报告,它要求内容简单明了,对调查方法、资料分析整理过程、资料目录等做简单说明,结论和建议可适当多一些。专题性报告是为特定目的进行调查后写的报告,要求报告详细明确,中心突出,对调查任务中所提出的问题做出回答。企业开展的市场调查活动,通常是一般性报告和说明性报告。

其次,调查报告还必须明确阅读对象。阅读对象不同,他们要求和所关心的问题的侧重点也不同。

(三) 确定撰写报告所需要的材料

整理与本次调查有关的一手资料和二手资料,还必须对所取得的各种相关资料加以初步的鉴别、筛选、整理以及必要的补充,从质量上把好关,争取使撰写的材料具有客观性、针对性、全面性和时效性。

整理统计分析数据。要认真研究数据的统计分析结果。可以先将全部结果整理成各种便于阅读比较的表格和图形。在整理这些数据的过程中,对调查报告中应重点论述的问题自然会逐步形成思路。

对难于解释的数据,要结合其他方面的知识进行研究,必要时可针对有关问题找专家咨询或进一步召开小范围的调查座谈会。

(四) 确定报告的结构和写作表达手法,并着手撰写报告内容

市场调查报告的结构会根据调查课题、调查类型的不同而有所差别,但报告的基本构成大致相同,一般都会有标题、序言、摘要、正文、结论与建议、附件等。一份标准的市场调查报告都会包括前文、正文和附录三大部分,涵盖了上一句话中的基本构成各个部分。调查报告的写作表达手法,则很大程度上因报告撰写人而异。后面将介绍一些常用的报告写作表达技巧。

课堂训练

各小组开展讨论,围绕"电视节目收视偏好调查"这一报告主题,确定这份市场调查报告类型,构思报告的结构(如下),并按照构思进行资料的收集和基本内容写作。

前言:概述调查的意义与目的。

第一部分:陈述问卷调查的情况,内容包括问卷涵盖的问题、样本的获取方法及样本数量、有效问卷等。

第二部分:调查数据的统计分析。说明数据处理的方法,分析数据的主要计算结果,涉及居民基本信息统计、居民某对电视节目的了解程度、平均收视时长等。

第三部分:调查结果分析。就调查数据结果,结合访谈资料,分析居民电视节目偏好现状及成因分析。

第四部分:结论与建议。

任务 10-2 市场调查报告的写作

◆ **任务目标描述**

明确市场调查报告的结构和基本内容,掌握市场调查报告各部分内容的写作要求和技巧。

◆ 任务知识介绍

市场调查报告的写作要抓好三个主要环节：调查、研究、报告。这三个环节中，市场调查是基础，市场研究是关键，市场调查报告的写作是把调查获得的材料所形成的观点，通过布局安排、语言调遣组织成文章。这里，调查与研究是辩证统一的关系。它们之间不仅相互作用，相辅相成，而且相互贯通。市场调查的目的，在于掌握大量、真实、全面的客观事实和具体数据，对基本情况有一个系统的了解；市场研究的目的是对已经获取的材料进行分析、研究，探索事物的本质和规律；报告则是在调查、研究的基础上，用书面形式说明结果。因此，可以说"调查"是"研究"的事实基础，"研究"是"报告"的理论依据，"报告"是调查、研究的具体体现。

一、市场调查报告的结构和内容

一个标准的调查报告都有一个固定的格式，即包括前文、正文和附录三大部分。

（一）前文部分

前文部分包括扉页（封面）、目录、摘要等内容。

(1) 扉页（封面）：写明调查题目，承办部门及人和日期。这部分让读者知道诸如调查报告的题目、此项报告是为谁而写、此项报告由谁完成和此项报告的完成日期。

(2) 目录：一般的调查报告都应该编写目录，以便读者查阅特定内容。目录包含报告所分章节及其相应的起始页码。通常只编写两个层级的目录。较短的报告也可以只编写第一层级的目录。如果报告含有很多的图和（或）表，那么需要制作图表目录，目的是为了帮助读者很快找到对一些信息的形象解释。

(3) 摘要：摘要是调查报告中最重要的内容，是整个报告的精华。一般来说，高层管理人员只阅读调查报告的摘要部分。因此，摘要一定要精练，篇幅不宜过长，以不超过 1 页为好。主要内容应包括以下几个方面：简要说明调查的原因；简要介绍调查对象和调查内容；简要介绍调查研究的方法；简要说明调查执行结论与建议。

摘要的一般书写模式：受……委托，本公司针对……开展调查活动。由于……原因，因此，本项目采用……调查方式，运用……软件及……统计方法，对……调查内容进行分析，最后得出……结论并提出……建议。

（二）正文部分

正文部分包括引言、论述、结论和建议、局限性说明、结语等内容。

(1) 引言：引言又称导语，是市场调查报告正文的前置部分，要写得简明扼要，精练概括。一般应交代出调查的目的、时间、地点、对象与范围、方法等与调查者自身相关的情况，也可概括市场调查报告的基本观点或结论，以便读者对全文内容、意义等获得初步了解。例如，一篇题为《关于全市 2015 年电暖器市场的调查》的市场调查报告，其引言部分写为："××市南方调查策划事务所受××委托，于 2014 年 3 月至 4 月在国内部分省市进行了一次电暖器市场调查。现将调查研究情况汇报如下。"用简要文字交代出了调查的主体身份，调查的时间、对象和范围等要素，并用一过渡句开启下文，写得合乎规范。

引言有时亦可省略，以使行文更趋简洁。

(2) 论述。论述部分是调查报告的核心部分，它决定着整个调查报告质量的高低和作用大小，分析说明被调查对象的发生、发展和变化过程，调查结果及存在的问题，得出的各种具体认识、观点和基本结论。

(3) 结论及建议：研究者的作用不仅在于向读者提供调查事实，而且应该在事实的基础上做出问题的结论并提供建议。内容包括：概况全文，经过层层剖析后，综合说明调查报告的主要观点，深化报告的主题；形成结论，在对真实资料进行深入细致的科学分析的基础上，得出报告结论；提出看法和建议，通过分析，形成对事物的看法，在此基础上，提出建议和可行方案；预测未来，说明意义。

(4) 局限性说明。由于时间、预算及其他种种限制，任何市场调查都会存在局限性。应持公开坦率的态度，指出调查存在何种局限。局限性说明一般围绕受数据的可得性、抽样误差和分析方法局限进行阐述。这部分的撰写要谨慎，以防影响授权方对调查的信任感。

(5) 结语。结尾是调查报告分析问题、得出结论、解决问题的必然结果。市场调查报告结尾没有固定格式。可以提出解决问题的方法、对策或下一步改进工作的建议；或总结全文的主要观点，进一步深化主题；或提出问题，引发人们的进一步思考；或展望前景，发出鼓舞和号召。

(三) 附录部分

附录部分包括调查计划书、座谈会书面记录、调查样稿、调查问卷、录音带和统计表等内容，统一以附件的形式呈现。

市场调查报告的基本结构，如图 10-1 所示。

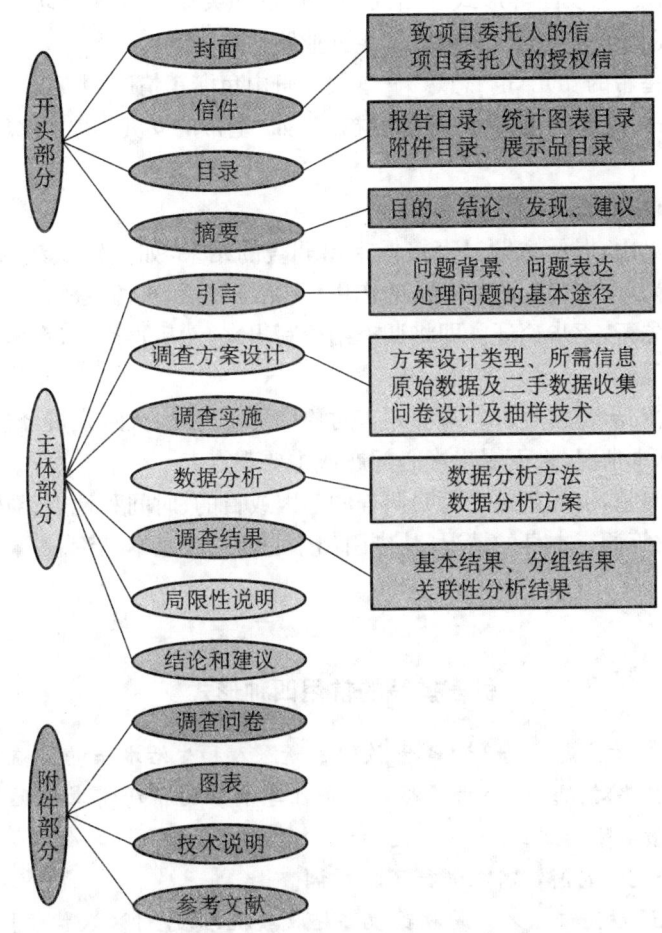

图 10-1　市场调查报告的基本结构

二、市场调查报告的写作技巧

（一）标题的写法

标题应概括全文的基本内容，做到准确、简洁、醒目。常见的写法有公文式、文章式、直叙式、表明观点式、提问式、双标题式等。

（1）公文式：公文式标题的写法一般由作者、事由和文种组成。基本格式为"××关于××××的调查报告""关于××××的调查报告""××××调查"等，如《关于南宁市大学生的手机消费行为状况调查报告》。

（2）文章式：即不要求作者、事由和文种齐全，只要能够突出主题即可。如《质量比品牌更重要》。

（3）直叙式：反映调查的主要内容、调查对象。基本格式为"调查内容（范围）＋调查对象＋的调查报告"，如《南宁市自行车在国内外市场地位的调查》《××市的环境污染状况调查》《大学生就业状况调查报告》。

（4）表明观点式：直接阐述调查报告的观点、看法以及对调查信息的评价，如《羽绒服在南宁市场滞销》《食堂销售额逐渐下降》《唐装趋向于时尚》《保暖内衣悄然升温》等。

（5）提问式：以设问、反问等形式突出问题的焦点和尖锐性，如《电动玩具为何如此热销》《价格战能根本提高企业效益吗》《当前大学生就业路何在》等。

双行标题如《"皇帝的女儿"也"愁嫁"——关于舟山鱼滞销情况调查》。

（6）双行标题式：一般由正、副两行标题构成，如"皇帝的女儿"也"愁嫁"——关于舟山鱼滞销情况调查。

（二）引言部分的写法

第一种是开门见山，揭示主题。直接概括出调查的结果，如肯定做法、指出问题、提示影响、说明中心内容等。前言起到画龙点睛的作用，要精练概括，直切主题。

第二种是结论先行，逐步论证。即将调查结论写出来，然后再逐步论证，这种开头形式，观点明确，使人一目了然。

第三种是交代情况，逐层分析。写明调查对象的历史背景、大致发展经过、现实状况、主要成绩、突出问题等基本情况，进而提出中心问题或主要观点。

第四种是提出问题，引入正题。写明调查的起因或目的、时间和地点、对象或范围、经过与方法，以及人员组成等调查本身的情况，从中引出中心问题或基本结论。

 小知识

引言撰写的常用四种形式

（1）开门见山，揭示主题。随着改革开放的不断深入和生活水平的日益提高，住宅逐渐成为城镇居民消费的主要对象。为全面了解××市住宅消费的市场需求情况，推动居民住宅储蓄和城镇住房抵押贷款业务的进一步开展，受××单位委托，××单位于××年××月××至××日，对该市居民住宅消费需求进行了抽样调查。

（2）结论先行，逐步论证。××牌收银机高档收款机，通过对××牌收银机在京各商业部门的拥有、使用情况的调查，我们不认为它在北京不具有市场竞争能力，原因主要从以下几方

面阐述。

(3) 交代情况,逐层分析。××电信公司与北京××商业风险管理于2005年4—5月在北京、上海、广州进行一次大规模的抽样调查。在这次调查中,除了涉及特定专业问题外,还围绕着网络化的大趋势设计了许多问题,包括网络使用情况、认识意见、需求等问题进行阐述。

(4) 提出问题,引入正题。随着台湾康师傅方便面的上市,各种合资、国产的方便面(如统一、一品、加州)如雨后春笋般出现。面对种类繁多的方便面,作为上帝的顾客是如何选择的?厂家该如何在激烈的竞争中立于不败之地?带着这些问题,我们对北京市部分消费者和销售单位进行有关调查。

(三) 论述部分的写法

论述部分是调查报告的核心部分,它决定着整个调查报告质量的高低和作用的大小。论述部分的重点包括:通过调查了解到的事实,分析说明被调查对象的发生、发展和变化过程;调查的结果及存在的问题。

由于论述一般涉及的内容很多,文字较长,有时也可以用概括性或提示性的小标题,突出文章的中心思想。但不管用多少个标题,论述部分大致可分为基本情况部分和分析预测部分两部分内容。

1. 基本情况

市场调查报告的情况介绍,即对调查所获得的基本情况进行介绍,是全文的基础和主要内容,要用叙述和说明相结合的手法,将调查对象的历史和现实情况包括市场占有情况,生产与消费的关系,产品、产量及价格情况等表述清楚。在具体写法上,既可按问题的性质将其归结为几类,采用设立小标题或者撮要显旨的形式;也可以时间为序,或者列示数字、图表或图像等加以说明。无论如何,都要力求做到准确和具体,富有条理性,以便为下文进行分析和提出建议提供坚实充分的依据。基本情况部分要真实地反映客观事实,对调查资料有背景资料做客观的介绍说明;或者是提出问题,其目的是要分析问题。

2. 分析预测部分

市场调查报告的分析预测,即在对调查所获基本情况进行分析的基础上对市场发展趋势做出预测,它直接影响到有关部门和企业领导的决策行为,因而必须着力写好。要采用议论的手法,对调查所获得的资料条分缕析,进行科学的研究和推断,并据以形成符合事物发展变化规律的结论性意见。用语要富于论断性和针对性,做到析理入微,言简意明,切忌脱离调查所获资料随意发挥,去唱"信天游"。这是调查报告核心中的核心,在这一阶段,要对资料进行质和量的分析,通过分析,了解情况,说明问题和解决问题。

分析一般有三类情况:第一类成因分析;第二类利弊分析;第三类发展规律或趋势分析。

小知识

基本情况部分要真实地反映客观事实,但不等于对事实的简单罗列,而应该是有所提炼。先对调查数据资料及背景资料做客观的介绍说明,再肯定事物的一面,由肯定的一面引申出分析部分。

分析及预测部分包括原因分析、利弊分析和预测分析。原因分析是对出现问题的基本成因进行分析;利弊分析是对事物在社会经济活动中所处的地位、起到的作用进行的分析;预测

分析是对事物的发展趋势和发展规律做出分析。

(四) 结尾部分的写法

不同的调查报告,结尾写法各不相同,一般来说,调查报告的结尾有以下五种:对调查报告归纳说明,总结主要观点,深化主题,以提高人们的认识;对事物发展做出展望,提出努力的方向,启发人们进一步去探索;提出建议,供领导参考;写出尚存在的问题或不足,说明有待今后研究解决;补充交代正文没有涉及而又值得重视的情况或问题。总之,调查报告结尾要简洁有力,有话则长,无话则短,没有必要也可以不写。

小知识

写市场调查报告时,要注意克服四种问题:一是观点与材料脱节;二是材料不充分,不能说明观点;三是堆砌材料,没有从材料中概括出观点,缺乏分析与研究;四是表述不当。写作市场调查报告,应尽量避免枯燥无味的语言,力争写得通俗、朴实、生动。

三、市场调查报告的常用表达技巧

(一) 叙述的技巧

市场调查的叙述,主要用于开头部分,叙述事情的来龙去脉,表明调查的目的和根据,调查的过程和结果。

1. 概括叙述

将调查过程和情况概括地陈述,不需要对事件的细枝末节详加铺陈。这是一种"浓缩型"的快节奏叙述,文字简约,一带而过,给人以整体、全面的认识,以适合市场调查报告快速及时反映市场变化的需要。例如,《××花园项目市场调查报告》概述如下:本报告对当前的经济环境、项目当地房地产市场供求状况、项目所在区域同类楼盘现状及客户购买行为进行调查分析,从而分析出项目的市场定位。

2. 按时间顺序叙述

按时间顺序叙述是指在交代调查的目的、对象、经过时,往往按时间顺序叙述方法,秩序井然,前后连贯,如开头部分叙述事情的前因后果,主体部分叙述市场的历史及现状,就体现为按时间顺序叙述。例如,《××市居民家庭饮食消费状况调查报告》概述如下:为了深入了解本市居民家庭在酒类及餐饮类市场的消费情况,特进行此次调查。调查由本市××大学承担,调查时间是2018年7月至8月,调查方式为问卷式访问调查,本次调查选取的样本总数是2 000户。各项调查工作结束后,该大学将调查内容予以总结,其调查报如下:……

3. 叙述主体的省略

市场调查报告的叙述主体是写报告的单位,叙述中用第一人称"我们"。为行文简便,叙述主体一般在开头部分出现后,在后面的各部分即可省略,不会令人误解。例如,《北京市居民品牌认知程度调查报告》概述如下:我们在做这项调查时没有给受访者任何提示,可微软公司还是得到了三分之一北京人的认同,而海尔公司的得分率也是超过了四成。

(二) 说明技巧

市场调查报告常用的说明技巧有数字说明、分类说明、对比说明、举例说明。

(1) 数字说明。反映市场变化发展情况的市场调查报告需要大量的数据,以增强调查报

告的精确性和可靠性。

（2）分类说明。市场调查中所获资料杂乱无章，根据主要表达的需要，可将调查数据资料按一定标准分为几类，分别说明。

（3）对比说明。市场调查报告中有关情况、数字说明，往往采用对比形式，以便全面深入地反映市场变化的情况。对比要清楚事物的可比性，在同标准的前提下，做切合实际的比较。

（4）举例说明。为说明市场发展变化情况，举出具体典型事例，这也是常用的方法。市场调查中，会遇到大量事例，应从中选取有代表性的例子。

（三）议论的技巧

市场调查报告常用的议论技巧有归纳论证和局部论证。

（1）归纳论证。市场调查报告是在拥有大量材料之后，经过分析研究，得出结论，从而形成论证的。这一过程主要运用议论方式，所得结论是从具体事实中归纳出来的。

（2）局部论证。市场调查报告不同于议论文，不可能全篇论证，只是在情况分析和对未来预测中做局部论证。

（四）语言运用的技巧

语言运用的技巧主要包括用词方面的技巧。在用词方面，市场调查报告中的数词用得比较多，因为市场调查离不开数字，很多问题要用数字说明。可以说，数词在市场调查报告中以其独特的优势，越来越显示其重要作用。此外，还经常使用专业词汇，以反映市场的发展变化。为使语言表达准确，撰写调查报告者还须熟悉市场有关专业术语。

（五）图表运用的技巧

在市场调查报告中合理运用图表可以有效地表达数据资料。成功运用图表的关键在于清晰简洁地表述报告所要传达的信息。图表的选择应适合数据的表述目的。一般图标包括表格（多种答案的列表分析、选择题列表分析、交叉列表分析、横列表分析）、饼形图、柱状图、流程图和照片。

课堂训练

请对下面这份《南宁市桶装水市场调查报告》进行点评，从报告的结构到内容，从写作的表达到报告排版等方面逐一评价。

南宁市桶装水市场调查报告

夏季以来，桶装水的销量就逐日增长，尤其是前段时间的持续高温天气，更给桶装水市场带来了一个销售高峰。酷热的天气，不仅激活了桶装水销售市场，也使饮用桶装水的客源得到进一步扩大。随着人们的生活水平的日益提高，原有的桶装水市场正面临挑战，符合健康要求的纯天然矿泉水也越来越受到重视，根据南宁昆仑关医疗级软矿泉水公司的发展需要，现对南宁桶装水及相关市场进行市场调查。

为了深入了解本市居民家庭单位在桶装水市场的消费情况以及了解南宁桶装水行业发展现状和南宁市桶装水竞争力与市场竞争格局，分析医疗级软矿泉水桶装水行业发展机会及对策建议，特进行此次调查。调查由本第六调查小组承担，调查时间是 2014 年 4 月 19 日—30 日，调查方式为问卷式访问调查，本次调查选取的样本总数是顾客 70 人，商家 10 户。各项调查工

作已结束,调查报告如下:

1. 研究目的和范围

(1) 研究目的。

了解调查区域桶装水各大供应点。

了解调查区域桶装水各大品牌的销售情况。

了解调查区域居民的饮水习惯(品牌,桶装水量)。

以典型区域为对象,分析该区桶装水行业的发展趋势。寻找市场空白点,为医疗级软矿泉水——昆仑关寻找市场定位。

(2) 市场调查区域。

根据西乡塘区域分布,将调查路线分为4个部分:西乡塘车站—西乡塘市场—大学清川路—瑞士花园。

2. 调查方法(见下表)

调查方法	具体实施
直接访问	4月26日对西乡塘市场周边各大桶装水供应商进行简单的直接访问,了解桶装水的市场需求量
文案调查法	通过网络、图书馆查阅相关资料
抽样调查法	随机抽样,对居民及商家进行抽样调查
问卷调查法	对西乡塘市场周边商家及单位学校进行调查问卷。预估各100份、30份
观察法	注意观察身边亲朋好友对桶装水的需求特点

3. 样本容量和构成

(1) 样本容量。

选取南宁市西乡塘区大学东路路段购买桶装水的消费者和供水商家,其分别为总量3 000,样本为100;总量30,样本10。

(2) 非随机抽样。

① 方便抽样,即偶遇抽样、任意抽样,样本的选定完全根据调查人员的便利来进行。在各区的部分小区来往的人群中共随机抽取100人调查(即总量3 000,样本100)。

② 判断抽样,即目的抽样、立意抽样,是由调查人员或专家选择具有特殊代表意义的样本进行调查。到指定区域的商家中重点抽取10家进行调查(即总量30,样本10)。

(3) 样本地区分布。

南宁市西乡塘区大学东路路段:

广西某职业学院　消费者4个

广西某大学　消费者6个

西乡塘市场　消费者22个　商家2家

大学青川路　消费者12个　商家3家

瑞士花园　消费者26个　商家5家

4. 调查主要发现

拟定调查方案及问卷:我们全体小组成员根据我们所调查确定的主题,一起讨论拟定了调查方案,并设计了两份调查问卷(商家问卷、顾客问卷)。问卷设有十个问题,其中有单选题、多选题、开放题,整个过程共花了一个星期时间。

问卷调查:本次顾客问卷共发放 100 份,收回 70 份,有效问卷 70 份,问卷共设有十个问题,涉及内容有品牌选择、购水因素、购买时注重的因素、所受促销手段的影响等。商家问卷共发放 30 份,收回 10 份,有效问卷 10 份,问卷共有 9 个问题,涉及内容有购水对象类型、对新产品的接受度等。调查结果在以下表格中体现:(略)。

5. 总结和建议

(1) 结论。

① 南宁桶装水市场主要以老品牌娃哈哈为主,本地品牌为辅。
② 决定消费者购买桶装水的因素主要是水质和口感方面。
③ 新品牌的接受度有广大的机会。
④ 消费者关注品牌的信息主要来自电视广告。
⑤ 消费者喜欢有赠送饮水机、水票和提供免费清洗饮水机的促销活动。
⑥ 桶装水主要目标市场为家庭和企事业单位。

(2) 建议。

① 商家要注重产品质量,确保饮用水的卫生安全,并主动请权威医疗机构对水的质量与健康性做鉴定,以求得消费者的信赖。
② 针对消费者较多的需求情况,商家要采取相应的调整措施,引导消费者消费,实现医疗级软矿泉水消费的良性循环。
③ 适当举办促销活动,吸引消费者,并根据市场的变化制定相应的营销策略。

任务 10－3　市场调查报告材料的整理

◆ 任务目标描述

了解市场调查报告材料的整理步骤方法,以及调查报告材料提交的方式。

◆ 任务知识介绍

一、市场调查报告材料

对市场调查报告材料的整理,应该说是调查研究工作中的一个十分必要的步骤,是能否将调查报告材料化为研究成果的关键所在。所谓市场调查报告材料整理,就是用一定的方法审查、剖析调查工作中制作、收集、分析产生的各种材料,包含市场调查课题的讨论记录、客户项目委托书、市场调查提纲、抽样设计方案、市场调查总体方案、调查问卷及表格、二手资料参考文献汇总、原始数据表格、原始调查的视频录音图像、资料分析的图表、市场调查报告等,将这些资料按照逻辑性的顺序进行汇总排序,形成一份阅读性强的报告性文件。所以,这里讲的市场调查报告材料,是广义上的描述,不仅指市场调查报告。

市场调查报告是经过在实践中对某一产品客观实际情况的调查了解,将调查了解到的全部情况和材料进行分析研究,揭示出本质,寻找出规律,总结出经验,最后以书面形式陈述出来。这就是调查报告。

对调查报告材料的选择,要注意:

(1) 运用典型材料说明观点。典型材料是最具代表性的材料,它显示着事物和现象的某些本质特征,有着以一当十的力量。

(2) 运用综合材料说明观点。将一组有可比性的材料进行对比(今昔、成败、好坏、新旧、内外、先进与落后、正确与错误等),能使观点更加鲜明突出,增加说服力。

(3) 用精确的统计数据说明观点。统计数据具有很强的概括力和表现力,恰当地加以运用,可以增强调查报告的科学性、准确性和说服力。

二、市场调查报告材料整理的步骤

市场对调查报告材料的整理,一般分成三个步骤:

第一,检查鉴别。首先检查调查报告材料是否切合研究的需要,其次要鉴别事实材料的真实性、数据的准确性,保证材料真实可靠,确实反映客观实际。

第二,制作图表、数表。以其直观形象、信息量大,帮助读者理解调查报告的内容。

第三,分类分组。调查报告材料分类的标准,依研究目的而言,可按材料性质分为记录资料、文献资料、问卷资料、统计调查资料等。可根据研究的目的按年龄、性别分类,或按职业分类等。也可分为背景材料、统计材料、典型(人或事例)材料等。

三、市场调查报告材料整理的方法

对调查报告的调查材料进行分析研究,最基本的类型是定性分析和定量分析,应该用辩证的观点对待事物,对质和量两个方面进行综合考察。所以,对调查报告材料进行整理的方法可以分为定性分析法和定量分析法两大类,其中定性和定量又有一些常用方法。

(一) 调查报告材料的定性分析

调查报告材料的定性分析是据事论理,用思辨的方式,依靠个人经验、判断能力和直观材料,确定社会现象或事物发展变化的性质和趋向,以划清事物性质界限的方法。定性分析的根本方法是哲学方法,即揭示事物发展的一般规律的方法。除此之外,还可采用系统方法、逻辑方法。常用的方法有以下几种。

1. 调查报告材料分析——矛盾分析法

即运用唯物辩证法对立统一的原理,具体分析事物内部矛盾及其运动状况,从而认识客观事物的方法。其具体做法分三个步骤:

第一,从调查所得的大量材料中找到事物的矛盾,即找到问题。因为问题即是应该消除或缩小的差距,差距就是矛盾。第二,对事物存在的矛盾进行分类,看它们是属于哪方面的矛盾:历史遗留还是现实产生,客观存在还是主观思想,自然条件还是人为造成,局部还是全局,根本还是枝节,眼前还是长远? 第三,分析矛盾的对立面,考察矛盾的主要方面与矛盾其他方面互相依存、斗争、转化的条件,从而把握矛盾的特性。

2. 调查报告材料分析——比较分析法

做调查报告常用的比较方法有横向比较和纵向比较;常用的分类方法为:先进行比较,弄清事物的异同,根据共同点将事物归集为一大类,然后再根据差异将大类划分为几个小类,依此类推,事物就被区分为具有一定从属关系的、不同层次的大小类别,明确地反映出客观事物之间的区别和联系。

3. 调查报告材料分析——因素分析法

即指从调查报告材料中寻找出对事物产生、发展、运动起作用的要素,通过系统分析和科学的归纳,探寻到对事物变化起着关键作用的要素系列,掌握决定事物变化的原因,从而了解事物的本质及其运动规律的方法。运用因素分析法,首先应进行总体分析。

第一步是把蕴藏在现象之中的各个方面的基本因素清理出来,并在初步分析的基础上,将它们按一定的标准组成一个有机的多层面的网络结构。影响事物变化有种种因素,归纳起来可以划分为外因(客观因素)和内因(主观因素)两大因素系列,在这一层面下,又可以从不同角度将因素分为主要因素、次要因素;积极因素、消极因素;一般因素、特殊因素;直接因素、间接因素;必然因素、偶然因素;历史因素、现实因素;起始因素、终极因素;潜在因素、诱发因素;阶级因素、经济因素、社会因素、学校因素(或工作单位因素)、家庭因素、个人因素等。各个系列因素有可能相互交织,错综复杂,显现出一种网络状态。

第二步就是通过对这一网络的分析,从总体上考察研究对象,分析出现某一社会现象的综合原因。这就要求实事求是地把握诸因素的内部联系,把握其特征和转化规律,对事物的总体进行多维的、系统的,内因与外因,客观与微观相结合的辩证的分析。其次是进行关系分析。即对因素与因素之间的各种关系进行分析。要着重分析因素之间的因果关系、功能关系、转化关系、共因关系。共因往往是事物存在或变化的最根本的原因,如诸多腐败现象的产生,其共因是私欲恶性膨胀,再进一步深究,就可找出其根本原因是权力作祟,从而找到问题的关键,抓住了事物的本质。再次是进行因素树分析。即以某一种关键性的因素系列为主要分析目标,予以系统的多层次的剖析,按因素之间的联系绘出因素树图。

4. 调查报告(社会实践调查报告)材料的因素分析法——因素树图

因素分析是依据分析指标与其影响因素的关系,从数量上确定各因素对分析指标影响方向和影响程度的一种方法。因素树图(见图10-2)是一种逐层深入,直至找出最基础的原始性要点,即具体行为表现的方法。

定性分析除了以上方法外,还有分析综合法、归纳演绎法、科学抽象法、社区研究法(是以分析社区人口集体与特定生活环境、社会条件之间的相互关系,探讨社区的社会构成、社会功能、价值观念、日常生活及发展变化的方法)、历史研究法等多种方法。

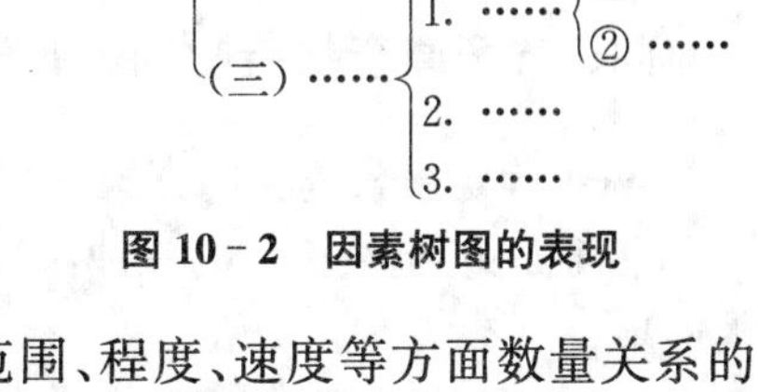

图10-2 因素树图的表现

(二)调查报告材料的定量分析

调查报告的定量分析是对社会现象或事物的规模、范围、程度、速度等方面数量关系的情况和变化,进行变量计算和考察分析,弄清其数量特征的方法。简言之,就是从事物数量方面入手进行分析研究。目前,在调查研究中进行定量分析已越来越普遍,使用定性、定量相结合的方法已成为大势所趋,也是调查研究走向完善的标志。定量分析的基本方法有以下几种。

1. 调查报告材料分析——统计分析法

即运用统计学的原理,对调查报告所得的数据资料进行综合处理,分析现象在一定时间、地点、条件下的数量关系,以揭示事物的性质、特点及其变化规律的过程和方法。统计分析法包括描述分析和统计推论两个部分。

(1) 描述分析,是把收集到的数据整理加工,找出其中的规律以及现象之间的关系,并用统计量对这些资料进行描述。它主要包括编制次数分布表,绘制次数分布曲线,测绘现象的集中趋势的离散趋势以及现象之间的相关关系等。例如,我们研究城市居民近五年来生活水平提高的情况,根据调查所得的材料,把每户居民年收入划分为六个等级:2万元以上、17 000～20 000元、14 000～17 000元、11 000～14 000元、8 000～11 000元、8 000元以下。然后计算每一个等级中有多少户居民,这就是事件次数分布统计。计算各等级居民在全体居民中所占的比重,就是比例分布统计。计算全体居民的平均收入,就是对这个数列的集中趋势的统计。计算全体居民平均相差多少钱,就是离散趋势的统计。

(2) 统计推论,则是指在随机抽样调查的基础上,根据样本资料对全体进行推论,常用的方法有两种:区间估计、统计假设检验。

2. 调查报告材料分析——社会测量法

调查报告的社会测量法即通过测量和评定某一社会群体或团体中社会关系或社会意向的一种方法。社会测量法分社会关系测量和社会意向测量两种具体方法。社会关系测量法较为常用,是指将所研究的某一社会团体内部成员相互吸引或排斥的关系状态数量化,从而分析其人际关系的一种方法。运用此法可分五个步骤:

其一,确定选择标准,有六种类型:工作标准,以测量工作团体内部的关系;娱乐标准,以测量娱乐群体内部的关系;社交标准,以测量社交群体内部的关系;生活标准,以测量生活团体内部的关系;学习标准,以测量学习团体内部的关系;服从标准,以测量被领导与领导之间的关系。

其二,选择指示项。一个标准,可以拟出多个指示项,如服从标准可拟出:你认为本单位谁当领导最合适;谁威信最高;你最不服谁的领导;等等。

其三,制作测试答卷。给出选择标准;限定选择数目;交代测试目的、选择范围(团体之内),说明对测量结果保密等。

其四,填答试卷。当面填写,当场收回。

其五,对试卷进行整理分析。

四、市场调查报告材料的提交

(一) 确定报告提交的方式

书面提交,是最正式的一种做法,便于保存和查询,调查公司对委托人都会提交打印好的书面报告。

口头提交,公司内部向管理者提交时的一种快捷方式,方便管理者及时做出相应决策。

电子版提交,便于修改、备份和跟踪,且成本较低。但是,不便于核实和保存。

(二) 提交报告后的后续工作

陈述研究结果后,调查机构和调查人员还应跟踪报告结论和建议的采用情况,评估调查工作的效益。跟踪研究对提高调查机构服务信誉,对调查人员的工作考评,甚至对和委托人的下一步合作都有很大帮助。

**课堂训练**

各小组在对任务 10-2 的课堂任务训练——《南宁市桶装水市场调查报告》点评完成后,将与该报告有关的一系列调查材料(调查报告、附件、调查问卷原始材料等)整理汇编后用文件袋装好提交给指导老师。

项目总结

- **知识重点**

市场调查报告的含义、特点、分类和撰写原则 市场调查报告的一般结构和内容 市场调查报告材料整理的方法

- **技能重点**

市场调查报告的写作技巧、表达技巧

- **思考与训练**

1. 选择题

(1)(　　)是对研究活动所获得的主要结果做概述性的说明。

　A. 标题　　　　　　B. 摘要　　　　　　C. 目录　　　　　　D. 正文

(2)在书写市场调查报告时"有什么,就写什么",这是市场调查报告写作的(　　)原则。

　A. 客观性　　　　　B. 目的性　　　　　C. 逻辑性　　　　　D. 可读性

(3)在书写市场调查报告时按照调查活动展开的顺序来进行,做到环环相扣、前呼后应,这是市场调查报告写作的(　　)原则。

　A. 客观性　　　　　B. 目的性　　　　　C. 逻辑性　　　　　D. 可读性

(4)规范的商业调查报告,一般应包含(　　)等组成部分。

　A. 序言　　　　　　B. 摘要　　　　　　C. 正文　　　　　　D. 附件

(5)调查报告的附录部分通常包括(　　)。

　A. 研究问卷　　　　　　　　　　　　　B. 抽样有关细节的补充说明

　C. 原始资料的来源　　　　　　　　　　D. 原始数据图表

2. 判断题

(1)研究结果的摘要简短,一般最多不超过报告内容的 1/4。 (　　)

(2)如果研究课题小、结果简单,研究结论可以直接与研究结果合并成一部分来写,反之分开写为宜。 (　　)

(3)市场调查报告中不能使用太专业化的术语。 (　　)

(4)市场调查报告应该是精确而简练的,任何不必要的东西都应该省略。 (　　)

3. 思考题

(1)简述完整的市场调查报告应该包括哪些内容?

(2)简述市场调查报告的写作技巧。

4. 案例分析

关于东葛—园湖路段市场环境和零售业态的调查报告

目录(略)

前言

本报告对南宁市东葛—园湖路段开展调查,通过调查掌握这个路段市场环境状况和零售业态企业状况特别是对百货商场、超市状况进行调查,从而为这个区域商业及其零售业中百货商场、超市的发展经营提供建议。

一、市场结论

(一)市场环境

1. 东葛新民路口—东葛长湖路口

地理位置优越、交通发达、街道宽阔、车流量大,约有8个公车站牌,约有5个大型停车场。

居民小区众多,辐射整个区域,主要以中档小区为主,在建小区较少,居民区基础设施较完善。

道路干净整洁,但一些施工地段有积水,居民区秩序井然。

政府机构有广西消防总队、南宁市财政局、南宁市规划局等;文化氛围较浓厚,教育机构有天桃实验学校等,小学有逸夫小学、园湖路小学、东葛路小学等,中学有十四中学等,大学有交通职业技术学院,中医学院等。

第三产业发达,信息业、商业、金融业、服务业发展迅速。

2. 东葛长湖路口—园湖花鸟市场

这是一个老城区,道路陈旧、路面较窄、人流量小、较冷清、规划稍凌乱、地面上有少许垃圾和落叶、设施不完善、居民区陈旧,这个路段基本上是汽车维修和汽车配件店铺,只有最初500米路段有经营各种商品的小店铺。

(二)零售业态状况

调查区域内零售业态状况表

名 称	数量(约数)单位:个	种 类	举 例
正餐	30	酒店、酒楼、宾馆	锦华大酒店、三月花大酒楼
快餐	25	连锁快餐店、特色粉店、小吃店	快而美、玉林小吃店、柳州螺蛳粉
娱乐场所	35	KTV、俱乐部、棋牌室、羽毛球馆	佰迪乐KTV、欧迪俱乐部、地平线羽毛球馆
商务大厦	18	写字楼	皓月大厦、大图大厦
美容美发	20	洗浴店、美容城、美容店	三帆美容美发广场
综合商场	1	百货商场	南城百货
咖啡店	5		千寻咖啡、领地咖啡
超市	1		利克隆
便利店	2		百宁、时惠多

续 表

名　称	数量（约数）单位：个	种　类	举　例
商品连锁	15	服装连锁店、快餐连锁店、烟酒连锁店	李宁、佳百旺、五粮液
商品专卖	20	烟酒专卖店、服装专卖店、手机专卖店	耐克、诺基亚、联想
精品店	30	电器类、服装类、橱柜	非利浦电器、阿迪达、百隆橱柜、
影楼	6	中高档	照片王
书店	1		
医疗机构	8	药店、医院、诊所	老百姓大药店、广西中医学院第一附属医院
鲜花礼品店	20	饰品店、花店	
橱柜	3		百隆橱柜、欧派橱柜
金融	8	银行、证券交易所、保险公司	
文印	13	小文印店	
营业厅	5		中国移动、中国联通
旧货回收店	5		
彩票	1		区福利彩票中心
房地产	2		同和房地产、永凯现代城
手机专卖	15	专卖店、手机城	三明通讯、诺基亚

二、市场分析

东葛新民路口—东葛长湖路口地理位置优越，基础设施配套较齐全，城市功能完善，交通便利，商贸活跃，通信发达，产业优势明显，是南宁市近年来经济和社会发展较快的区域，是生活、投资、置业的理想之地。第三产业发展迅速，金融业、服务、商贸、饮食娱乐、信息业发达，有"东葛路通信产品一条街""桃源路休闲娱乐一条街"之称，一批集健身、饮食、娱乐、美容为一体的上规模、上档次的现代化商业街区。但是，该路段的广告牌不够醒目，街道绿化覆盖率不高，餐饮业、娱乐业较发达，但各类商品购物场所较少，尚未形成餐饮—娱乐—购物为一体的商业街区。

东葛长湖路口—园湖花鸟市场主要为汽车配件和维修区，而且已经形成了一定的规模，作为一个老城区，其商业开发潜力较小，应保持其现有的汽车维修业的优势地位。

三、商业建议

（一）找准契机

（1）打造南宁市特区零售业，以现代化大都市建设和南宁城区规划为契机，加强零售业网点规划力度。

（2）完善、美化购物环境，交通道路网络设施，按突出特色，以顾客为本的原则，以现代南宁市商业规格为依托，围绕南宁市的城市定位，整体规划，街道建设，分类指导，将城市建设规划商业街的打造与城市建设相结合起来。

(3) 将城市建设规划,商业网点布局融为一体,商贸—商务并举,不但要有中央商务区,也要有中央休闲服务区,但当前购物、餐饮、休闲娱乐的体系并不明显,要突出购物、餐饮、休闲娱乐"三足鼎立"的行业结构。

(二) 注重特色

(1) 要提高自身的知名度,扩大在消费者心中的美誉度,就应该注重特色的,在零售行业中别具一格的商业模式。

(2) 利用南宁市特有的文化、风土人情和时代气息,专营特色商品,自创品牌,竭力打造特色商业街。

(3) 据资料表明,南宁市目前的骑楼建筑多分布于中山路、共和路、民主路、新宁路一带,如果在这一带打造成具有民族民俗特色并具有休闲风情特点的商业街,那将会成为南宁市的一大亮点,将会带动整个南宁市商业的发展。

(三) 多元发展

(1) 要推动零售业的发展,要做到业态多元,商旅互动。

据调查,东葛路至园湖路段,服装业的发展大有潜力,这个路段服装店很少,而周围居民小区、学校、娱乐场所居多。

(2) 在特色商业街中,不但要有像南城百货、沃尔玛那样的大型购物商场,也要有各种各样的专卖店来满足人们的需求,如服装店、餐厅等。既要有购物餐饮的商店,也要有休闲娱乐的空间,使诸多商业元素聚集,满足不同消费者多层次、多方位的需求,突出商旅互动。

大力发展房地产业、信息业、商业、旅游业、金融业、服装业、社区,构建一批上档次、上规模,具有辐射功能的大商场,构建大中小结合功能齐全、服务配套多层次全方位的商品流通、服务体系,标志性的现代新型商业购物群如雨后春笋般出现,南宁市新的商业重心将在青秀区扎根。

(四) 进一步整合资源,优化布局,考虑人的需要

(1) 在购物区内或附近要合理设置人行道、休闲区、洗手间、停车场、指示性标志及公共交通系统,将购物、饮食、娱乐、文化交流及休闲服务等多种功能融为一体。

(2) 注重人文特色与户外广告形象。要与南宁"绿城"的特色相结合,根据不同路段,不同区域,不同功能,不同消费者与之协调的户外广告形象,区域内户外广告的设置要求与店面设计相符合,统一整齐,风格一致,给人一种清新舒服的感觉。

(3) 宣传广告要有特色,突出其商品特点,广告形式要多式样,可采用灯箱、霓虹灯及其他新形式。

四、零售业中的百货商场、超市

(一) 南城百货

1. 市场结论

(1) 所处地段。

位于东葛路、园湖路、茅桥路三交叉路口,交通便利,车流量大,周围多居民小区,旁边有工行、农行自动取款机、小吃店,对面有商务大酒店、俱乐部等,娱乐休闲场所多。南城百货是东葛路至园湖路最大的超市,周围没有大型的超市、便利店等。

(2) 经营品种。

品种齐全,共有食品、日用品、化妆品、电器等。其中食品的销售量比重最大,其次是日用品。

(3) 客户特征。

各类消费人群都有,但最主要的是周边居民,也有少数学生与有一定经济基础的消费者。

(4) 设施。

入口有较宽阔的停车场,有保安人员维持秩序,进入时有电梯直入,购物区右边有一存包处。购物区安装有音响设备、广播、电视,角落有消防设施,购物车整齐地摆放在一角落,收银台较多,可现付也可刷卡,付款便利,省时省力。

(5) 内部环境。

地面光滑整洁,货架摆放整齐,货物摆放有秩序,货架之间的摆放距离适中,但货架顶端杂乱,灯光适宜,购物指南、指示性标志明显,商品分区明显。由于接近年关,食品购物区内喜气洋洋,挂着红灯笼,系着红彩带,布置了十分具有节日特色的年货专卖区。

(6) 服务态度。

入口处的迎宾服务人员态度冷淡,购物区的服务人员和促销人员态度不够热情。

(7) 营业额的增减情况。

营业时间为 8:00—22:30,一般情况下 10:00—12:00 人流量最大,中午时段冷清,人流量小,人流量最大是在 20:30—21:30,周末人流量也较大。

(8) 对顾客的吸引力。

南城百货的牌子响亮,顾客又对其购买的商品放心;购买环境好,舒适,使人无压抑感;离住所近,便利,品种齐全。

2. 南城百货SWOT分析

(1) 优势。

位于十字路口,交通便利,人流量大,附近的居民区、学校、娱乐场所旁边有银行,更能吸引消费者前来消费,购物环境温馨。

商品齐全,无论是高档还是中低档商品都有。

周围无大规模超市与其竞争。

商品价格较合理,针对不同消费人群制定合理价格。

宣传力度较强,知名度、美誉度高。

(2) 劣势。

该南城百货距市中心较远,消费者群体局限在附近地区,导致该南城百货在南宁市南城百货连锁店中销售额最少。

服务人员素质不高,态度不够热情,影响顾客的心情。

货架上顶端摆放杂乱不整齐,影响美观。

存放物品处没有实现自动存储化,顾客多有不便。

购物区内无休息区供顾客休息。

购物区内水果品种较少而且不够新鲜。

(3) 机会。

将近年关,可大量推出礼盒、礼品等。

可在购物区内设置年货专区,具有特色卖点,吸引顾客,带动其他商品的销量。

年底人流量增大,对家用电器等家庭用品来说是一个好机会。

(4) 威胁。

一些电器等专卖店陆续推出促销活动。

年底学生放寒假,会流失大量的消费群体。

南宁市其他一些大超市,如沃尔玛、利客隆、华联等也会推出一些促销活动吸引顾客,抢夺顾客群体等。

3. 总结

(1) 位于东葛路与长湖路、茅桥路交叉路口旁的南城百货交通便利,车流量都较大,商品齐全,能满足不同消费人群。

(2) 南城百货知名度高,在消费者心中有一定的地位,宣传力度大。

(3) 距市中心较远,因此会流失许多的顾客群体,导致销量受到影响。

(4) 服务人员素质不高,态度不够热情,影响顾客的心情。

4. 建议

(1) 存放物品区可实现自储化,既方便又省时,又满足顾客要求。

(2) 购物区内过道要宽敞,内部要设置休闲区,饮用水,可供顾客休息。

(3) 加强服务人员素质培训,让顾客在购物的同时有温馨感。

(4) 需把握好超市商品的质量关,特别是一些食品保鲜期。

(5) 价格要合理,针对不同的消费人群,对不同的商品制定不同的价格,满足不同的消费人群。

(6) 要善于抓住顾客心理,进行一定的促销活动。

(7) 可进行一些赞助活动,如赞助某一学校的相关活动,把宣传带进校园,带给更多的消费群体,扩大影响力和知名度。

(8) 可设置一些有特色的专卖区,如专卖年货、化妆品、水果等。

(9) 为加强员工的责任感与归属感,可进行每月"微笑之星"评比活动,对真诚、优秀、素质好的员工给予物质与精神奖励。

(10) 在出口或存包处留一本意见簿或留言簿,让顾客可把他们的意见或建议写下,以便改进。

(11) 拿货架、顶层仓库,应装置大型广告牌将其围住,以致美观。

(二) 利客隆超市

1. 市场结论

(1) 所处地段:地处东葛广园路口,交通便利,人流量大,附近有居民区、学校、政府机构,对面是市规划局,超市前有大型停车场,周围有酒店、娱乐场所、餐馆、快餐店、小吃店、服装店、精品店等。

(2) 经营品种:品种繁多,属于中档消费。

(3) 客户特征:以附近居民与学生为主。

(4) 内部环境:超市设置了自动存包处,购物区安装有音响设备、广播,角落有消防设施,购物车整齐地摆放在一个角落。地面清洁度不够,白天室内光线较暗。货架顶层当作小仓库,用大型广告牌装饰,使其美观、整洁。分区明显,货物摆放较整齐。

(5) 服务态度:服务人员较多,但态度不够热情,服务态度一般。

(6) 营业额及增减情况:营业时间为 8:30—22:00,9:00—10:00 附近居民买菜,20:00—

21:00 最忙。

2. 调查分析

(1) 超市所处位置交通便利,人流量大,周围有娱乐场所、居民小区、政府机关、学校等,有较大的消费人群且竞争压力不大。

(2) 周围有三四个居民小区和政府机关,消费群体的层次不同,对商品的需求和层次也不同。

(3) 超市内服务人员的态度较为冷淡,影响了消费者的购买心情和购买欲望。

(4) 超市内某类商品的品种较少,不能较好地满足消费者的需求。

(5) 白天超市内灯光较暗,影响了消费者的购买心情,易减少消费者在超市内的时间。

(6) 消费人群中大部分是上班族和学生,所以晚上超市人流量大,中午人流量少,到17:00之前,相对冷清。

(7) 超市门口有促销活动的宣传海报,但不是很明显,视觉功率低,起不到宣传作用。

3. 利客隆 SWOT 分析

(1) 优势。

① 地处于东葛路与广园路的交叉路口,在这一路段,便利店、超市少,附近有居民区、学校、酒店、娱乐城,具有绝对的地理优势。

② 超市商品较齐全,周围没有一定规模的超市或便利店与其竞争,较大程度地满足了人们的需求。

③ 超市附近有居民区、政府机关、学校,拥有较多的消费人群,且大多数是上班族、居民、学生。

④ 超市内有大量的肉、蔬菜供应,方便了附近的居民和上班族购买,受到了消费者的青睐。

⑤ 超市设置的存包处方便了顾客存取物品。

⑥ 利克隆作为南宁本土超市,具有一定知名度和美誉度。

⑦ 超市内分区明显,顾客可以更方便地找到自己所需的商品。

⑧ 收款可以采用付现、刷卡结账的方式,方便了顾客。

(2) 劣势。

① 超市内灯光较暗,容易使人产生压抑感,导致消费者购买时间减少,影响营业额。

② 服务人员的态度不够热情,影响了消费者的购物心情和购买欲望。

③ 超市内外都没有供消费者休息的地方。

④ 员工素质低,待遇低。

⑤ 品种不够齐全,不能很好地满足消费者需求。

(3) 机会。

① 附近有居民小区和写字楼,消费人群的档次较高,可提供一些高档次的商品。

② 所处地段超市较少,拥有较多的消费人群。

③ 年关将至,礼品将成为卖点。

(4) 威胁。

① 在附近的南城百货宣传力度强,宣传方式吸引人,存有较大的竞争力。

② 超市内某些商品的品种较其他超市的少,不能很好地满足消费者的购买需求。

③ 在这一地段超市、便利店少,周围随时都有可能兴起一些超市和便利店。

④ 高收入消费者对购物期望值较高,购买时他们较重视商家的服务态度,如不能满足,他

们宁可舍近求远。

4. 结论和建议

结论：通过对东葛路路段上的市场状况调查分析，利克隆在此路段上的商场前景非常可观，在此路段上基本上没有超市，而此路段上却有几个居民小区和写字楼、学校，方便了这些消费群体，服务范围较广，超市内的一些较高档次的商品在一定程度上也满足了较高层次消费群体的需求。超市一些中低档次商品也满足了附近小区居民的生活需求，受到了消费者的欢迎。

建议：购物区内过道要宽敞些，可设置一些休息区供消费者休息。要加强服务人员的素质，想办法提高顾客的购买欲望，让消费者能够开心地购物。适当地进行价格调整，满足不同层次的消费者的习惯和需求。对超市内的环境做一些改变，让消费者感到舒适。针对白天超市内灯火较暗进行改进，让超市更加明亮干净。应该严格把好质量关，让消费者购物放心。提高促销活动的真正价值，以吸引更多顾客到来，创造更多的销售价值。加强宣传力度，让宣传方式多样化，特别是节假日时期。在一定程度上提高员工待遇。

五、附件(略)

讨论：(1) 这份市场调查报告的结构是否完整？

(2) 这份市场调查报告的内容写作表达上是否存在问题？

(3) 这份市场调查报告写作的优点有哪些？明显的不足是什么？

知识框架图

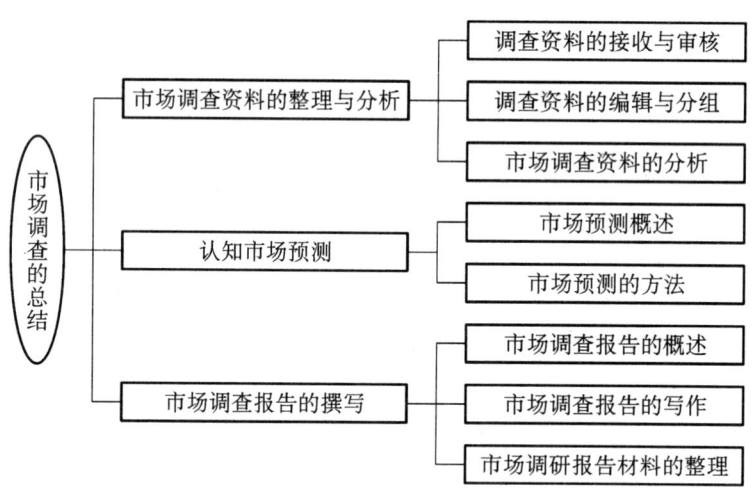

综合实训任务

1. 实训目标

通过实训，帮助学生掌握调查报告的结构、框架设计和写作技巧。

2. 实训内容

选择某企业的某商品，就该商品品牌在目标消费者中的认知度、满意度实施调查，并撰写一份市场调查报告。

3. 实训要求

(1) 将班级学生划分为若干项目小组,小组规模控制在5～8人。

(2) 学生讨论市场调查报告的特点、要求和作用。

(3) 根据任务要求,运用各种方法进行市场调查,收集、选取、整理和分析资料,在此基础上形成市场调查报告的框架。

(4) 小组构思报告、撰写初稿,各组进行交流、讨论,进行报告修改并定稿。

(5) 组长将市场调查报告提交给指导老师。指导老师点评、总结。

附　录

"市场调查与预测"课程学生评估考核表

班级：　　　　组名：　　　　姓名：

权数	评估项目 / 评估标准	很好 7分	较好 5分	一般 3分	须努力 1分	教师(组长)审核
1	1. 课堂考勤情况					
1	2. 安全纪律执行情况					
2	3. 所负责工作准时完成情况					
1	4. 有效学习方法掌握					
1	5. 在本组活动的参与态度					
2	6. 为本团队所做贡献的情况					
1	7. 在本团队内部的沟通表现					
1	8. 与指导教师的沟通表现					
1	9. 课外参考资料阅读的情况					
1	10. 克服学习困难的表现					
	1~10项自评成绩 $\sum 84$					
1	11. 参与市场调查后对团队合作能力有何新认识？对这一能力的培养有何建议？（负责人向成员提问,根据成员回答情况评分0~8分）	请负责人适当记录下成员的回答内容：				
1	12. 参与市场调查后对刻苦耐挫能力有何新认识？对这一能力的培养有何建议？（负责人向成员提问,根据成员回答情况评分0~8分）	请负责人适当记录下成员的回答内容：				
	11、12项成绩 $\sum 16$					
	总评成绩 $\sum 100$					

"市场调查"实训课程设计介绍

一、课程目标

通过实训,学生能理论联系实际,了解市场调查和统计分析在现代企业管理中的重要性,了解市场调查和统计工作的基本过程,掌握开展市场调查、资料分析以及撰写调查报告的方法,掌握收集、整理、分析市场信息的流程和步骤,掌握编制市场调查报告的方法和要求,学会在调查过程中与人沟通,提高团队协作能力。

二、课程要求

(1) 了解市场调查活动的类型和特征,了解行业机构的发展状况;
(2) 完成调查工作要求的文案设计;
(3) 结合具体任务操作市场调查和统计分析的基本流程、主要方法;
(4) 思考和探索某市场消费者的需求、消费心理和消费行为特征;
(5) 能够运用某市场的环境分析和竞争状况分析方法;
(6) 实训期间严格遵守校纪校规并服从指导老师的实训安排。

三、实训所需材料

1. 教材
(1)《市场调查技术》,谢平芳主编,校本教材。
(2)《应用统计学》,邹宁主编,机械工业出版社。
2. 网络资源参考
(1) 问卷星 http://www.sojump.com/
(2) 调查派 http://www.diaochapai.com/
(3) 桂经网 http://www.gxi.gov.cn/
(4) 广西经济网 http://www.gxce.cn/
(5) 广西百科信息网 http://gxi.zwbk.org/area-006.shtml
(6) 梅花网 http://www.meihua.info/stat
(7) 博思数据研究中心 http://www.bosidata.com/
(8) 艾瑞网 http://www.iresearch.cn/
3. 其他物料
通信工具、摄像、录音工具和纸笔等文具。

四、实训时间及步骤

时间:实训1周。

日期	项目	训练内容	任务要求	负责人	地点
星期一 6月6日 8:00—12:00 14:40—18:00	市场调查认知	实训介绍,三级安全教育 拟定调查提纲(附件1)	1. 上午8:00全班同学教室集中,听指导老师讲解外出市场调查实训要求,明确三级安全教育的规定。 2. 各组负责人与负责指导老师交流,围绕调查课题,检查已经完成的各项调查工作,讨论该课题任务尚未完成的调查工作,确定各组完成的时间和要求。 3. 下午2:40各组汇报工作,提交准备工作小结PPT并讲解。 4. 各组进行调查人员的培训和管理,根据各组预设计的市场调查方法进行方法技能的讨论和培训。明确各人工作岗位要求,提交工作岗位说明书(附件3)	张喆新 罗仕元	2605
星期二 6月7日 8:00—12:00	调查设计	调查方案设计 问卷设计(网络问卷、访问问卷) 二手资料搜集(网络调查的方法及技巧)	1. 方案设计小组的同学,明确调查方案的主要内容,练习调查总方案的撰写技巧。 2. 问卷设计小组的同学,熟悉问卷的内容与基本结构。 3. 探索性调查小组,判断典型调查区域,进行踩点信息收集。 4. 二手资料小组,查找与主题有关的二手资料并汇总,提交参考文献目录	张喆新 罗仕元	2605
星期三—星期四 6月8—9日 各组安排时间	调查方法	方法选择和判断能力训练 文献资料检索 抽样设计 访谈操作技巧 神秘顾客观察	开展外出调查,根据审核通过的市场调查方案完成特定项目的一手资料、二手资料收集、分析,各组实训时间不统一,指导老师与实训小组随时保持联系,分工指导小组的实践操作	各组组长	外出调查,不集中
星期五 6月10日 8:00—12:00 14:40—18:00	调查分析、撰写调查报告	资料整理操作、使用Excel进行统计分析; 市场调查报告的结构和内容、编写要求和技巧	1. 对实地调查所获得的一手资料进行汇总、整理和编码,利用调查资料分析方法进行资料分析,绘制图表。指导老师检查资料的汇总和整理情况,需要补充调查的,指导补充调查。 2. 汇总网络问卷调查的结果。 3. 撰写市场调查报告。要求全体人员分工合作共同完成市场调查报告,并在报告目录中标注各个部分编写者的姓名(即成员姓名)。 4. 各组制作实训PPT总结,展示实训过程和实训结果。下午14:40各组进行实训总结,由负责人进行口头汇报	张喆新 罗仕元	2604

未在规定时间完成实地调查的小组,必须于6月12日上午12点前完成补充实地调查工作。各组将打印装订好的调查报告、附件、调查问卷原始材料(用文件袋装好)、学生个人实训

总结(黄皮封面)和《市场调查实训小组评估考核表》(附件2)提交给指导老师。

PPT是实训总结,实地调查的结果仅仅是总结的一部分。PPT汇报应介绍四个部分:
(1) 调查课题的市场背景(解释课题的来源和意义)。
(2) 调查整个过程(以调查方案的计划为准,如实际执行有调整,应特别指出调整之处)。
(3) 调查部分结果(调查所获得的重点一手资料和二手资料)。
(4) 调查实训收获。PPT设计建议文字不要过多,素材尽量丰富,展现团队风采和实践收获。

五、实训考核

依据实践项目完成情况,由指导老师评定各个项目小组的成绩;各个小组根据组员的表现评定本组各成员的成绩,但全组平均成绩不得超过指导老师评定的平均成绩。每个学生必须完成个人的实训总结,作为个人平时成绩评分的依据;学生个人总评成绩=个人成绩×60%+小组成绩×40%。各等成绩评定标准:

优秀:积极认真完成综合实训活动,主动性强,撰写的报告内容完整、真实,体会深刻,针对性强、表述符合知识原理、观点有独到之处。方案和报告用词准确精练、结构合理、逻辑性强。

良好:能按规定完成综合实训活动,配合完成各项工作,撰写的报告内容完整、真实,有体会,表述符合知识原理。方案和报告用词准确精练、结构合理、逻辑性强。

中等:能按规定保证综合实训活动的时间,基本上能完成各项工作,撰写的报告内容完整、真实,有体会,表述符合知识原理。方案和报告结构较为合理、逻辑性较强。

及格:能按规定保证综合实训活动的时间,基本上能完成各项工作,撰写的报告内容完整、有体会,表述符合知识原理。方案和报告结构较为合理、有一定逻辑性。

不及格:对综合实训的教学活动走过场,抄袭别人作品,或方案和报告内容空洞、观点含糊、文字表述不清,或存在较多知识性错误。

附件1

×××市场调查提纲

班级:　　　　组名:　　　　　　组长姓名:　　　　　　　联系电话:

(拟定)调查课题名	
调查目标	
调查方法	
预计进度	
预计费用	
其他	

附件2

"市场调查实训"小组评估考核表

班级：　　　　组名：　　　　　　组长姓名：　　　　　　　联系电话：

评估项目 \ 评估标准	任务是否准时完成	操作是否符合要求	自评分	教师审核意见
调查课题拟定 ∑5	准时完成调查提纲，得1分。没有准时完成不得分	1. 提纲确定课题的正确性(2分)； 2. 提纲确定课题的可行性(2分)		
调查方案制定 ∑15	准时完成，得2分。没有准时完成酌情扣分	1. 方案内容的完整性(5分)； 2. 方案的可操作性(5分)； 3. 方案的科学性、经济性(3分)		
调查问卷设计 ∑15	准时完成，得5分。没有问卷不得分，准时完成酌情扣分	1. 问卷设计符合规范要求(5分)； 2. 问卷内容翔实，题型多样，满足调查内容要求(5分)		
实地(网络)调查 ∑20	开展实地调查活动，得5分。没有开展不得分，没有准时完成酌情扣分	1. 完成调查任务量(5分)； 2. 调查方法恰当、操作有效(5分)； 3. 成员工作态度积极、工作效率高、团队合作好(5分)		
资料整理分析 ∑15	准时完成，得5分。没有开展不得分，没有准时完成酌情扣分	1. 资料整理条理、目录清晰(5分)； 2. 资料分析方法正确(Excel统计分析)(5分)		
调查报告撰写 ∑20	准时完成，得5分。没有报告不得分，没有准时完成酌情扣分	1. 紧扣主题，观点正确(5分)； 2. 结构合理，层次清楚(5分)； 3. 报告的可阅读性(5分)		
其他项目 ∑10(市场调查报告的编辑加分项目)				
1. 封面设计：∑2	封面已做设计1分、设计符合要求1分			
2. 目录设计：∑2	目录已做设计1分、设计符合要求1分			
3. 正文设计：∑4	前言已做设计1分、段落分层清晰3分			
4. 附录安排：∑2	附录已做安排1分、安排符合要求1分			
评估考核总成绩 ∑100				

附件3

市场调查工作岗位说明书

工作岗位分析	调查组：
	姓名：
岗位名称：	活动地点：
直接上级：	直接下属：
工作目标	
职位与交往	
主要工作任务和操作程序	
准备情况	
限制条件	
备注	

参考文献

[1] 宋文光.市场调查与分析[M].北京:高等教育出版社,2015.
[2] 赵轶.市场调查与分析[M].北京:北京交通大学出版社,2010.
[3] 王云生.市场调查与预测情景教程[M].北京:北京大学出版社,2013.
[4] 杨静.市场调查基础与实训[M].北京:机械工业出版社,2011.
[5] 邓剑平.市场调查与预测——理论、实务、案例、实训[M].北京:高等教育出版社,2010.
[6] 王秀娥.市场调查与预测[M].北京:清华大学出版社,2012.
[7] 杨凤荣.市场调查方法与实务[M].北京:科学出版社,2007.
[8] 王文华.市场调查与预测[M].北京:中国物资出版社,2010.
[9] 李灿.市场调查与预测[M].北京:清华大学出版社,2012.
[10] 柴庆春.市场调查与预测[M].北京:中国人民大学出版社,2006.
[11] 胡穗华.市场调查与预测[M].广州:中山大学出版社,2006.
[12] 赵铁,韩建东.市场调查与预测[M].北京:清华大学出版社,2007.
[13] 刘玉玲.市场调查与预测[M].北京:科学出版社,2010.
[14] 小约瑟夫·海尔,罗伯特·布什,戴维·奥蒂诺.营销调查——信息化条件下的选择[M].第4版.刘新智,刘娜,译.北京:清华大学出版社,2012.
[15] 魏颖,岁磊.市场调查与预测[M].北京:经济科学出版社,2010.

行业实务手册

任务1-1 行业实务

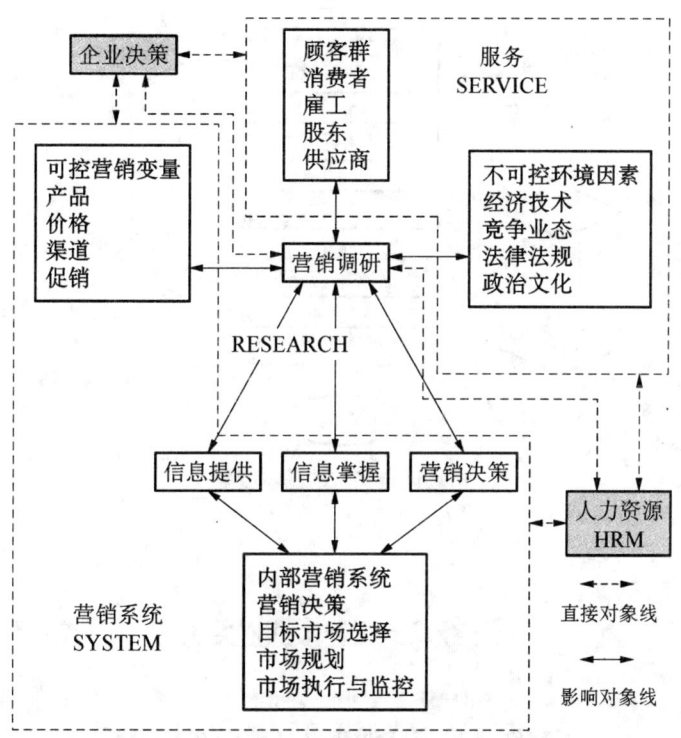

市场调查在企业营销决策中的作用模型

任务 1-4　行业实务

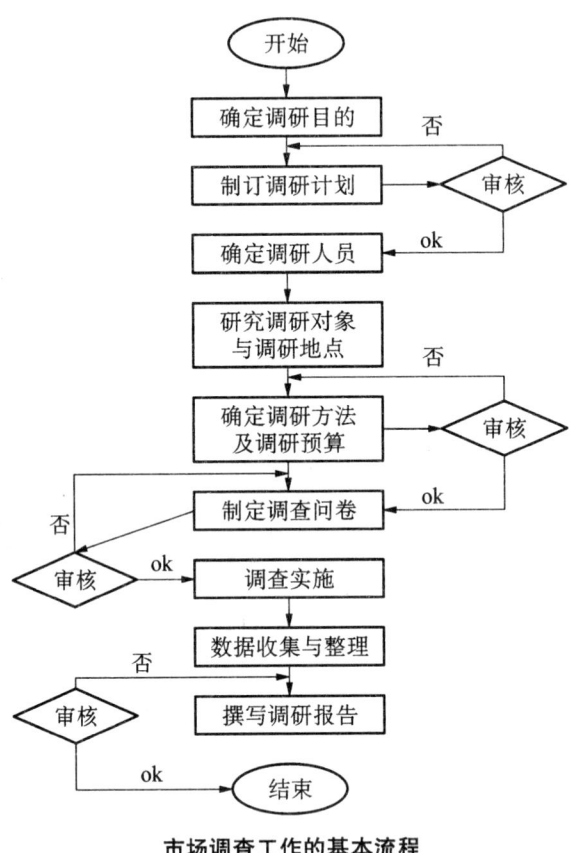

市场调查工作的基本流程

任务 2-1　行业实务

国家统计局南宁调查队职责及机构设置

国家统计局南宁调查队是经国务院批准成立,由国家统计局实行垂直管理的正处级机构,既是国家统计调查机构,也是统计执法机构,依法行使统计调查、依法监督的职权。

(一)主要职责

(1)组织实施城乡住户、国民经济主要行业生产价格、投资价格、居民消费价格、农产量、农业中间消耗、服务业、规模以下工业、规模以下固定资产投资、限额以下批零住宿餐饮业和资质以外建筑业企业等国家抽样调查制度,以及国家统计局布置的有关企业景气、采购经理、企业集团、现代企业制度跟踪监测、农村贫困监测、城市社会经济基本情况等专项调查制度。

（2）组织实施国家统计快速反应制度，组织开展经济社会重大问题专项调查，及时报告本地区的突发性经济事件和重大社会经济问题等方面信息，参与组织实施国家有关普查项目。

（3）根据国家统计局的授权，管理和发布有关统计调查数据。依法查处调查对象的统计违法案件。接受地方政府、有关部门的委托，开展统计调查，提供统计数据处理服务。

国家统计局南宁调查队是国家统计局在南宁市实施抽样调查工作的主体单位，调查项目涉及全市社会经济的各个方面。国家统计局南宁调查队与我区其他13个市级和本市各县区调查机构形成了一个完整的调查网络，可快速、高效、灵活、准确地进行全市和地方的统计调查，是为党政机关和企业制定政策和决策提供科学依据的权威专业调查咨询机构。

（二）机构设置

国家统计局南宁调查队下设九个科室：

办公室、综合法规科、农业调查科、住户调查科、工业调查科、统计监测科、居民消费价格调查科、生产投资价格调查科、专项调查科。

1. 办公室

科室职能：综合协调、管理队内的政务，负责本队人事、教育、文秘、行政、财务等工作；组织制订工作计划，起草重要文件、报告，协调科室、部门以及外部的关系，做好各项调查的后勤保障；监督、检查本队机关贯彻执行党的路线、方针、政策，遵守国家法律、法规的情况；受理纪检监察对象违反党纪、政纪案件和控告、申诉；参与调查队系统统计执法检查工作；完成队领导交办的其他工作。

2. 综合和法规科

科室职能：负责公布有关统计调查资料，开展统计分析研究，编辑发行调查资料；组织协调有关部门统计调查资料的共享和使用；评估审核重要统计数据；组织收集重大信息；组织开展统计科研工作；负责统计法律、法规、规章的宣传与普及工作；依法查处调查队及其调查对象的统计违法案件；组织贯彻实施国家统计调查制度和国家统计标准。

3. 农业调查科

科室职能：组织实施农业生产调查；组织开展农产品价格调查。

4. 住户调查科

科室职能：组织实施城乡住户调查。

5. 工业调查科

科室职能：组织实施规模以下采矿业、制造业，以及电力、燃气及水的生产和供应业生产经营情况的调查。

6. 统计监测科

科室职能：组织开展企业集团、重点企业、企业景气和采购经理统计调查，以及其他社会经济监测调查。

7. 居民消费价格调查科

科室职能：组织实施居民消费价格和服务项目的价格调查。

8. 生产投资价格调查科

科室职能：组织实施固定资产投资和房地产价格调查，工业与服务产品生产者价格调查，以及原材料、能源、动力等中间产品的购买者价格调查。

9. 专项调查科

科室职能：组织实施装卸搬运和其他运输服务业、仓储业、计算机服务业、软件业、租赁业、商务服务业、科技交流和推广服务业、居民服务业、社会福利业、体育和娱乐业、其他服务业等有关服务业生产经营情况的调查；组织实施限额以下批发零售贸易、住宿和餐饮业调查，以及规模以下固定资产投资和资质以外建筑业调查；组织实施国家和地方政府布置和委托的专项调查。

任务2-2　行业实务

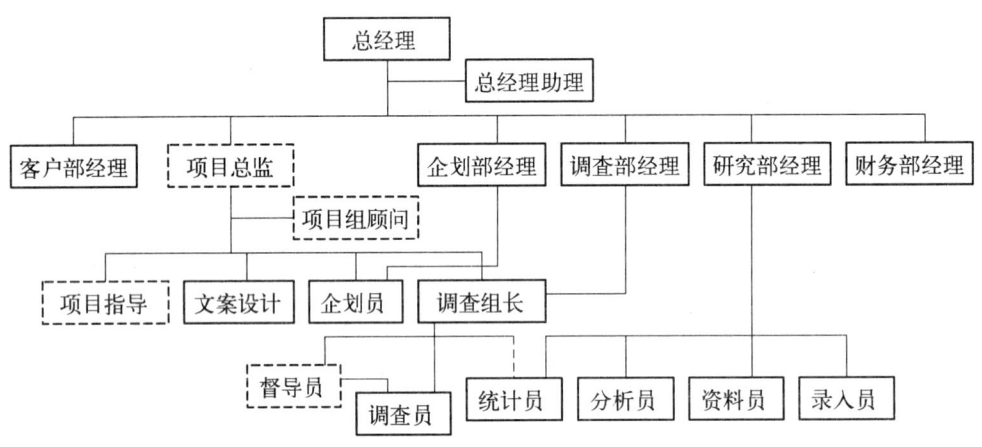

市场调查专业机构中的岗位设置

任务3-1　行业实务

福建达利食品集团有限公司旗下拥有"好吃点"饼干、"可比克"马铃薯休闲食品、雪饼、膨化休闲食品、"达利园"派类食品三大品牌的产品结构。考虑到市场竞争态势的日益加剧，公司管理层在新的年度产品开发会议上，提出了三个管理决策问题，当前迫切需要市场信息支持来帮助管理决策层做出正确的判断。

为解决企业面临的市场或者销售问题，这是调查项目所要达成的最终目的；调查课题要服务和实现调查研究目标(就是为达成项目研究目的，调查项目要完成具体哪些研究成果)，通过以下两个例子说明以上三者之间的关系(见下表)。

界定问题	调查目的	研究目标
为新产品开发包装	评估几个备选包装设计的有效性	(1) 消费者对新包装的接受程度 (2) 消费者对新包装的喜欢程度 (3) 在几种包装设计中，消费者的偏好
为节假日设计有效的促销活动	评估促销活动对消费者的影响，设计有效的促销活动	(1) 了解消费者在促销活动中的看法 (2) 评估不同促销活动对消费者的购买行为影响及原因 (3) 消费者喜欢的促销活动类型和促销礼品

正确确定调查目的，就要对正确客户询问正确的问题。以下是有必要向客户询问的几个

问题(并不仅局限于这些问题):
(1) 企业的业务/生意现状是怎样的?
(2) 企业现在亟须解决的问题是什么?
(3) 企业要解决这个问题,已经拥有了哪些数据和信息?
(4) 企业希望通过这个项目达成哪些目的?
(5) 研究结果和研究数据将被如何使用?将被哪些部门使用?
(6) 企业制定市场或销售策略的决策模式是什么?

任务3-2 行业实务

广西某食品工业公司有意开发区内的方便面市场,为此选择区内不同地域的几座城市对潜在消费者做探索性调查。他们按年龄和性别标准指定6个组,每组10人,男女各3个,这3个组当中有一个是少年组,一个是30岁以下的成年组,另一个是30岁以上的成年组。鉴于方便面市场研究中不存在宏观上的不明确之处,调查者主要目的在于理清商品概念和消费者行为方面的一些问题,以便为下一阶段的描述性调查的样本建立和问卷设计打好基础。在这个探索性调查项目中,调查者使用了焦点座谈和问卷调查相结合的方法。

对于参加座谈会的人员,不搞概率选取,为的是节省调查成本,只要符合年龄与性别要求即可。由于座谈会后要品尝方便面,且方便面是现煮现配汤料,因此座谈会租用了宾馆的小会议厅,这样可以利用厨房条件。

座谈会讨论大纲围绕生活习惯、商品信息的获悉与购买决策、产品概念、品味反应、品牌反应、价格与促销等内容提出问题。座谈结束,请参加者填写"背景材料问卷",问卷围绕性别、年龄、籍贯、婚姻状态、子女、家庭收入、食品购买行为等提出。此问卷收回后,陆续请参加者试食三种汤料配制的方便面。第一种面端上来前,请参加者阅读问卷的"产品概念"一段,并根据读后感想和平时习惯,回答几个问题,然后端来方便面试食。试食后再回答同一问卷下半部分的几个问题。第二、第三种面的试食和调查程序同前。

调查者如此慎重地进行了探索性调查,表明了他们对这一调查项目的严肃、科学的态度,当然也与他们可支配的资金多寡有关。他们虽然是都来自区内,但是他们感到不同城市的市民,在许多诸如生活习惯、品位反应等方面未必完全一致,因此仍然有必要通过探索性调查理清一些概念,免得在贸然展开大作业面的描述性调查时发生概念性误差。焦点座谈的结果表明,他们本来的担心不是没有根据的。

任务4-1 行业实务

说明信:
女士/先生:
  您好!
  我是××公司的市场调查员,目前我们正在进行一项有关××市手机市场需求状况的问卷调查,希望从您这里得到有关消费者对手机需求方面的市场信息,恳请您协助我们做好这次调查。本次调查不记姓名,只作为我们研究的参考,我们将把所有问卷全部带走,并对你的回答严格保密。回答无对错之分,请您照实回答,我们准备了小礼物以感谢您对我们工作的支持。请您直接在符合情况的答案选项前的方框中打勾。谢谢!

××公司
××年×月×日

说明词:

同学:

您好!我是××班的同学,目前在进行"市场调查与预测"的课程作业。为了全面客观地了解同学们平时接触媒介的状况,听取大家的意见和看法,更充分地发挥传播媒介的作用,我们组织了本次调查。您是从南宁市50多万大学生中用科学抽样的方法选出来的代表,您的认真填答,将有助于我们进一步开展中学生媒介接触状况的研究。请您直接在符合情况的答案选项前的方框中打勾。

××调查小组
××年×月×日

任务4-2 行业实务

南宁百货超市调查李克特量表

一、背景

以南宁百货超市新世纪店为调查对象,对该超市满意度进行调查,使用李克特量表,这里设计的是五级量表。初始量表中设计了11个调查问题,根据选项设置了打分标准,模拟了12份调查数据,根据汇总的数据应用统计软件进行分析,最后根据分析结果对量表进行完善。

二、初始量表设计

南宁百货超市(朝阳店)顾客满意度调查表

得分 态度 问题	非常同意	同意	中立	不同意	极不同意
1.南宁百货出售的商品价格公道	5	4	3	2	1
2.南宁百货出售的商品种类齐全	5	4	3	2	1
3.南宁百货出售的蔬菜质量差	1	2	3	4	5
4.南宁百货货架商品摆放不合理	1	2	3	4	5
5.南宁百货购物环境舒适	5	4	3	2	1
6.南宁百货店内工作人员服务质量差	1	2	3	4	5
7.南宁百货结账等候时间过长	1	2	3	4	5
8.南宁百货促销活动多	5	4	3	2	1
9.南宁百货购物停车不方便	1	2	3	4	5
10.南宁百货购物班车不方便	1	2	3	4	5
11.我喜欢在南宁百货购物	5	4	3	2	1

三、受访者辨别力分析

问 题	总分最高的1/4人在各问题的平均得分	总分最低的1/4人在各问题的平均得分	各问题的辨别力
1	5.00	3.00	2.00
2	4.33	2.33	2.00
3	3.67	2.00	1.67
4	3.33	2.33	1.00
5	4.67	2.67	2.00
6	3.67	1.67	2.00
7	4.00	3.00	1.00
8	4.67	3.33	1.34
9	4.00	2.33	1.67
10	4.00	2.00	2.00
11	5.00	2.00	3.00

从上表可以看出，各问题的辨别力还是比较好的，说明针对南宁百货超市，该份问卷设计得比较合理，不用剔除问题。

四、量表信度分析

	项总计统计量				
	项已删除的刻度均值	项已删除的刻度方差γ	校正的项总计相关性	多相关性的平方	项已删除的Cronbach's Alpha值
商品价格	32.33	49.515	.698	.960	.916
商品种类	32.83	50.152	.725	.959	.914
蔬菜质量	33.17	50.152	.787	.977	.912
货品摆放不合理	32.92	53.174	.508	.979	.924
购物环境舒适	32.50	48.636	.818	.986	.910
服务质量	33.50	50.455	.674	.947	.917
结账等候时间长	33.00	55.636	.492	.846	.924
促销活动多	32.17	52.515	.829	.992	.913
购物停车不方便	32.83	52.152	.760	.965	.914
购物班车不方便	33.08	51.720	.493	.952	.928
喜爱程度	32.50	44.636	.964	.988	.901

因为信度系数为0.923＞0.9，所以认为该量表的信度甚佳。在对比剔除某题之后得到的信度系数，发现基本变化不大，所以认为该表不用修改，可直接使用。

五、小结

通过上述问题分析,基本可以判定该份问卷设计得比较合理,南宁百货超市(新世纪店)需要改进的是,改善工作人员的服务态度,以提高顾客满意程度。

任务 5-1-1　行业实务

广西某烟草公司调查员入职培训内容

一、培训目标

通过培训,让新入职员工明确岗位职责、工作内容和工作具体要求,提升员工岗位责任意识和工作技能。

二、培训时间

2015 年 9 月 20—22 日。

三、培训地点

C018 大厅。

四、培训内容

1. 调查员岗位工作细则

(1) 责任心强,工作态度积极向上,具有团队精神。

(2) 服从命令,认真完成公司安排的调查工作。

(3) 对所负责的工作全面负责。

(4) 客观,采用有效方法,以保证调查结果的真实性,准确并及时反映实际情况。

(5) 时效,在规定时间内有效收集有关资料。

(6) 保密,被访者资料未经同意,不可泄露。

(7) 真实,按照要求真实收集资料,地址、被访者具有唯一性。

(8) 规范,原话读题,对被访者回答问题原话记录,不可删减更改。

(9) 守信,保证质量的完成区域内的调查访问。

(10) 负责统计调查区域内的烟草经销商的问卷答案。

2. 市场调查准备工作细则表

任务概要	市场调查注意事项
节点控制	相关说明
1	① 了解每个问题的逻辑性和连贯性。 ② 调查员领取市场调查所需资料,市场调查表、笔,并填写物料领取表。 ③ 准备好工作卡,身份证明。 ④ 乘坐交通工具应注意交通安全。 ⑤ 把握好访问的时间和节奏,注意统筹安排
2	① 调查员在市场调查过程中应严格遵守公司员工管理制度,控制费用花销。 ② 调查员在市场调查过程中应严格保密公司的相关信息。 ③ 调查员要保持与负责所在调查区域督察员的联系

续 表

任务概要	市场调查注意事项
3	① 调查员返回公司后,及时整理调查资料,填写回收问卷数量表。 ② 向上级提交市场调查整理资料。 ③ 场调查负责人审核市场调查资料并签字

3. 市场调查工作流程图

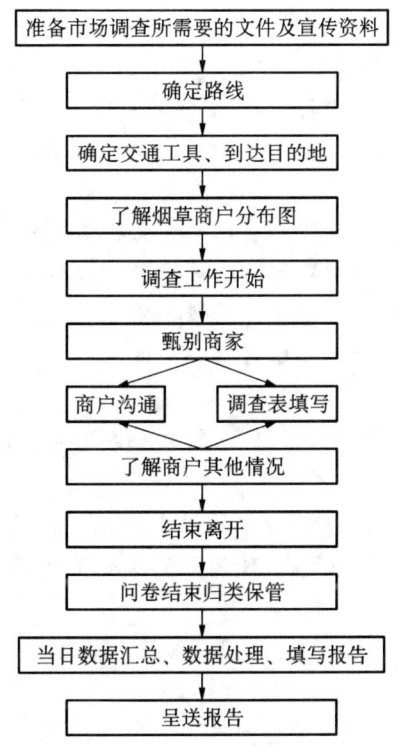

4. 调查表内容说明

(1) 经销商基本状况调查表:

首先明确这个调查表是针对烟草商户现在的经营现状做一个简明扼要的了解。

商户的经营面积:可以试探性地问一下:老板生意蛮好的,店面也蛮大的,大概有多少平方米呢?

商户的地址:如果地址不详的话,可以记录下附近的标志性建筑。

商铺的店名:尽量把商铺的全名记录下来。

联系方式:能留下手机号码最好,如果不肯留手机号的话,那必须留下固定电话。以回访的名义留下联系方式。

进货金额:由于烟草商户每个星期都固定进一次货,所以只要问清楚每次大概的进货金额,逢年过节囤货的进货金额大概有多少。

(2) 对烟草金卡的了解情况:

由于烟草金卡的市场推广问题,导致大部分的商户对烟草金卡的具体功能都不是很详细,可以耐心地解释一下烟草金卡能享受哪些便捷服务。比如,优先兑换零钞、免费短信服务、

VIP通道服务、特惠商户活动……

(3) 资金需求状：

① 采用渐进式提问。有没有资金困难的问题？有资金困难则直接进入下一题,如果客户没有资金困难就可以试探性地问一下：一般在何时会有资金困难？一般烟草商户都有淡季旺季,逢年过节由于送礼需求,市场对烟草、酒水需求旺盛,商户也担心临时没货,所以会在过节之前囤货,囤货则对资金需求比较旺盛。

② 贷款方式：

(略)。

5. 对项目(市场)具体分析与讲解

(略)。

6. 实用流程与技巧

(1) 访问原则：

① 保持客观和中立的态度,不能加入自己的观点和意见来影响被访者。

② 客观地询问被访者本人,不要妄自推测被访者的回答,不要想当然。

③ 只要被访者理解题意,给出的答案无对错之分。

④ 控制自己的情绪,以积极的心态做好每一个访问。

(2) 流程和技巧技能：

① 访问前的准备,选择合适的时间,仪表,物品准备情况,调整心态,观察。

● 进门,快慢缓急的把握。

● 自我介绍,创造愉快轻松的气氛,自信的心态,简洁,流畅,忌机械、生硬,灵活有机动性地回答被访者的提问,及时提出访问要求,使用尊称及规范化语言,吐字清晰,语速流畅,不能用"哼""哈""哦"等助词。

● 全名比起简单介绍自己的姓氏可信度更高,因为客户对你了解越多,对你的信任也就越深。例如：

您好！我是南宁××有限公司市场访问员×××,我们正在进行南宁××的使用情况调查,您的意见对我们的研究非常重要。我们将会对您提供的意见和资料严格保密,希望得到您的合作！谢谢！

② 进门时对环境的观察：光线,位置。在场人员位置的挑选：最佳的位置是坐在被访者的对面,这样便于出示工作证,其次是坐在被访者的右面,最好提出想坐在桌子或茶几边,便于书写问卷和登记。

● 问：您贵姓？是这家店的店主吗？不是就要立即终止。(确定合格的被访者)

● 介绍完之后一定要跟被调查者握手,拉近与他的距离,握手时要稍微用点力,显示出你的热情、坦诚和信心。

● 如被访者以不合适,说不出拒访理由,访问人员应主动说：我们调查的目的是让每个人有时间阐明自己的看法的机会,所以您的看法对我们很重要。(要找出拒访原因,并有针对性地说服)

● 如有人插话,应有礼貌地说："您的观点很对,我希望待会再请教您。"但此时我们还要请教×××;如访问时周围有电视或者收音机发出的嘈杂声,应该降低声音,被访者会自己发现而主动关小。(一定要注意语速)

③ 在访问过程中通过表情动作和形体语言等进行控制。
- 在访问过程中一定要避免谈及自己的背景资料。
- 与被访者进行良好的沟通,取得被访者的积极配合;要随时注意被访者的理解度和配合程度,主动调节自己的节奏,调动被访者情绪。
- 用声音、眼神、态度、积极的心态与被访者沟通。
- 控制节奏,给被访者有适度的思考时间。
- 保持访问时与被访者周围人的礼貌沟通。
- 避免被访者自填问卷。要对问卷十分熟悉,能有条不紊地进行提问。
- 如何追问:被访者说不知道,你要清楚分辨情况:不愿透露;没听明白但不好意思说;思想走神,正在想别的事情;真的不知道,要进一步阐述,使被访者放心。
- 访问开始前,为了活跃气氛可适当谈些题外话,但不要过多;在访问过程中应尽量避免与被访者不必要的聊天。当被访者陈述离题太远时应利用中间停顿,礼貌地打断并将话题转移。出现长时间沉默,要重复一遍问题,并对被访者加以鼓励。
- 如果聊的时间过长,可在问完一部分问卷时稍做停顿,可聊几句轻松的话题,调节气氛。
- 访问后的自审;查看问卷是否有遗漏问题;注意记录访问结束时间。
- 检查资料物品是否收拾齐全。
- 结束语,非常感谢您提供的资料和信息,我们一定会严格保密,希望您的经营有更好的发展。谢谢!
- 注意事项:如果被访者询问,应告诉被访者公司地址及公司联系电话,对有中断访问的要详细记录原因。

进入时出现情况	被访者表现	解释及应对方法
不配合	我现在没时间	不要紧,请您告诉我您什么时候有时间
		我再过来好吗?谢谢!如果您今天没时间,请问你什么时候有
		我明天再来,谢谢
	我不懂、我没文化、已显示害怕说错	没关系的,您的回答无对错之分,您想到什么就说什么吧
犹豫是否接受访问	我马上要做饭,没时间	我不会打扰您很长时间,只是几个简单的问题
怀疑心态	你们来做什么	及时出示证件,自我介绍,简单说明来意
	你们是来推销产品的吧	举例说明调查与推销的区别,强调只是搜集资料
甄别出被访者不愿接受访问	我现在很忙/就这样/你就访问我的家人,谁说都一样	虽然您和您的家人天天在一起,可是每个人对同一件事的看法是有区别的,我们是想了解您个人的看法和想法,等下次有机会我一定会访问您的家人
第三者干扰	第三者抢先回答问题	不能记录第三者的回答的任何问题,并且马上阻止第三者的插话,这次我们主要是想听取他的意见。当然您的意见也很重要,下次有时间我会访问您的,谢谢

7. 模拟商户演练培训

（略）。

8. 各类表格的使用说明

（略）。

9. 调查员培训考核答卷

（略）。

任务 5-1-2　行业实务

南宁市某调查公司访问员培训资料

首先，欢迎你加入我们的行列！接受一份极具挑战性的工作，我们为你而自豪！相信在未来的日子里你可以学到许多在学校里学不到的东西，也衷心希望你能过得充实，过得有意义，我一定竭力为你们提供好的锻炼机会。

做一个优秀的访问员的首要条件是：认同、充分肯定市场调查的意义。也许在大多数人的眼中，做市场调查只是打扰他人，干扰他人的正常生活，工作……其实这种想法是十分错误且有害的，这种想法只会让你在做这份工作中觉得困难重重，难以成功。市场调查是有着极大的现实意义的，它可以为企业、为国家提供真实的数据，使企业、国家更健康、更快地发展。我们上门或是电访、拦访只是一种正常的社会服务（就如理发师、水电修理工一样），这种服务有着双重意义，既是为厂商服务，同时也是为消费者服务。因为我们是沟通他们之间的桥梁，通过我们的服务，厂商可以更清楚地知道消费者的真正需要，根据这些需要有针对性地向消费者提供更合适、更好的产品和服务，从而更好地满足消费者的需求。改变调查会打扰人这种错误的观念，你才能真正做好这份工作。祝你成功！

我们应该理直气壮！正如上面所说的，我们访问归根到底是为消费者服务，也就是为了受访者服务，（当然受访者大都并不理解当中的意义）。做访问时不该有惶恐歉疚的心理，好像做了一件对不起人的事一样。访问是一种对社会有益的工作，我们是在例行公事（就如查水电表的，查户口的，家访的老师……）。这种意识会使你显得正规、从容，这样受访者更容易地接受你的访问。

1. 对访问员的基本要求和原则

（1）认真：认真意味着明确你的责任和工作任务。你必须很在乎你所从事的这份工作，也把做好工作当作一件很严肃的事情。为此，一开始就必须认真地听取公司项目研究人员就某个特定项目所进行的专项培训，并认真地理解你手上的问卷或提纲和《访问员手册》。

（2）刻苦：访问员的工作不是一份可以享受的工作。访问员的工作意味着时间、体力、精力甚至心理上的付出，没有刻苦精神是不能在限定的时间、限定的区域，以限定的方式完成任务的。

（3）诚实：诚实是个人品质的至要，更是调查业的生命。在你选择接受公司的任务时，就肩负了一项义务，那就是以你诚实的劳动完成你的工作。根据公司规定，如果作弊，你将受到严厉的惩罚，我作为你们的负责人一样会受到惩罚。

（4）守时：守时意味着严格按照公司确定的工作期限来进行工作。你必须在限定的期限内接受培训、访问、交问卷。完成工作不能迟到。（虽然也许我们中有些人会逃课、不太遵守学校纪律,我就是其中之一,抱歉!但公司的纪律一定要遵守,因为这是你们的工作!在工作时,我们的身份是职业人士,不是学生。请大家必须记得!)

接触调查对象的技巧:良好的初期接触,正确地介绍自己是工作成功的一半。正确介绍自己,准确地表达接触的目的。自我介绍时,首先要在一两句话中表明身份、说明来意,语速不宜过快但要流畅,声音要清晰,音量要适中。初次见面,说话一定要温和客气,有礼貌。自我介绍可以同时递上学生证和访问员证,以表示真诚地访问,而非推销产品,也能解除调查对象的戒心。对于调查对象的质询应着重解释调查什么、为谁做此调查、保证其提供资料的保密性。入户后,寻找合适的位置坐下,坐的位置最好是调查对象的左手,与调查对象呈45度,这样既便于出示卡片,又便于记录。

2. 入户时对象提出质询的标准答复

即使是那些乐于接受调查的人也会提到一些问题,沉着、顺利地回答受访者提出的问题会对建立受访者对你的信任以及降低拒访率大有帮助。

(1) 你到底是干什么的?——刚才我已经提到了,我是××调查公司的访问员,这个研究是关于××的,委托我们进行这项研究的客户希望了解到市民对××是怎么想的,这样他们能更好地按照大家的想法来做好工作(注意,你应尽量使用"研究""访问"的字眼,而少使用"调查"。因为某些市民会把"调查"与侦查、秘密调查等联系在一起,因而会引起他们不必要的顾虑,使你的访问成功率大大降低)。

(2) ××调查公司是怎么回事?——噢,这是一个专门做调查研究的公司,他们做过很多类似的研究项目,每年都有上万人接受他们的访问。

(3) 我怎么知道你是这家公司派出来的?——这是我的访问员证(出示访问员证),上面有公司研究人员的电话,你可以给他们打电话确认(如果你有更多有关公司的问题,都可以给公司打电话)。

(4) 你为什么找到我家?——是这样的,公司有全市居民的住家号码,他们用一种科学的抽样方法在市民中随机抽取了几百户人家来访问。在这个区大约有×户人家被抽中。这些人家的意见在研究中就代表全市居民的意见。

(5) 我没有什么看法,我的邻居(或我的先生/太太,或××人)就爱说这些,你找他吧?——谢谢,我相信他们的意见一定很有意思,但公司告诉我们,那些被抽中的人的意见才是最重要的,也只有你的看法在我们看来是最重要的(在少数家庭里,其他家庭成员会过来凑热闹,或参加讨论,你要告诉他们,这次访问只针对他们当中的一个人来进行,希望其他人不要影响他/她)。

(6) 我对你说了些什么,你不会找我麻烦吧?——按照《统计法》的规定,我们要为访问对象所提供的意见及个人资料进行保密。事实上,我们最后会把你这样几百个人的意见统计起来,看看广州人对这个问题有什么样的要求或看法。

(7) 看起来,你的问题不少啊?——其实,这是因为我们把各种答案都已印在上面了,我们只需根据你的回答勾一下就可以了。而你只需要把你真实的想法说出来就可以了。不是考试,这不复杂也并不像你想象得那么长。

(8) 你是大学生,你怎么干这个了?——因为,研究访问是一种科学的工作,它跟我学的专业很接近,所以实际上是我们运用专业知识的一个机会。我们也通过跟你这样的市民所进行的访问,增长自己的见识,了解社会。

(9) 你知道,我很忙的,我没有那么多时间跟你谈完——很抱歉需要占用你的一些时间,但我想时间不会太长,而且回答起来也不太难。而你的意见对我们又是那么重要,所以我想最好我们现在就进入正题。

(10) 我没有文化,我也看不懂你的卷子。——这你不用担心,我会把问题读给你听,你听完后再发表意见,我会把你的意见记下来的。

(11) 调查,哼,调查有什么用?——也许你的意见是对的,而且看来你还是有自己的看法的。如果大家都把自己的看法说出来,这样的调查结果也许就会越来越有用了。

(12) 我现在没空,过几天再说吧——我很抱歉打扰了你,我想我们的访问只需要占用你一点时间,而且公司要求我们必须在今天完成这个访问。事实上,我的同学今天要在全市各个区同时完成访问。其实,我们的问题很简单,比如……(转入问卷。如果他的确手上在忙一件重要的工作,那么问他半个小时后或更长一点时间再来访问他,可不可以?)注意避免使用"过一会儿""过几分钟"等语义指向不明确的词语而应确定具体的时间。

(13) 你是一个人来的吗?——不,我们有几个同学同时在这个小区进行访问,访问结束后我们就在小区门口(或是该区一个明显的建筑物)集中一起回去。

入门受拒通常有两种情况:① 拒绝开门,在你敲门或按门铃时,调查对象在观察孔看一下后不开门。这时你应该继续敲第二次门,事实上差不多有一半人在第二次敲门的情况下开门。如果他在你第二次敲门后仍不开门,我们要求你第三次敲门。经验显示,三次敲门使90%以上的原本拒绝开门的人开门。如果连续三次敲门仍不开门,这表明住户家中无人,或者此时住户因某种特殊原因(心情不好,有重要事情在做,家中只有老人或儿童在家,不便给陌生人开门等情况)而不便开门,这时我们可以按一次未遇处理,继续访问下一家住户,一定时间后进行回访。② 开门听取你的解释之后,调查对象表示因为太忙或不感兴趣这种情况的发生比①多一些。在这种情况下,你要再次说明,这只是需要占用他几分钟时间,而且只是要他说一些有关他的简单想法。有一种方法被证明十分有效,访问时对调查对象说:"事实上我们要了解的是一些本来就有的想法,内容非常简单,比如你是否觉得现在物价上涨非常严重……"这样一下转入问题上,许多调查对象往往一下子不自觉地被带入访问。

有一些调查对象在开门听取你的介绍(甚至没有听完)就关上了门,记住,你一定要耐心地再次敲门,直到敲到第三次。你要让他感到,"我们大家都很忙,但这就是我的工作,我必须访问你"。

我们要大家坚持在态度并不友好的家庭中进行访问,是因为他们往往是代表了居民中的一个特殊的群体(通常是收入比较高,职位较高的人),如果我们轻易放弃了对他们的访问,则有可能使我们得到了一个偏差很大的(缺少这一群人的意见)的调查结果。而且我们的抽样是随机进行的,如果我们过多地放弃随机选中的样本,则样本总体的代表性会下降。

另外,一些访员在受拒访时会有受到挫折感而放弃对这种家庭的访问,有一些人就觉得这样没面子或有些厚脸皮。我们需要请你清楚的是:对于一个访问员来说,你最高的职业标准是成功地实施对特定调查对象的访问,并为此付出你的耐心和智慧,正如一个推销员的业绩在于他能把商品推销出去一样,你的能力不在于能访问几个对你友好的家庭,而在于你能够应付那些对你并不友好却最终接受你访问的家庭。

你不要觉得一再敲门是没有面子的。没有人在看着你,只有你在看着你自己。我们需要的是你能有效地访问你的全部样本。

市场调查就是以科学的方法、客观的态度,明确研究市场营销有关问题所需的信息,有效地收集分析这些信息,为决策部门制定更加有效的营销战略和策略提供基础性的数据和资料。

任务 6-1　行业实务

大学生动漫产品消费情况的抽样调查方案

（一）调查范围和对象

调查范围为广西机电学院在校大学生；

调查对象为本院各系、各个不同专业的、大一大二大三的学生。

（二）调查内容

(1) 被调查学生的基本情况。主要项目包括学生的性别、学历、年级、所学专业等。

(2) 大学生对动漫产品的认识有哪些？

(3) 大学生消费动漫产品的消费动机是什么？

(4) 大学生接触到的动漫产品的类型有哪些？最喜欢的动漫产品类型是什么？

(5) 大学生理想中的动漫产品是怎么样的？对动漫产品的要求有哪些？

(6) 大学生对中国、美国、日本的动漫产品的看法是什么？

(7) 大学生对中国动漫的发展现状的评价和对中国动漫产品的建议。

（三）样本学生分层划分原则

本院共有学生 10 000 人，拟采用抽样调查的组织方式，样本量为 300 人。调查对象年级结构：大一占 20%，大二占 40%，大三占 40%；性别结构：男生占 55%，女生占 45%；院系专业结构：各系各个专业选择 10 个学生，共 30 个专业。

（四）样本学生的抽选方法

在样本总体内，采取分层等距抽样方法，即在本院 7 个系共 30 个专业，每个专业选择 10 个学生，大一占 20%，大二占 40%，大三占 40%。

（五）样本量的确定

抽样比例大体保持在 4% 左右，但是，这一原则可以灵活掌握。如果某个系人数量很小，且彼此间差异程度很小，抽样比例可以稍微降低；反之，则可适当提高。如果某个系的某个专业学生数量极少，则可以采用全面调查的形式。

（六）抽选样本的具体实施步骤

(1) 从广西机电学院网站查看全院各系、各专业的学生情况。

(2) 在总体内，把样本学生按年级、系、专业、性别分类。

(3) 在每个分层内，把学生按照学号登记的顺序从小到大进行编号。

(4) 根据每个系内学生的数量、规模及层内各专业间学生间的差异程度，确定抽样比例及样本量。

(5) 确定等距抽样的距离。

(6) 确定起点位置。有两种方法可供选择：① 在 1 和 K 之间随机抽取数，作为抽选起点；② 为了便于操作，直接将 $K/2$ 作为抽选起点。

(7) 确定样本。把抽选起点作为第一个被抽中样本学生，以后每隔 K 个学生抽选一个样本学生，以此确定全部样本学生。在确定样本学生时，如果遇到抽中的学生由于某种或某些原因而无法调查时，则用上一个或下一个学生代替。

（七）抽样调查员的挑选与培训

在小组成员中选择人际关系比较广、交际能力比较强的成员作为调查员，对调查员进行一些关于此次调查的重点内容等的培训。

任务 7-1　行业实务

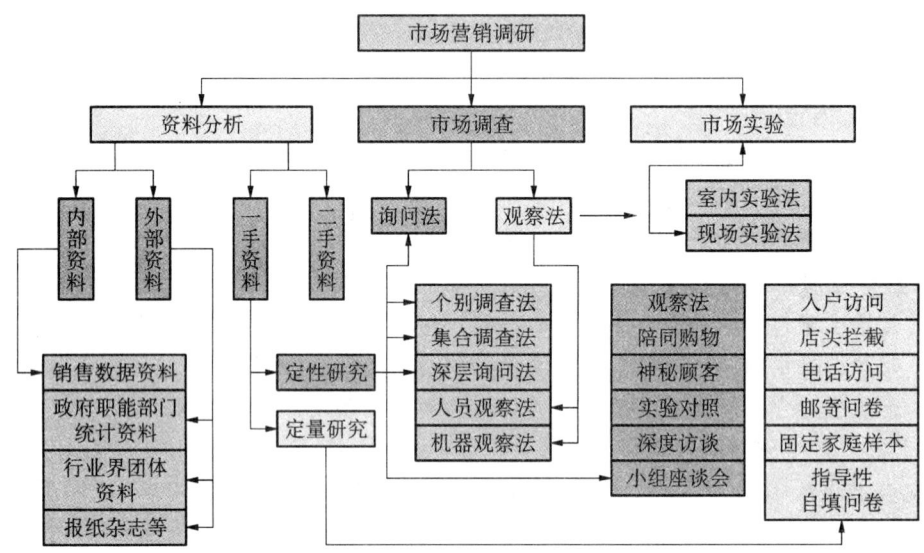

市场营销调研的方法

任务 7-2-1　行业实务

街访访问员工作流程

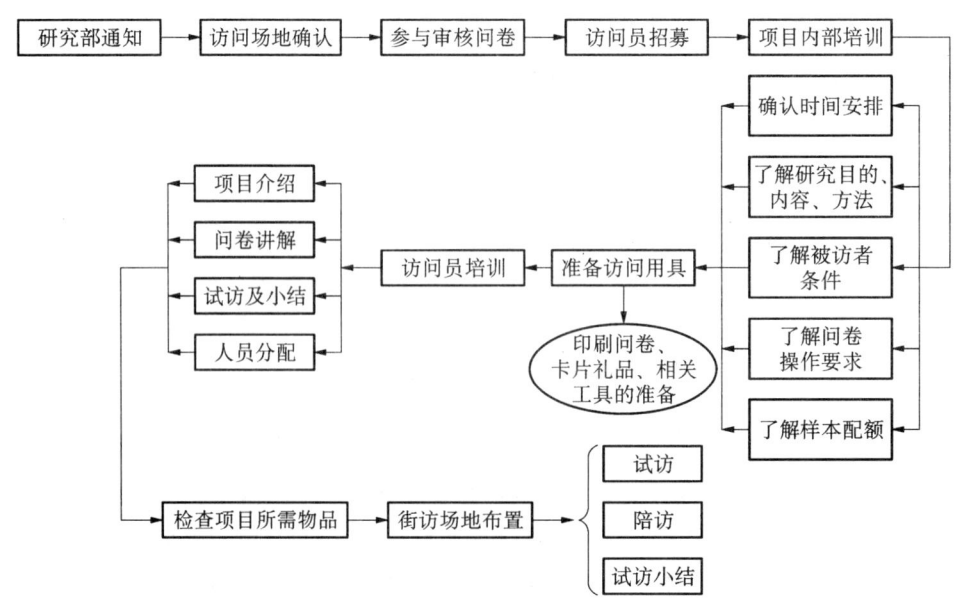

任务 7-2-2　行业实务

神秘购物者观察操作示例

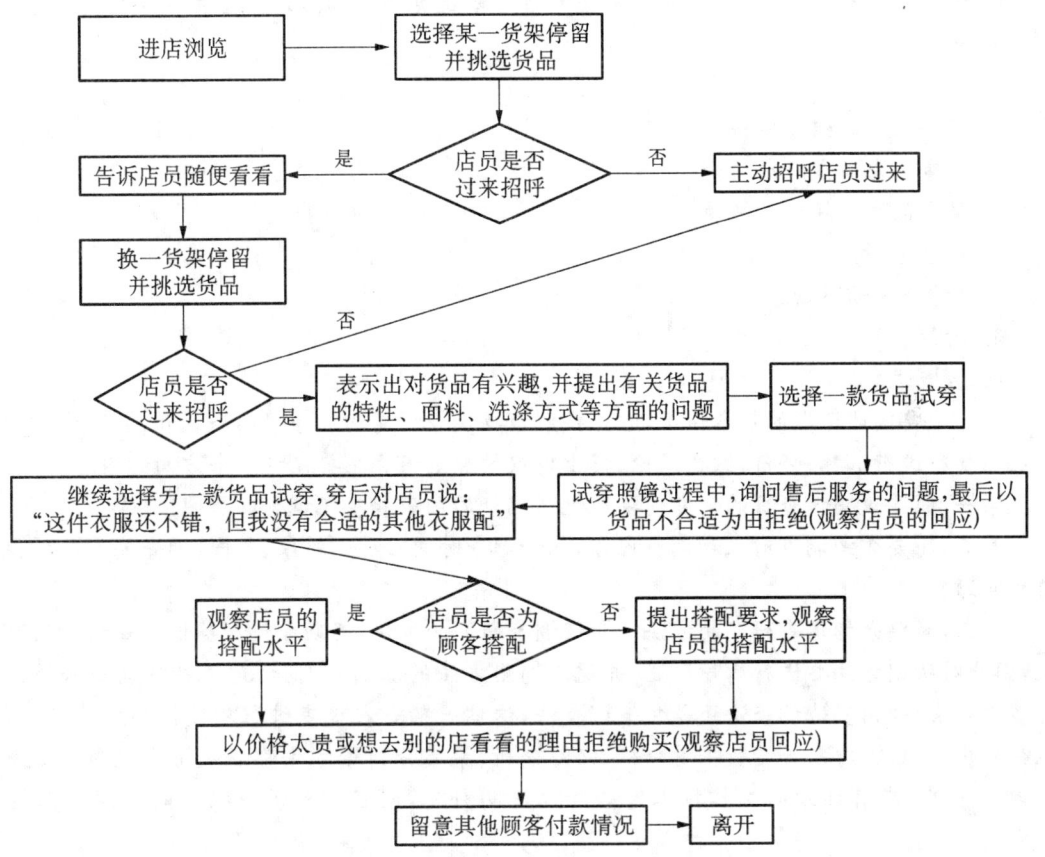

任务 10-2　行业实务

市场调查报告基本模板

　　市场调查报告,或称市场研究报告,是广告文案写作的一个要件。阅读市场调查报告的人,一般都是繁忙的企业经营管理者或有关机构负责人,因此,撰写市场调查报告时,要力求条理清楚、言简意赅、易读好懂。

一、市场调查报告的格式
　　市场调查报告的格式一般由标题、目录、概述、正文、结论与建议、附件等几部分组成。
　　(一) 标题
　　标题和报告日期、委托方、调查方,一般应打印在扉页上。
　　关于标题,一般要在标题同一页,把被调查单位、调查内容明确而具体地表示出来,如《关于哈尔滨市家电市场调查报告》。有的调查报告还采用正、副标题形式,一般正标题表达调查的主题,副标题则具体表明调查的单位和问题,如《消费者眼中的〈海峡都市报〉——〈海峡都市报〉读者群研究报告》。

(二)目录

如果调查报告的内容、页数较多,为了方便读者阅读,应当使用目录或索引形式列出报告所分的主要章节和附录,并注明标题、有关章节号码及页码,一般来说,目录的篇幅不宜超过一页。例如:

目录

1. 调查设计与组织实施
2. 调查对象构成情况简介
3. 调查的主要统计结果简介
4. 综合分析
5. 数据资料汇总表
6. 附录

(三)概述

概述主要阐述课题的基本情况,它是按照市场调查课题的顺序将问题展开,并阐述对调查的原始资料进行选择、评价、做出结论、提出建议的原则等。主要包括三个方面的内容:

第一,简要说明调查目的。即简要地说明调查的由来和委托调查的原因。

第二,简要介绍调查对象和调查内容,包括调查时间、地点、对象、范围、调查要点及所要解答的问题。

第三,简要介绍调查研究的方法。介绍调查研究的方法,有助于使人确信调查结果的可靠性,因此对所用方法要进行简短叙述,并说明选用方法的原因。例如,是用抽样调查法还是用典型调查法,是用实地调查法还是文案调查法,这些一般是在调查过程中使用的方法。另外,在分析中使用的方法,如指数平滑分析、回归分析、聚类分析等方法都应做简要说明。如果部分内容很多,应有详细的工作技术报告加以说明补充,附在市场调查报告的最后部分的附件中。

(四)正文

正文是市场调查分析报告的主体部分。这部分必须准确阐明全部有关论据,包括从问题的提出到引出结论,论证的全部过程,分析研究问题的方法,还应当有可供市场活动的决策者进行独立思考的全部调查结果和必要的市场信息,以及对这些情况和内容的分析评论。

(五)结论与建议

结论与建议是撰写综合分析报告的主要目的。这部分包括对引言和正文部分所提出的主要内容的总结,提出如何利用已证明为有效的措施和解决某一具体问题可供选择的方案与建议。结论和建议与正文部分的论述要紧密对应,不可以提出无证据的结论,也不要没有结论性意见的论证。

(六)附件

附件是指调查报告正文包含不了或没有提及,但与正文有关必须附加说明的部分。它是对正文报告的补充或更详尽说明,包括数据汇总表及原始资料背景材料和必要的工作技术报告,如为调查选定样本的有关细节资料及调查期间所使用的文件副本等。

二、市场调查报告的内容

第一,说明调查目的及所要解决的问题。

第二,介绍市场背景资料。

第三,分析的方法。例如,样本的抽取,资料的收集、整理、分析技术等。

第四,调查数据及其分析。

第五,提出论点,即摆出自己的观点和看法。

第六,论证所提观点的基本理由。

第七,提出解决问题可供选择的建议、方案和步骤。

第八,预测可能遇到的风险、对策。

任务活页

实训任务一

1. 实训目标

在各地人才招聘网站上,查找市场调查岗位的招聘条件,将这些条件汇总写成一个简单的关于市场营销调查的从业人员技能要求的描述性介绍。

2. 实训内容

以项目小组为单位,利用互联网平台,查找各地人才招聘的网站主页,并在人才网上筛选市场调查岗位的招聘广告和信息,每个网站搜集招聘信息不下于10则,最好是覆盖各类市场调查岗位。将各类岗位的招聘条件、待遇条件、工作时间等各类信息进行归类对比分析,然后进行小结,提炼出市场调查各种岗位人才需求的特点、企业对从业人员的技能要求等。

3. 实训要求

(1) 将班级学生划分为若干项目小组,小组规模控制在5~8人。

(2) 项目小组可设计一个具有个性的组名,并建立项目小组的架构(基本架构应包含组长、首席报告人),由组长负责协调小组的各项工作,并与指导老师联系和汇报情况。

(3) 指导老师应及时检查项目小组的任务完成情况,提供必要的指导和建议,组织学生进行经验交流,并针对共性问题在课堂上组织讨论和专门的讲解。

(4) 实训完成时间:任务下达后2天。

(5) 实训成果:各组制作PPT汇报调查结果和学习收获。

实训任务二

1. 实训目标

通过实训,培养学生调查问卷的设计、修订和编排的能力。

2. 实训内容

要求学生选择一种商品(或一个行业或社会经济现象),以其某一方面的情况作为调查目标,结合问卷设计的知识和相关实务,设计一份市场调查问卷。

参考标题如下:

(1)南宁市手机品牌销售现状的调查问卷。

(2)南宁市北大路机电设备零售点经营状况的市场调查问卷。

(3)南宁市海鲜市场基本情况的调查问卷。

(4)南宁市居民饮用桶装水消费状况的调查问卷。

(5)南宁市二手住宅房供需状况的调查问卷。

3. 实训要求

(1)学生以小组为单位,就调查方案确定的调查目的、调查项目、调查方法等部分组织讨论,明确调查问卷设计的意义。

(2)由指导老师介绍调查问卷的基本结构、问题设计的要求和技巧、设计程序。学生再通过阅读调查问卷设计范例,作为操作参考。

(3)设计市场调查问卷,要求问卷结构完善,问题的选择和提问形式科学合理,问卷的整体编排符合要求,美观实用。

(4)学生各组互评问卷,进一步熟悉和掌握问卷的修订和编排技巧。

(5)学生各组提交项目实训总结,并制作PPT进行汇报。指导老师点评、总结。

实训任务三

1. 实训目标

通过实训,让学生了解调查员应具备的基本素质,掌握调查员培训的内容,并能有效地对调查员的工作制订监控计划。

2. 实训内容

要求学生针对广西皇氏乳业公司的新品上市消费者反馈意见的调查项目,制作一份调查员招聘和培训计划(包括招聘条件、培训目的、培训内容和培训方法等),并以小组为单位,分工开展调查员的培训和监控工作。

3. 实训要求

(1) 将班级学生划分为若干项目小组,小组规模控制在5~8人。

(2) 学生讨论,制作调查员培训计划,提交给指导老师审核和批改。

(3) 以小组为单位,由学生扮演培训师和调查员,开展模拟培训,使学生体验所制订的培训计划的有效性和不足,并学会修改培训计划。

(4) 以小组为单位,由学生扮演督导员和调查员,开展一次实战调查,督导员对调查员的访问情况进行监控,注意选择监控内容和监控方法,并做出监控效果总结。

(5) 学生各组提交项目实训总结,并制作PPT进行汇报。指导老师点评、总结。

实训任务四

1. 实训目标

通过对背景材料的学习和分析,掌握制订和实施抽样计划的要求。

2. 实训内容

A公司是广州一家中型服装生产企业,一直以来产品供本地市场销售。2008年为拓展市场,该公司拟进军广西,为确保市场开拓成功,该公司委托广西当地一家市场研究公司先行进行市场调查,主要了解当地居民在服装方面的消费习惯和消费行为。假设该市场研究公司将采用抽样调查法(样本数拟定为3 000人)进行问卷调查,请你为其设计抽样调查方案。

3. 实训要求

(1) 确定课题背景下,小组讨论是否必要进行抽样,并为熟悉抽样调查的相关理论进行自主学习。

(2) 小组讨论界定调查对象(总体)的范围和样本单位的样式。

(3) 小组讨论确定抽取样本的方式和样本单位的数目。

(4) 小组收集样本资料,进行实地抽样检测。

组织抽取样本单位的工作,这一过程中要尽量避免抽样误差扩大。通常影响抽样误差大小的主要因素:被研究总体各单位标志值的变异程度;抽取的调查单位数目;抽样调查的组织形式。但除了系统性误差外,人为主观性的误差必须通过调查人员的培训和管理来控制。

(5) 辅助工作的准备,如人员培训、资料印刷,工作进度安排。

(6) 资料的整理和误差推算,完善抽样计划和实施方案。

(7) 小组提交抽样计划和抽样实施方案。

实训任务五

1. 实训目标

通过实训,帮助学生认识资料整理工作的内容与程序,使学生掌握调查资料整理处理的基本技能。

2. 实训内容

各小组在本市范围开展一次小规模的"用户洗发水市场消费状况"问卷调查,数据样本要求不少于50。

3. 实训要求

(1) 各组进行问卷设计。

(2) 实地问卷调查,调查结束后请按照资料整理的步骤、方法进行恰当、科学地问卷接收、登记、审核和编辑工作。

(3) 各组讨论并拟订统计分析计划(定性或定量分析均可)。

(4) 根据任务的不同分别实施调查资料的编码、分组或分类汇总、数据录入工作。

(5) 对资料按照一定的方法进行分析,并形成统计表、统计图。

(6) 各小组提交统计分析计划、编码簿和数据库,以及《某市用户洗发水市场消费状况》资料分析报告给指导老师。

实训任务六

1. 实训目标

通过实训,培养学生对市场资料、数据进行定性和定量分析的能力,能恰当地选择市场预测的方法进行市场发展趋势的判断。

2. 实训内容

要求各小组通过文献或网络调查法,亦可采用深度访谈法,搜集广西地区某公司某种产品近三年的销售数据,尽可能翔实,或者是月销售额(销售量),或者是季度销售额(销售量),对所获数据进行整理后,运用时间序列分析法进行产品销售情况预测。

3. 实训要求

(1) 各组讨论并拟订市场预测计划(定性或定量预测均可)。

(2) 运用正确的资料收集方法采集某公司某产品的销售数据。

(3) 确保是过去近三年及更长时间(三年以上)的连续数据。

(4) 根据任务的不同分别实施调查资料的编码、分组或分类汇总、数据录入工作,编成时间序列,并根据时间序列绘成统计图。

(5) 对资料按照一定的预测步骤和预测方法进行分析,选择预测方法,建立预测模型,并形成预测结果。

(6) 各小组测算预测误差,确定预测值,并提交预测计划、资料库、预测结论报告给指导老师。